Christa Arz · Bodenarbeit

Christa Arz

Bodenarbeit
Pferdetraining an der Hand

Einbandgestaltung: Nicole Lechner
Titelfotos: Lothar Lenz
Foto auf der Buchrückseite: Christa Arz

ISBN 3-275-01339-4

Copyright © 2000 by Müller Rüschlikon Verlags AG,
Gewerbestraße 10, CH-6330 Cham

3. Auflage 2004

Nachdruck, auch einzelner Teile, ist verboten. Das Urheberrecht und sämtliche weiteren Rechte sind dem Verlag vorbehalten. Übersetzung, Speicherung, Vervielfältigung und Verbreitung einschließlich Übernahme auf elektronische Medien wie Bildschirmtext, Internet usw. ist ohne vorherige schriftliche Genehmigung des Verlages unzulässig und strafbar.

Textredaktion: Marie-Luise Bezzenberger
Fachliche Beratung: Barbara Heilmeyer
Fotos: Christa Arz
Zeichnungen: Yvette Scheid
Innengestaltung: Marit Wolff
Reproduktion: digi bild reinhardt, D-73037 Göppingen
Druck und Bindung: Fotolito Longo AG, I-39100 Bozen
Printed in Italy.

Inhalt

VORWORT
Alles Gute kommt vom Boden 7

KAPITEL 1
Leittier Mensch 13

KAPITEL 2
Der Pferde-Kindergarten 27

KAPITEL 3
Eine runde Sache:
Training im Round Pen 49

KAPITEL 4
Führen für Fortgeschrittene 63

KAPITEL 5
Rückwärts, seitwärts,
stillgestanden 79

KAPITEL 6
Schreckgespenster aller Art 101

KAPITEL 7
Step by Step: Die Entdeckung
der Langsamkeit 121

KAPITEL 8
Verlade dich selbst, Pferd 137

KAPITEL 9
Gymnastik für Fortgeschrittene .. 151

KAPITEL 10
Lange Leinen: Longe,
Langzügel, Doppellonge 173

Ein paar Tipps
zum Weiterlesen 191

Vorwort: Alles Gute kommt vom Boden

VORWORT

Alles Gute kommt vom Boden

Alles Gute kommt von oben? Hier irrt der Volksmund, jedenfalls, wenn es um die Ausbildung von Pferden geht. In unzähligen Situationen erreicht der Reiter mehr bei seinem Pferd, wenn er zunächst auf das Reiter-Sein verzichtet und dem Vierbeiner auf dem Boden der Tatsachen begegnet.

Bodenarbeit – was ist das?

Mehr oder weniger bewusst macht jeder, der mit Pferden umgeht, immer wieder Bodenarbeit – und wenn es nur das Führen vom Stall in die Reithalle oder das Putzen und Hufauskratzen ist. Bei großzügiger Auslegung gehört zur Bodenarbeit jede Art der unmittelbaren Beschäftigung mit dem Vierbeiner, bei der der Mensch auf seinen eigenen zwei Füßen steht. Das fängt bei der ersten Berührung eines Fohlens an und reicht über die Gewöhnung an Halfter und Putzzeug, Führen und Anbinden, die Behandlung durch Schmied und Tierarzt bis zur gezielten, zur »echten« Bodenarbeit.

Wann immer Sie mit Ihrem Pferd zusammen sind, findet Ausbildung statt, selbst wenn Sie nichts weiter tun als den Vierbeiner von der Weide zu holen: Sie können das gut oder schlecht machen, Sie können sich fahrig oder bewusst bewegen, Sie können unkonzentriert sein oder voll bei der Sache. Was immer Sie mit Ihrem Vierbeiner anstellen, es bleibt nicht ohne Wirkung. Deshalb ist es zum Beispiel auch unsinnig, beim Longieren äußerste Disziplin von einem Pferd zu verlangen, wenn es vorher beim Putzen unkontrolliert herumzappeln durfte.

Schon bei der Grunderziehung hapert's leider oft: Das Pferd büffelt den Menschen beim Führen »ganz aus Versehen« über den Haufen, macht beim Anblick eines Pferdehängers ungeachtet des am Halfter hängenden Zweibeiners entschlossen kehrt, oder beschließt beim Spaziergang eigenmächtig, mal eben eine Fresspause einzulegen. Alternativ rollt es bei jeder noch so kleinen Anforderung hysterisch die Augen, schlägt mit schreckgeweiteten Nüstern Wurzeln und bewegt sich keinen Millimeter mehr von der Stelle.

Die Besitzer dieser Sorte Pferd erklären derartige Unflätigkeiten wahlweise mit »er hat halt so ein hitziges Temperament« oder »sie ist eben total verfressen« oder »Vollblüter sind ja so sensibel«. Vor allem jedoch offenbart das Pferd mit seinem Benehmen einen eklatanten Mangel an Manieren. Und die sind erlernbar, sowohl für einen Panzer auf vier Hufen als auch für ein Mimöschen. Von einer guten Erziehung profitiert übrigens zuallererst der Vierbeiner selbst. Die meisten »Problempferde« haben ihre Neurosen, deretwegen sie nicht selten sogar beim Schlachter landen, nur deshalb entwickelt, weil sie nie klar erkennen konnten, was von ihnen verlangt wird.

Seltsamerweise kennen auch anspruchsvolle Reiter oft nicht die Möglichkeiten, die ihnen die Bodenarbeit bieten könnte. Pferde, die eine wunderbare S-Dressur gehen, aber beim Auf-die-Weide-Führen die Sau rauslassen, sind keine Seltenheit. Das passiert, wenn man Ausbildung nur als mechanische Fortentwicklung vorhandener Talente begreift, statt sich zunächst um *Grundlagen* zu kümmern. Wie traumhaft wären solche hoch begabten Pferde erst, wenn sie sich auch noch benehmen könnten?

Der Begriff »Bodenarbeit« ist jedoch nicht nur ein Synonym für »Grunderziehung«. Er deckt ein mindestens ebenso breites Spektrum ab wie das Wort »Reiten«: Grundlegende Führübungen für ein besseres Handling gehören ebenso dazu wie die lösende und versammelnde Arbeit an Longe und Doppellonge, der Aufbau von Vertrauen und Nervenstärke durch gezieltes Schreck-Training, die Kommunikations- und Gehorsamsübungen im Round Pen, die Schulung des Körpergefühls durch fein abgestimmte Bewegungen, die Gymnastizierung durch Seitengänge an der Hand, die Vorbereitung schwieriger Lektionen wie etwa der

Vorwort: Alles Gute kommt vom Boden

Piaffe vom Boden aus, die Basis der Fahrausbildung und, und, und …
Bodenarbeit mit Pferden ist keineswegs nur etwas für die besonders tüdelige Fraktion der Freizeitreiter, die im Grunde ihres Herzens Furcht vorm Reiten hat und lieber unten bleibt, sondern ein Training, das nach oben schier unbegrenzt ist. Wenn die Lipizzaner der Spanischen Reitschule am Langzügel piaffieren oder Kapriolen und Courbetten springen, ist das schließlich auch Bodenarbeit.
Die Kommunikation mit dem Pferd ist vom Boden aus einfacher, weil Mensch und Tier einander sehen, Mimik und Körpersprache deuten können; dadurch verbessert sich auch das Verhältnis zwischen beiden. Dem Pferd fällt es zudem leichter, neue Bewegungsabläufe zu lernen, wenn es dabei nicht auch noch das Reitergewicht ausbalancieren muss. Besonders junge Pferde haben mehr als genug mit dem eigenen Gleichgewicht zu tun. Der Vierbeiner wird auf diese Weise optimal darauf vorbereitet, die Lektionen später unter dem Sattel auszuführen. Dem Menschen fällt die Arbeit an der Hand ebenfalls leichter, weil er vieles sieht, was er vom Sattel aus nur spüren könnte: Verspannungen, Fehler, Unsicherheiten – oder natürlich Perfektion.
Außerdem ist ein Pferd, das angenehm im Umgang ist, ein Sicherheitsfaktor. Weit mehr als die Hälfte aller »Reitunfälle« passieren gar nicht beim Reiten, sondern beim Umgang vom Boden aus – und viele wären durch eine solide Grunderziehung vermeidbar gewesen.

Die Renaissance der »Handarbeit«

Seltsamerweise ist die Bodenarbeit mit Pferden im mitteleuropäischen Raum lange Zeit fast völlig in Vergessenheit geraten. Eine systematische Pferdeausbildung an der Hand fand kaum statt. Allenfalls Longieren galt unter den konventionellen Ausbildern noch als seriös, und noch immer denken viele Reiter und Reitlehrer bei »Handarbeit«, dem Synonym für Bodenarbeit, allenfalls an Stricken und Häkeln. Warum das so ist, ist schwer zu sagen: Schließlich sehen auch die sogenannten Englischreiter, also die Vertreter der konventionellen mitteleuropäischen Reitweise, ihre Wurzeln in der klassisch-barocken Schulreiterei und orientieren sich an Vorbildern wie François Robichon de la Guérinière. Dessen Lehren werden bis heute beispielsweise in der Spanischen Reitschule in Wien vermittelt. Und die Bodenarbeit spielt in diesem Ausbildungssystem eine große Rolle; sie begleitet das Pferd von den ersten Anfängen bis zur Hohen Schule.
Ein unverzichtbares Element ist die Bodenarbeit auch in der Westernreiterei, die ebenso wie die klassisch-barocke Reitweise im deutschsprachigen Raum immer mehr Anhänger gewinnt und für viele Pferdefreunde längst zur echten Alternative geworden ist. Dabei hat die Bodenarbeit amerikanischer Prägung mit der Handarbeit der Klassiker ungefähr so viel gemeinsam wie ein Cowboy mit einem barocken Fürstensohn. Die Techniken und Ziele unterscheiden sich grundsätzlich: Die Westernreitweise ist eine Arbeitsreitweise, entwickelt, um Rinder zu treiben und möglichst komfortabel von A nach B zu kommen. Die klassische Reitweise dagegen ist – obwohl sie einer militärischen Tradition entspringt – Freizeitreiten im reinsten Sinne, Kunst um der Kunst willen, eine Beschäftigung zum puren Vergnügen.
Entsprechend unterschiedlich, jedoch nicht unvereinbar sind die Ausbildungswege und -ziele beider Reitweisen. Denn egal, für welchen Zweck Sie als Reiter Ihr Pferd schulen: bestimmt wünschen Sie sich Ihren vierbeinigen Partner rittig, freundlich, gehorsam und angenehm im Umgang. Diese Forderung verbindet alle Reitweisen, folglich haben Vertreter aller Stilrichtungen Wege entwickelt, die dorthin führen können. Es lohnt sich also, über den Tellerrand zu schauen und zu sehen, was »die Anderen« so treiben. Oft schließen die

verschiedenen Methoden einander nicht aus, sondern ergänzen sich sogar hervorragend.
Dass Bodenarbeit nicht an eine spezielle Reitweise gebunden ist, beweist übrigens eindrucksvoll die Amerikanerin Linda Tellington-Jones mit ihrem TTEAM-System (Tellington Touch Equine Awareness Method): Dabei spielt die Arbeit an der Hand mit gutem Grund eine große Rolle, und dieses System eignet sich gleichermaßen für die vorbereitende und begleitende Ausbildung von Western-, Dressur-, Spring-, Gang-, Distanz- und Geländepferden. Vierbeinige Cracks aus den verschiedensten Disziplinen haben von TTEAM profitiert, und auch in diesem Buch wird das System noch näher vorgestellt werden.

Ob Sie nun mit Ihrem Pferd an Springturnieren teilnehmen oder in Reining-Prüfungen starten wollen, gemütlich durchs Gelände tölten möchten oder für Distanzritte trainieren, ist letztlich egal: Auf jeden Fall wünschen Sie sich einen Vierbeiner, den zu reiten Spaß macht. Und die Grundlagen dafür kann jeder leidlich begabte Pferdehalter mit Bodenarbeit legen. Das Schöne daran ist, dass Sie noch nicht mal ein begnadeter Reiter zu sein brauchen. Zwar kann man auch bei der Arbeit an der Hand eine Menge falsch machen, aber man kann längst nicht so viel kaputt machen wie im Sattel. Was vom Boden aus sitzt, ist von oben nur noch halb so schwer, und viele Missverständnisse zwischen Pferd und Reiter kommen gar nicht erst auf.

Der »Bodenarbeits-Baukasten«

Wenn Sie mit Pferden arbeiten, brauchen Sie Fingerspitzengefühl für zwei Individuen: den Vierbeiner und sich selbst. Und Sie brauchen den Mut, sich auf Neues einzulassen – nach kritischer Begutachtung, und ohne auf jeden Trend und jedes angebliche Wundermittel hereinzufallen. Dieses Buch ist nicht speziell für Englisch-, Western-, Barock- oder Gangpferdereiter gedacht, sondern für alle, die ihre Pferde aufmerksamer, williger, verständiger, umgänglicher, beweglicher, mutiger, kräftiger und feiner machen wollen. Die Methoden stammen aus ganz verschiedenen Regionen und Reitweisen. Es gibt auch starrere, in sich geschlossenere Ausbildungssysteme, doch die haben wahr-

Die Autorin

Christa Arz arbeitet als Journalistin für verschiedene Zeitungen und Zeitschriften. Seit mehr als 20 Jahren hat sie mit Pferden zu tun. Bodenarbeit ist für sie Basis und unverzichtbares Element jeder Pferdeausbildung.
Ansonsten mag sie flotte Tölt-Ausritte ebenso wie gemütliche Mehr-Tages-Touren oder konzentrierte Gymnastik auf dem Reitplatz.
Christa Arz lebt mit ihrem Partner, drei Kleinpferden, einem Hund und einer ständig steigenden Zahl zugelaufener Katzen auf einem kleinen Bauernhof im Rhein-Main-Gebiet. Im Müller Rüschlikon Verlag hat sie bereits das Buch »Faszination Wanderreiten« veröffentlicht.

Fachliche Beratung

Barbara Heilmeyer lebt und arbeitet als Reitlehrerin und Pferdeausbilderin in Waldbronn bei Karlsruhe. Sie ist TTEAM-Practitioner III (höchste Stufe in Deutschland) und lehrt das von Linda Tellington-Jones entwickelte System aus Bodenarbeit und Touches, hat aber auch die verschiedensten reiterlichen Qualifikationen erworben: Als Reken-Lehrerin vermittelt sie die Leichte Reitweise, als Chiron-Ausbilderin den effektiven leichten Sitz für Spring- und Geländereiten, als IPZV-Trainerin B den Umgang mit Gangpferden. Ihre besondere Leidenschaft ist die klassisch-barocke Dressur. Ihre Fjordstute Thirza beherrscht Lektionen der Hohen Schule wie Piaffe, Passage, Galopp-Pirouette.

Vorwort: Alles Gute kommt vom Boden

scheinlich schon mehr Pferde und Reiter unglücklich als glücklich gemacht: Was für das eine Team absolut passend ist, kann für das andere völlig ungeeignet sein. Betrachten Sie dieses Buch als eine Art Baukasten, verwenden Sie die Bausteine, die Sie brauchen können, testen Sie vielleicht auch die, die Ihnen auf den ersten Blick weniger zusagen, lassen Sie die weg, die Ihnen für sich und Ihr Pferd völlig unpassend erscheinen. Wichtig ist nur, dass Sie Ihr Bauwerk auf einem stabilen Fundament errichten. Wenn die Grunderziehung fehlt, brauchen Sie an Verladetraining oder Doppellongen-Arbeit nicht mal zu denken.

Mittlerweile gibt es diverse Bodenarbeits-Päpste und -Gurus. Einige von ihnen sind echte Könner, viele sind (oft zu Recht) umstritten, bei anderen ist das einzig wahre Talent das zur Selbstvermarktung. Von vielen können Sie lernen, vor keinem brauchen Sie in Ehrfurcht zu erstarren: Letztendlich wird überall nur mit Wasser gekocht. Etliche Ideen bekannter Trainer schlagen sich in diesem Buch nieder, andere nicht – etwa, weil die Methoden zu speziell oder ohne Lehrer kaum umzusetzen sind. Oder weil es sich um geschlossene Systeme handelt, die keine Alternativen zulassen und damit nicht in ein »Baukasten-System« passen. Viele Einzelaspekte der Bodenarbeit füllen zu Recht eigene Bücher, etwa Longe und Doppellonge, TTEAM, die klassische gymnastizierende Handarbeit oder das Round Pen-Training. Es würde den Rahmen dieses Buches sprengen, sie alle ausführlich vorzustellen. Was Sie hier finden, sind Tipps für ein vielseitiges und solides Basistraining. Falls Sie auf eine bestimmte Methode besonders neugierig geworden sind, gibt es weiterführende Literatur, die Ihnen hilft, sich zu »spezialisieren«. Wenn dieses Buch Lust darauf macht – umso besser!

Tausend Dank

Ohne die Hilfe und Unterstützung von vielen Menschen (und ihren Pferden) wäre dieses Buch nicht entstanden.

Tausend Dank vor allem an Barbara Heilmeyer (Waldbronn), die mir als Lehrerin und Freundin einen großen Teil des hier verarbeiteten Wissens vermittelt hat und die als Fachfrau das Manuskript gelesen, kompetent kommentiert und zahlreiche Ideen beigesteuert hat. Viele, viele Tipps und Anregungen stammen von ihr – ich hätte auf keinen Fall darauf verzichten wollen.

Vielen Dank auch an Gerd Mildenberger (Allenbach), der sich als Fachmann für die Round Pen-Arbeit zur Verfügung gestellt und bei der Entstehung des Kapitels darüber entscheidend mitgeholfen hat.

Und dann sind da natürlich noch die vielen zwei- und vierbeinigen Models, die leider einfach zu gut waren, um »So-nicht«-Fotos aufzunehmen, die nicht furchtbar gestellt aussehen:
Barbara und Inga mit Thirza, Bobby, Lasse, Jodis und Pebbles, Bess mit Attila und Vasco, Meli und Tina mit Askja, Andrea mit Gerrit, Ike mit Jenny, Steph mit Atréju, Claudi mit Coleen und Sheila, Astrid mit Carinka, Moni mit Biki, Gabi mit Dhari, Sabine mit Béla, Andrea mit Fanny, Yvette und Rudi mit Hrappur, Kri mit Picco, Klaus mit Dagur, Udo mit Unicorn's Sheila, Gerd mit Miron, Petra mit Dommik.

Christa Arz

Kapitel 1: Leittier Mensch

KAPITEL 1

Leittier Mensch

Man spricht »Pferdisch«: Wie sich der Zweibeiner dem Vierbeiner verständlich machen kann

Stellen Sie sich vor, Sie stehen vor dem Kölner Dom, und irgendjemand fängt an, in einer Ihnen völlig fremden Sprache auf Sie einzuplappern. Sie zucken dann vielleicht noch bedauernd die Achseln, jedenfalls beschließen Sie, sich nicht weiter um diesen Typ zu kümmern, der sich noch nicht einmal erkennbar bemüht, sich verständlich zu machen. Vielleicht ärgern Sie sich noch ein bisschen über die Selbstverständlichkeit, mit der dieser Rüpel versucht, Ihnen in Ihrem eigenen Sprachraum sein Kauderwelsch aufzudrängen.

Jetzt stellen Sie sich noch vor, Ihr netter Gesprächspartner hätte sechs Beine und ein streng riechendes grünes Fell: Im besten Fall würden Sie die Begegnung schleunigst unter »nie passiert« ablegen, im schlimmsten Fall schreiend das Weite suchen.

Der Mensch, das unbekannte Wesen

Haben Sie sich schon einmal überlegt, wie Ihr Pferd Sie sieht? Wenn Sie nicht ganz besonderes Pech haben, ist es dem Erbgedächtnis Ihres Lieblings entfallen, dass Ihre Vorfahren einst seine Ahnen in Schluchten getrieben haben. (Das war übrigens – makaber, aber wahr – die früheste Form der Bodenarbeit.)

Ihr Pferd hat hoffentlich ein besseres Bild von Ihnen und akzeptiert Wesen Ihrer Gattung als festen Bestandteil seines Lebens, obwohl diese Zweibeiner komisch riechen, ein eigenartig haarloses Gesicht, viel zu kleine, unbewegliche Ohren und seltsame Gliedmaße haben und sich zudem völlig unbegreiflich benehmen. Aber immerhin sorgen Sie oder Ihresgleichen für Futter und spielen damit eine gewisse Rolle für den Vierbeiner. Vielleicht würde Ihr Pferd Sie sogar vermissen, wenn Sie nicht mehr kämen.

Wahrscheinlich hat es allerdings beschlossen, einen Großteil menschlicher Verhaltensweisen zu ignorieren. Es hat gelernt, dass Zweibeiner anders sind als Pferde und dass die Wahrscheinlichkeit, sie falsch zu verstehen, extrem hoch ist. Noch höher ist die Wahrscheinlichkeit, sie gar nicht zu verstehen: In jeder Sekunde seiner Anwesenheit erzählt der Mensch dem Pferd ein derartiges körpersprachliches Kauderwelsch, dass der Vierbeiner früher oder später ratlos aufgibt. Zum Glück, denn sonst würde ihn die unverständliche, widersprüchliche Reizüberflutung vermutlich in den Wahnsinn treiben.

Eines steht jedenfalls fest: Ihr Pferd hält Sie garantiert nicht für einen Artgenossen. Sie brauchen also nicht zu versuchen, die Leitstute für Ihr Pferd zu werden. Das ist vergebliche Liebesmüh, denn Ihr Ross wird es Ihnen nicht abkaufen. Und was soll das Pferd auch von einem Herdenchef halten, der sich nur zwei Stunden am Tag blicken lässt und die Herde den Rest der Zeit sich selbst und allen Gefahren des Pferdelebens überlässt?

Was Sie tun können, ist etwas Anderes: Gucken Sie sich ein paar Verhaltensmuster vom Herdenchef, ob nun Leitstute oder Wallach, ab und überzeugen Sie Ihr Pferd davon, dass Sie für die Zeit, die es mit Ihnen verbringt, ein mindestens gleichwertiger Ersatz sind. Das schaffen Sie durch interessante Aufgaben, durch Abwechslung, durch souveränes Auftreten, durch Präzision und hundertprozentige Konsequenz. Dies gilt auch für den Umgang mit sich selbst: Für jede Aufgabe gibt es nur ein Stimmkommando, und jedes Stimmkommando hat nur eine Bedeutung; selbstverständlich müssen alle anderen Signale ebenso glasklar sein. So wird aus dem unbekannten Wesen Mensch ein berechenbarer und dadurch vertrauenswürdiger Gegenüber.

Du sprechen »Pferdisch«?

Pferde begegnen Menschen mit geradezu unglaublicher Gelassenheit. Vermutlich wirkt der *Homo sapiens* auf den unbedarften Vierbeiner bei der ersten Begegnung so ähnlich wie das grüne Pelztier vor dem Kölner Dom auf Sie: Er erscheint völlig fremdartig, ist absolut nicht einzuordnen, gibt wirre Signale von sich – und stellt zu allem Überfluss noch jede Menge mysteriöser Forderungen! So betrachtet, ist es kaum zu glauben, wie schnell Pferde lernen, Menschen zumindest einigermaßen zu verstehen und wie viel Bereitschaft sie dazu mitbringen. Und das, obwohl die Signale bei der Kommunikation zwischen Mensch und Pferd in aller Regel auf »Menschisch« gegeben werden und nicht auf »Pferdisch«. Wie, wenn nicht durch das Erlernen einer komplizierten Fremdsprache, soll der Vierbeiner begreifen, dass »Haaalt!« das Kommando für Stehenbleiben ist und ein Gertentippen auf der Kruppe »Losgehen!« bedeutet? Wären Pferde nicht willens und in der Lage, »Menschisch« zu lernen, gäbe es keine Reiter. Die wenigsten der Signale, die der Zweibeiner dem Vierbeiner schickt, sind für diesen auf Anhieb verständlich, und trotzdem klappt die Reiterei einigermaßen – selbst bei Menschen, deren Kenntnisse der Pferdesprache sich darauf beschränken, angelegte Ohren als Drohung zu deuten. Wenn es also auch so funktioniert, warum muss der Mensch dann »Pferdisch« lernen? Die Antwort lautet: Er *muss* nicht. Leider. Aber er sollte es tun, und zwar nicht nur aus Respekt dem anderen Wesen gegenüber, sondern, weil die Kommunikation dadurch für alle Beteiligten viel einfacher, stressfreier und natürlich auch erfolgreicher ist.

Wenn Sie ins Ausland reisen, bemühen Sie sich ja auch, wenigstens »bitte«, »danke«, »hallo« und »auf Wiedersehen« in der fremden Sprache sagen zu können, zum einen aus Höflichkeit, zum anderen, um sich selbst das Leben leichter zu machen. Wenn Sie zu Ihrem Pferd kommen, sind Sie sozusagen auch im Ausland, nämlich in seiner Welt. Sie wollen etwas von Ihrem Vierbeiner. Nicht umgekehrt. Ein Pferd ohne Reiter ist ein Pferd. Ein Reiter ohne Pferd ist – nun, auf jeden Fall kein Reiter.

Sprachkurs für Pferde

Natürlich dürfen Sie erwarten, dass Ihr Vierbeiner Ihre Sprache lernt, aber er wird es leichter haben und bereitwilliger mitarbeiten, wenn Sie ihm entgegenkommen. Hat das Pferd erst verstanden, worum es grundsätzlich geht, können Sie so allmählich abstrahieren, dass der Vierbeiner es kaum mitbekommt. Er lernt Ihre Sprache wie von selbst. Am Anfang der Ausbildung setzt sich das Pferd in Bewegung, weil Sie eine auffordernde Körperhaltung und eine entsprechende Position einnehmen. Irgendwann touchieren Sie es gleichzeitig mit der Gerte und geben ein Stimmkommando. Bald kann das körpersprachliche Signal ganz wegfallen. Und schon haben Sie ein »pferdisches« Signal durch ein »menschisches« ersetzt. Nicht alle Signale können Sie Ihrem Pferd so beibringen. Oft muss es durch Versuch und Irrtum lernen, was Sie von ihm wollen. Dort jedoch, wo Sie die Möglichkeit haben, Ihrem Pferd zunächst in seiner Welt zu begegnen, sollten Sie sie immer nutzen.

Warum Dominanz und Partnerschaft einander nicht ausschließen

Bei Pferds daheim

Sie wissen wahrscheinlich nicht nur, dass Pferde Flucht- und Herdentiere sind, sondern auch, welche Konsequenzen das für Sie als Pferdehalter hat: Um körperlich und seelisch gesund zu bleiben, brauchen diese Tiere täglich viel freien Auslauf in Gesellschaft von Artgenossen, dazu neben rohfaserreicher Ernährung jede Menge Licht, Luft und Klimareize. Jeder Ersatz für diese Grundvoraussetzungen ist allenfalls eine Krücke.

Ein Pferd, das in seinem Leben nichts anderes gesehen hat als Box, Halle und Reitplatz, ist zwangsläufig »sprachbehindert«: Wie hätte es jemals richtig »Pferdisch« lernen sollen, und von wem? Wenn ein solches Pferd körpersprachliche Signale nicht versteht, ist das nicht seine Schuld; was ihm fehlt, ist soziale Kompetenz. Dadurch wird es viel schwerer, mit ihm zu kommunizieren, ein Manko, das allenfalls durch eine Haltungsumstellung auszubügeln ist. Artgerechte Haltung dagegen ist schon die halbe Miete: Die Pferde sind erwiesenermaßen gesünder, ausgeglichener, freundlicher, gelassener und vor allem kommunikativer als ihre Kollegen in den Einzelzellen – und folglich auch viel leichter auszubilden.

Nehmen Sie sich die Zeit und beobachten Sie eine Pferdeherde auf der Weide. Sie lernen daraus ungleich mehr über »zwischenpferdische Kommunikation« als aus jedem Lehrbuch. Pferde reagieren so fein aufeinander, dass es an Telepathie grenzt. Ein Vierbeiner wird auf den Menschen aufmerksam, der da kommt – schon spitzen alle die Ohren in Ihre Richtung, selbst jene, die Ihnen eben noch den Allerwertesten zugedreht hatten. Reagiert ein einziges Pferd ängstlich oder aufgeregt, überträgt sich die Spannung prompt auf die ganze Herde. Zwanzig Tiere können sich in Galopp setzen und eine Linkskurve hinlegen, als würden sie alle vom gleichen Hirn gesteuert. Der unbedarfte Beobachter ist außer Stande, zu sagen, von welchem Pferd der Impuls für dieses Manöver ausgegangen ist.

90 Prozent der Konflikte in einer Pferdeherde werden ohne Körperkontakt gelöst: Die einzelnen Herdenmitglieder wissen, woran sie sind, und deuten kleinste Signale. Das sind längst nicht nur die Bewegungen der Ohren, sonst wären Shetties, bei denen die kleinen Lauscher fast ganz in der dicken Mähne verschwinden, sozusagen stumm. Pferde haben eine ausgeprägte Mimik, und vor allem eine präzise Körpersprache: Sie machen einen raschen Ausfallschritt auf ein anderes Pferd zu, sie bewegen einen Huf, sie drehen einander Front oder Flanke zu, sie richten sich auf oder senken den Kopf... das Repertoire ihrer Ausdrucksformen ist enorm. Gleichzeitig sind die Bewegungen oft so minimiert (weil derart scharfe Beobachter mehr nicht nötig haben), dass unbedarfte Zuschauer sie leicht übersehen.

Korrekte Umgangsformen: Der kleine Pferde-Knigge

Die Sensibilität für solche Signale lernen junge Pferde in einer Herde ebenso wie den Respekt vor Ranghöheren und die Unterordnung. Der Youngster begreift schnell, dass er lieber prompt auf eine Drohung reagieren sollte, weil sonst garantiert die Strafe folgt. »Leere Drohungen« kennen nur Menschen. Je ranghöher das drohende Pferd, desto »leiser« kann seine Warnung sein. Gute Ausbilder nutzen diesen Umstand, indem sie mit unmissverstänlichen, aber *dezenten* Drohungen arbeiten und so den Eindruck vermitteln, mehr hätten sie gar nicht nötig.

Die Aufzucht in einer großen Herde ist für den vierbeinigen ABC-Schützen also die beste Erziehung überhaupt, wobei immer mehr Züchter von den reinen Jungpferde-Herden abkommen und den Rabauken zumindest ein paar ältere Wallache zur Seite stellen: Die halten auch die aufmüpfigsten Jungspunde in Schach und fungieren zudem oft als »liebe Onkels«, von denen sich die Kleinen viel abgucken können. Nachahmung gehört ebenfalls zu den Lernmustern bei Pferds.

Übrigens profitiert auch der künftige Pferdebesitzer von den erzieherischen Bemühungen erwachsener Pferde: Wenn der vierbeinige Nachwuchsstar nie wirklich Chef spielen

Kapitel 1: Leittier Mensch

durfte, neigt er auch nicht zum Größenwahn. Denn das ist das Problem einer Herde: Dort lernen alle Pferde Unterordnung – bis auf eins. Ranghöhere Tiere sind jederzeit in der Lage, rangniedrigere auf Distanz zu halten; der Individualabstand darf nur auf ausdrückliche Erlaubnis hin unterschritten werden. Oft genug wird diese Erlaubnis übrigens erteilt: Wenn ein ranghöheres Pferd mit einem »Underdog« Fellkraulen spielt oder ihn aus seiner Schüssel fressen lässt, ist das ein Freundschaftsbeweis. Der Rangniedrigere weiß aber genau, dass er ein Privileg genießt, das ohne Angabe von Gründen jederzeit widerrufen werden kann.

Quer durch die Rangordnung schließen Pferde Zweier-Freundschaften, die oft ein Leben lang halten. Auch diese Freundschaften verändern die Rangordnung: Der Kumpel eines ranghohen Pferdes erlebt oft einen kometenhaften Aufstieg. Nach dem gleichen Prinzip werden Fohlen von ranghohen Stuten selbst wieder ranghoch. Allerdings gibt es natürlich auch bei Pferden ausgesprochene Einzelgänger, die keinen an sich heranlassen.

Wenn Sie sich das alles vor Augen führen und es dann auch noch schaffen, Ihr eigenes Pferd richtig einzuordnen, sind Sie schon ziemlich weit.

Gute Bosse, böse Bosse

Wie bei Menschen gibt es bei Pferds nette Chefs voller Kompetenz und natürlicher Autorität, aber auch despotische Ekelpakete. Letztere kommen meist dann zum Zug, wenn der Herde eine Pferdepersönlichkeit mit echten Führungsqualitäten fehlt. Sie sitzen ihr Leben lang auf einem wackligen Stuhl: Es gibt immer einen in der Herde, der den unliebsamen Alpha lieber heute als morgen absägen würde. Der cholerische Chef weiß das natürlich, und das macht ihn nicht verträglicher. Er ist futterneidisch bis zum Exzess und lässt keine Gelegenheit aus, seine Macht zu demonstrieren – etwa, indem er mal eben nur zum Spaß ein rangniedrigeres Pferd in die Ecke drängt und verprügelt. Er tut damit genau das, was

> ### Ich Chef, du nix?
> Der despotische Chef ist als Vorgesetzter nicht nur ungeliebt, sondern im Grunde auch eine ziemliche Niete. Im Umgang mit Menschen sind solche Pferde übrigens oft ganz anders: Wenn sie auf einen souveränen Zweibeiner treffen, reagieren sie oft regelrecht dankbar und erleichtert, weil sie zumindest vorübergehend vom Führungsstress des Chef-Seins erlöst sind.

auch der ständig brüllende Abteilungsleiter macht: seine Unsicherheit überspielen.

Ist Ihre Herde mit einem netten Boss gesegnet, können Sie vielleicht gar nicht auf den ersten Blick sagen, um welchen der Vierbeiner es sich denn nun handelt. Wilde Drohungen und Prügel hat ein solcher Herdenchef nicht nötig, oft noch nicht einmal dann, wenn ein Neuling in die Gruppe kommt. Kommt es doch mal zu Aufmüpfigkeiten, zeigt der Boss dem Rebellen in aller Kürze und Deutlichkeit, wo Gott wohnt, und fortan genügt ein minimales Signal, um potenzielle Rivalen in ihre Schranken zu verweisen.

Derart starke Pferdepersönlichkeiten strahlen so viel Souveränität aus, dass andere Vierbeiner nicht im Traum auf die Idee kämen, ihre Position in Frage zu stellen. Im Gegenteil: Einem solchen Chef ordnet man sich gerne unter. Denn Boss zu sein ist ein ziemlich anstrengender Job. Warum sollte man sich also ernsthaft darum bemühen, wenn's ein anderer ganz prima macht? Der nette Chef genießt das Vertrauen der Herde, die ihm dafür gerne Vorteile wie das Recht auf das erste Maul voll Futter überlässt. Eine ähnliche Art Vorgesetzter kann der Mensch für sein Pferd werden.

Bodenarbeit – Pferdetraining an der Hand

■ Flucht ist im Zweifelsfalle das Mittel der Wahl. Araberwallach Biki wird die Sache zu unheimlich.

Body-Check

Probieren Sie ruhig verschiedene Posen vor dem Spiegel aus, oder fragen sie einen mit guter Beobachtungsgabe gesegneten Freund: Ist Ihre normale Haltung eher betont aufrecht oder zusammengesunken, eher souverän und selbstbewusst oder zurückhaltend, eher abweisend oder einladend? Wie sehr können Sie von Ihrer gewohnten Haltung abweichen, ohne sich zu verkrampfen? Wie verändert sich dabei die Atmung – wird sie flacher, tiefer, schneller oder langsamer? Ist Ihr Blick für gewöhnlich starr auf einen Punkt gerichtet, auf den Boden geheftet oder weit und beweglich? Ihr Pferd registriert genau, wie Sie sich bewegen und wie präsent Sie wirken, es ist also ungeheuer wichtig, dass auch Sie dies merken und zu steuern lernen.

Was der Körper sagt ...

So minimal die Signale oft sind, mit denen sich Pferde verständigen, so eindeutig sind sie auch. Ein paar Grundregeln werden schnell klar: Wendet sich ein Pferd dem anderen frontal zu und schaut es an, hält es sein Gegenüber damit auf Distanz. Das erklärt, wieso Sie sich nicht zu Ihrem Pferd umdrehen und es direkt ansehen sollten, wenn Sie wollen, dass es Ihnen folgt. Als Mensch gehen Sie ohnehin mehr oder weniger aufrecht; daran hat sich das Pferd mit Sicherheit längst gewöhnt und verwechselt

Kapitel 1: Leittier Mensch

diese Pose nicht mit der Drohhaltung eines Bären. Wenn Sie aber Ihre aufrechte Haltung noch kultivieren, können Sie schon Eindruck schinden: Wenn sich bei Familie Pferd jemand auf die Hinterbeine stellt, ist das eine ziemlich dominante Geste. Stehen Sie dann auch noch frontal zum Pferd und halten Blickkontakt, ist sich der Vierbeiner wahrscheinlich ziemlich sicher, dass Sie was zu sagen haben. Wenden Sie sich dagegen ab, lassen Sie die Schultern hängen, vermeiden Sie direkten Blickkontakt, so ist das, je nach Ihrem momentanen Status im Bewusstsein des Pferdes entweder ein Angebot, Kontakt mit Ihnen aufzunehmen, oder ein Zeichen von Schwäche.

Es gibt noch ein paar weitere Grundregeln: Wenn Sie sich entsprechend energisch von schräg hinten auf die Flanke des Pferdes zu bewegen, wird es nach vorne weglaufen wollen. Ranghöhere Pferde treiben so rangniedrigere, aber auch das Raubtier kommt von schräg hinten. Je nach Intensität der Bewegung werden Sie also treibend bis bedrohlich wirken.

Machen Sie einen raschen, vielleicht sogar stampfenden Schritt auf das Pferd zu, so ist dies ein Angriff auf seine Individualsphäre: Wenn Sie diese Bewegung entschlossen genug machen – sonst ist die Übung ohne Wert –, wird das Tier den Abstand schleunigst wieder herstellen, indem es ausweicht. Damit zeigt es, dass es Ihre Individualsphäre achtet. Tut es das nicht, haben Sie es offenbar an innerer Energie und Überzeugungskraft fehlen lassen: Das Pferd findet, dass es Ihre Sache ist, die Distanz zu korrigieren – ein Irrtum, den Sie schleunigst ausräumen sollten.

Auch hier ist es wichtig, dass Sie die Intensität der Bewegung fein abstufen: Schließlich wollen Sie nicht, dass Ihr Vierbeiner jedes Mal entsetzt zur Seite springt, wenn Sie sich nähern. Gehen Sie ruhig und gelassen auf ihn zu, nicht ganz frontal und ohne ihn anzustarren; peilen Sie eher die Schulter an als das Gesicht. Das sollte Ihr Pferd als Freundschaftsangebot auffassen, das Sie noch untermauern können, indem Sie es am Mähnenkamm kraulen.

Vom Scheuern und Schubbern

A propos Kraulen: Zur Individualsphäre gehört auch, dass Ihr Pferd Sie nicht als Kratzbaum missbrauchen darf. Kein Ranghöherer lässt sich so etwas bieten. Wenn Sie merken, dass Ihr Vierbeiner sich gerne reiben möchte, strecken Sie ihm lieber die Hand hin. Dann geht die Initiative von Ihnen aus, und die Sache ist in Ordnung.

■ Schubbern am Menschen ist kein Zeichen von Zuneigung, sondern von mangelndem Respekt. Bei einem ranghöheren Herdenmitglied dürfte sich kein Pferd so etwas erlauben.

Loben und Strafen

Lob und Strafe gelten als die beiden Grundsäulen der Erziehung. Moderne Pädagogen wissen freilich, dass sich mit Lob wesentlich erfolgreicher arbeiten lässt als mit Strafe: Positive Motivation ermöglicht ein ganz anderes Lernen als die Furcht vor Sanktionen, denn Angst blockiert bekanntlich das Gehirn. Strafen Sie Ihr Pferd deshalb nur dann, wenn es mit seinem Verhalten Ihre Autorität direkt angreift: Wenn es Sie zum Beispiel anrempelt, Ihnen den Weg verstellt, Sie über den Haufen rennt, sich loszureißen versucht, oder nach Ihnen tritt oder beißt.

Was Sie dagegen unternehmen, hängt von der Situation ab, von der Sensibilität Ihres Pferdes und von den »Waffen«, die Sie gerade zur Hand haben. Wenn Sie mit innerer Überzeugung bei der Sache sind, reichen fast immer ein scharfes Wort, ein drohendes Heben der Hand, ein schneller, aggressiver Schritt auf das Pferd zu. Reagiert der Vierbeiner darauf nicht, müssen Sie wohl oder übel handgreiflich werden: Mit zwei, drei kräftigen Rucken am Führstrick oder der Kette, mit einem überraschenden Schlag mit der Gerte, zur allergrößten Not mit einem Tritt in die Rippen.

Loben Sie Ihr Pferd, wann immer es Ihnen Grund dazu gibt: Sie können mit der Stimme loben, Sie können es am Mähnenkamm kraulen, Sie können ihm ein Leckerli geben. Wenn Sie eine neue Lektion erarbeiten, belohnen Sie *sofort* jeden Ansatz in die richtige Richtung mit einem eindeutigen, immer gleichen Stimmsignal. Ihr Pferd soll wissen, dass es auf dem richtigen Weg ist. Später können Sie sparsamer mit dem Lob umgehen: Jetzt, wo das Pferd weiß, um was es geht, muss es schon ein wenig mehr bieten.

Die Belohnung mit Leckerli ist umstritten: Besonders Westerntrainer lehnen sie kategorisch ab, mit dem Argument, eine kurze Arbeitspause sei Belohnung genug für das Pferd, und ständiges Aus-der-Hand-Füttern erziehe es nur zu einem Schnapper und Bettler. Dass dies nicht zwangsläufig passiert, beweisen Ausbilder wie der berühmte Zirkusmann Fredy Knie senior. Er schwört auf die motivationsfördernde Wirkung von Leckerbissen. Und auch in der Spanischen Reitschule trägt jeder Bereiter welche bei sich. Ganz sicher würde es keinem Leckerli-Gegner einfallen, Knies Araberhengste oder die Wiener Lipizzaner als ungezogene Bettler zu bezeichnen. Sie befinden sich also in guter Gesellschaft, wenn Sie Ihrem Schüler ab und zu einen Happen zustecken. Allerdings: Wer seinem Pferd ständig irgendetwas zwischen die Zähne schiebt, um sich seine Freundschaft zu erkaufen, macht es tatsächlich nur aufdringlich. Es kommt also darauf an, dass Sie die Leckerbissen mit Sinn und Verstand einsetzen.

Und wenn Ihnen noch einmal jemand erklären will, eine Ruhepause sei Belohnung genug, können Sie mit einem Zitat Fredy Knies kontern: »Wenn mein Pferd es als Belohnung empfindet, dass ich es in Ruhe lasse, habe ich alles falsch gemacht.«

Wenn Strafe sein muss ...

Beachten Sie beim Strafen auf jeden Fall folgende Regeln:

- *Handeln Sie prompt* – der Zusammenhang zwischen dem Vergehen und seinen Folgen muss für das Pferd klar erkennbar sein.
- *Handeln Sie mit voller innerer Überzeugung* – das Pferd muss wissen, dass es etwas Fürchterliches getan hat und dergleichen nie wieder wagen sollte.
- *Handeln Sie überlegen* – das Pferd muss davon überzeugt sein, dass Sie noch ganz anders könnten.
- *Handeln Sie kurz* – nach drei Sekunden müssen die Strafaktion abgeschlossen und Sie wieder kommunikationsbereit sein.

Kapitel 1: Leittier Mensch

■ Krafteinsatz demonstriert Schwäche. Ein guter »Boss« arbeitet mit Signalen.

Der richtige Umgang mit Leckerlis …

Wenn Sie mit Futter belohnen:

- Füttern Sie nur aus der Hand, wenn Ihr Pferd etwas geleistet hat – wenn es also die erwünschte Reaktion auf Ihre Anweisung gezeigt hat.
- Geben Sie die Belohnung immer zusammen mit dem verbalen Lob.
- Gewöhnen Sie Ihr Pferd von Anfang an daran, dass es nicht jedes Mal ein Leckerli erwarten kann, wenn es etwas Bestimmtes tut: Es hat keinen Rechtsanspruch auf dieses nette Extra, sondern muss sich manchmal auch mit einem verbalen Lob zufrieden geben.
- Verbieten Sie Ihrem Pferd strengstens, zu betteln oder Ihnen mit der Nase in den Taschen herumzuwühlen: Sie sind der Chef, Sie allein entscheiden, wann es etwas gibt.
- Hüten Sie sich davor, Lektionen zu belohnen, wenn das Pferd sie unaufgefordert anbietet: Sie haben im Moment nicht danach gefragt, also gibt's auch nichts dafür.

Der Chef sei souverän

Die verschiedenen Bodenarbeits-Päpste schreiben teils abenteuerliche Verrenkungen vor, um ein Pferd zu stoppen, zum Mitgehen aufzufordern oder wegzuschicken. Seltsam, dass es auf andere Weise oft ebenso gut klappt oder dass einer, der alles falsch macht, besser klar kommt als der Musterschüler.

Die Erklärung für dieses Phänomen: Pferde haben ein feines Gespür für Zwischentöne, für Stimmungen und unbewusste Signale. Sie spüren sehr genau, ob es Ihnen mit einer Forderung ernst ist und ob Sie wirklich daran glauben, dass es klappt. Tun Sie nur das, wovon Sie sicher sind, dass es funktioniert. Ausprobieren ist das Gegenteil von Ausbildung. Wenn Sie die unerschütterliche Gewissheit ausstrahlen, dass Ihr Pferd anhält, weil Sie einen Viertelschritt auf es zu machen, wird es stoppen. Wenn Sie dagegen Ihre eigene Aktion von vornherein als Versuch anlegen, bremst Ihr Vierbeiner allenfalls aus purer Gutmütigkeit – oder auch nicht. Wieso soll er Ihnen auch gehorchen, wenn Sie offenbar selbst nicht so genau wissen, was Sie wollen? Würden Sie sich auf jemanden verlassen, der offenkundig selbst nicht weiß, wo die Sache enden soll? Diesen Eindruck dürfen Sie Ihrem Pferd niemals vermitteln. Leichter gesagt als getan; was hier hilft, ist ein klares Konzept, zum Beispiel: fünf Schritte vorwärts (laut mitzählen!) und dann anhalten.

Die besten Chefs einer Pferdeherde sind die, die durch Souveränität und Kompetenz auffallen. Wildes Herumhopsen haben sie nicht nötig. Es gibt schwer behinderte Menschen, die in ihren körpersprachlichen Möglichkeiten extrem eingeschränkt sind und dennoch wunderbare Bodenarbeit mit ihren Pferden machen, manchmal sogar vom Rollstuhl aus. Sie besitzen ein starkes Selbstbewusstsein, eine Ausstrahlung, die dem Pferd vermittelt: Der Mensch da weiß, was er will und was er tut, einem solchen Chef kann ich getrost folgen.

Ich will, also kann ich: In der Ruhe liegt die Kraft

»Wenn du weißt, was Du tust, kannst Du tun, was Du willst«, heißt ein Kernsatz aus der Feldenkrais-Lehre. Halten Sie sich dran. Folgen Sie verschiedenen Methoden oder basteln Sie sich Ihre eigene zurecht, aber bedenken Sie dabei: Eine planlose Ausbildung nach dem Motto »irgendwie wird's schon klappen« wird mit Sicherheit schief gehen.

Die Vokabeln der Körpersprache erleichtern Ihnen die Sache natürlich enorm. Andererseits

Von Vorbildern und »Nachmachern«

Wenn Ihr Vierbeiner Sie ernst nimmt, wird er sich auch bemühen, Ihren Wünschen nachzukommen, im Zweifelsfall dadurch, dass er Ihr Verhalten nachahmt. Probieren Sie's aus: Führen Sie Ihr Pferd mit müden, schlurfenden Schritten, und nach spätestens zehn Metern wird der Vierbeiner sich bewegen wie Rosinante auf dem Weg zur Schlachtbank. Wenn Sie dagegen energisch voranschreiten, wird auch Ihr Pferd wach. Heben Sie die Beine wie ein Storch, und Ihr Schüler wird neben Ihnen herstaksen. Bewegen Sie Ihren Kopf Richtung Boden – etwa, indem Sie in die Knie gehen und nach unten sehen –, wird das Pferd seinen Kopf ebenfalls senken. Und ein kurzes, wütendes Aufstampfen, wie es auch verärgerte Pferde zeigen, sichert Ihnen die Aufmerksamkeit Ihres Schülers.

■ **Pferde lernen viel durch Beobachten und Nachahmen. Die Körperhaltung des Menschen und die nach unten zeigende Gerte fordern das Pferd auf, den Kopf zu senken.**

ist es sehr wahrscheinlich, dass Sie automatisch das Richtige *tun*, wenn Sie das Richtige *wollen*. Wenn Sie sich stark, selbstsicher und entschlossen fühlen, strafft sich Ihr Körper ganz von selbst und drückt genau das aus. Wenn Sie überzeugt sind, dass Ihr Pferd Ihnen jetzt ausweichen wird, sagt das auch Ihr Körper.

Das ist es, was all die berühmten *Horsemen* gemeinsam haben, so sehr sich ihre Methoden auch unterscheiden: eine starke Persönlichkeit, die sich einem jederzeit fluchtbereiten Geschöpf als ruhender Pol anbietet. Pferde sind ständig »auf dem Sprung«, das entspricht ihrer Natur. Wenn sie dann auch noch mit einem fahrigen, unsortierten Menschen konfrontiert werden, klappt gar nichts mehr. Wann immer Sie sich einem Pferd nähern, sollten Sie eine klare Vorstellung davon haben, was Sie wollen – und sich sicher sein, dass es klappt. Sie müssen genau wissen, was zu tun ist. Die innere Überzeugung findet ihren sicht- und spürbaren Ausdruck in präzisen Gerten-, Zügel- oder körpersprachlichen Signalen. Vertrauen entsteht nicht durch Schmusen, Füttern und Hätscheln, sondern durch Klarheit und Konsequenz.

Klein anfangen

Selbst felsenfest an den Erfolg zu glauben, ist das Allerwichtigste und auch das Allerschwerste im Umgang mit Pferden. Aber es lässt sich üben: Halten Sie die Anforderung zur Not am Anfang so gering, dass es garantiert funktioniert. Das gibt Ihnen die Sicherheit, die Sie brauchen, um weiter zu gehen.

Zerlegen Sie eine neue Aufgabe in viele kleine Schritte. So bleibt die Sache überschaubar, und Sie verzeichnen immer wieder Teilerfolge. Und Erfolge sind die beste Motivation fürs Lernen: Warum sollte es Ihnen da anders gehen als Ihrem Vierbeiner?

Vorgesetzter oder Partner?

Ob es Ihnen passt oder nicht – wenn Sie alles richtig machen, wird Ihr Pferd Sie ziemlich schnell als Chef akzeptieren. Und Sie sind es ihm schuldig, diese Rolle zu akzeptieren. Warum, ist schnell erklärt: Um sich mit Ihrem Vierbeiner zu beschäftigen, werden Sie ihn immer wieder von seinen Artgenossen wegholen: Sie verlangen von ihm, den Schutz der Herde zu verlassen. Einem Wildpferd fiele das nicht einmal im Traum ein, denn ein solches Verhalten käme einem Selbstmord gleich.

Jetzt gibt es zwei Möglichkeiten. Variante eins: Ihr Pferd kennt Sie als seltsamen Zweibeiner, den es die meiste Zeit ohnehin nicht versteht, der wirre Signale von sich gibt und mindestens ebenso unsicher ist wie es selbst. Alles, was Sie gemeinsam unternehmen, bleibt unbefriedigend: Ihr Pferd wagt es nicht, sich auf Sie zu verlassen, und umgekehrt können Sie dem Vierbeiner nicht trauen. Im Zweifelsfall beschließt das Pferd, dass es nun wohl oder übel die Rolle des Herdenchefs übernehmen sollte – einer muss es ja machen. Und was tut der Boss wider Willen? Er sieht zu, dass er zurück zur Herde kommt, und zwar so schnell wie möglich. Wie viel Energie der Vierbeiner dafür aufwendet, ist von Fall zu Fall verschieden, unangenehm ist die Situation jedoch allemal, und zwar für alle Beteiligten. Im menschlichen Sprachgebrauch bekommt das Pferd den unfreundlichen Stempel »Kleber« aufgedrückt. Variante zwei hört sich da schon bedeutend besser an: Ihr Pferd ist sich sicher, dass Sie die Sache im Griff haben, dass Sie wissen, was Sie tun, und dass Sie schon auf es aufpassen werden. Mit Ihnen in seiner Nähe braucht es den Schutz der Herde nicht. Für den Vierbeiner bedeutet das ganz selbstverständlich, dass er sich Ihnen unterordnet und sich Ihnen anvertraut. Und, wie der Pferdemann Rolf Becher so schön sagt: »Habe ich das Vertrauen meines Pferdes, bekomme ich den Gehorsam geschenkt.«

Lernen mit 4 F

Fair, friendly, firm, fast – mit diesen vier Worten umschreibt der Amerikaner Pat Parelli die vier Kompetenzen, die Sie brauchen, wenn Sie mit Pferden arbeiten

Fair

Seien Sie gerecht: Loben Sie Ihren Schüler, wenn er etwas richtig gemacht hat, und strafen Sie nur, wenn Sie sicher sind, dass das Pferd verstehen kann, warum es bestraft wird. Verlangen Sie nichts von Ihrem Pferd, was es in seiner momentanen seelischen oder körperlichen Verfassung nicht leisten kann. Prüfen Sie selbstkritisch, warum eine Lektion nicht geklappt hat. Vielleicht lag es ja gar nicht am Pferd, sondern an Ihnen.

Friendly

Seien Sie freundlich. Schließlich mögen Sie Ihr Pferd und haben Freude daran, mit ihm zusammen zu sein. Erinnern Sie sich daran ganz besonders dann, wenn gerade mal nicht alles so geht wie geplant. Das Pferd soll immer spüren, dass Ihre Grundhaltung ihm gegenüber positiv ist. Achten Sie seine Persönlichkeit und respektieren Sie es auf die gleiche Weise, auf die Eltern ihre Kinder respektieren sollten.

Firm

Seien Sie konsequent. Ihr Pferd soll genau wissen, woran es mit Ihnen ist. Das funktioniert nur dann, wenn Sie klare Richtlinien für den Umgang mit ihm haben. Verwenden Sie immer die gleichen Stimmkommandos und Signale. Setzen Sie Ihrem Vierbeiner klare Grenzen: Erlauben Sie ihm nicht heute, beim Putzen herumzuzappeln, wenn Sie morgen deswegen einen Wutanfall bekommen. Strahlen Sie beständige Autorität aus, das finden Pferde (und Menschen) viel angenehmer als unberechenbare Launenhaftigkeit.

Fast

Seien Sie schnell. Was immer Sie tun, ob loben, strafen oder reagieren – tun Sie es ohne Verzögerung. Nur so kann das Pferd einen Zusammenhang herstellen und dadurch lernen.

KAPITEL 2

Der Pferde-Kindergarten

Anfassen und mehr

Spätestens bei der ersten Lahmheits-Untersuchung wird's peinlich: Wenn das Vortraben damit endet, dass das Pferd den hilflos am Halfter hängenden Zweibeiner einmal quer über den Hof schleift, wird es höchste Zeit, das Thema »Führen« zu vertiefen.

Die Grunderziehung muss sitzen, auch, wenn Sie sonst wirklich gar nichts von ihrem Vierbeiner verlangen. Jedes Pferd sollte im Schritt und Trab am durchhängenden Strick neben dem Menschen herlaufen, sich anhalten und in beide Richtungen wenden lassen, Hufe geben und ohne größere Kampfszenen einen Pferdehänger betreten.

Gutes Benehmen kann lebenswichtig sein

Wenn sich der Vierbeiner nicht anständig führen lässt, wird eine Lahmheitsdiagnose praktisch unmöglich. Und falls er sich kategorisch weigert, den Hänger zu betreten, ist das nicht nur lästig (und peinlich, wenn sich die beim Verladen unvermeidlichen hämischen Zaungäste einfinden); es kann das Pferd das Leben kosten, wenn es beispielsweise für eine Kolikoperation dringend in die Klinik müsste. Ein Pferd, das sich losreißt und auf die nächste Bundesstraße rast, gefährdet nicht nur sich selbst – es kann einen katastrophalen Verkehrsunfall verursachen.

■ Die ersten Berührungen mit Händen oder Gegenständen sollten am besten in einem geschützten Raum stattfinden, in dem das Pferd sich zwar entziehen, aber nicht weit weglaufen kann, zum Beispiel im Round Pen.

Kontaktaufnahme: Die ersten Berührungen

Um die Grunderziehung kommt also niemand herum, und Sie können nicht früh genug damit anfangen. Am leichtesten ist die Sache mit einem Fohlen, das noch bei seiner Mutter ist: Erstens können Sie die (hoffentlich mit Menschen vertraute) Stute als Co-Trainerin einspannen, zweitens hat der kleine Racker noch ein handliches Format und befindet sich in dem schönen Irrglauben, der Zweibeiner sei der Stärkere, drittens können Sie sich in die Prägephase hineinmogeln. Noch wichtiger als der Mensch ist für den vierbeinigen Mini aber von Anfang an die Herde und am besten auch die Gesellschaft anderer Fohlen: Was der Youngster da ganz nebenbei lernt, kann ihm kein Zweibeiner der Welt beibringen.

Ihr Pferd ist aber längst halfterführig? Testen Sie ruhig einmal, ob Ihr Vierbeiner wirklich alle Lernschritte verinnerlicht hat. Vielleicht tut sich ja die eine oder andere Lücke auf.

A propos Lücke: Lassen Sie Ihrem Schüler keine. Sie machen sich die ganze Sache wesentlich leichter, wenn Sie dafür sorgen, dass sich das Pferd beim Berührungstraining ihren Annäherungsversuchen nicht so einfach entziehen kann. Eine Zwölf-Hektar-Weide ist ein denkbar ungeeigneter Ort, um einen halbwilden Dreijährigen zu zähmen. Holen Sie Ihren Kandidaten in eine große Box, einen kleinen Paddock, den Round Pen oder in die abgeteilte Ecke einer Reithalle, jedenfalls an einen Ort, an dem der Vierbeiner einerseits nicht gleich Platzangst kriegt, andererseits aber auch nicht weit kommt, wenn er sich zu entziehen versucht. Erliegen Sie auch nicht der Versuchung, dem scheuen Pferd irgendwie ein Halfter überzustreifen, um es festhalten zu können. Ziemlich schnell wird auch der halfterlose Lehrling es leid sein, dauernd davonzulaufen; er wird sich also wohl oder übel anfassen lassen – und feststellen, dass das überhaupt nicht schlimm ist.

> *Kleinholz vermeiden*
>
> *Besonders wichtig ist eine robuste Einfriedung. Schließlich wollen Sie dem Pferd nicht beibringen, dass man Zäune einfach plattwalzen kann. Jeder Versuch in diese Richtung sollte also scheitern.*

Wie immer Sie es auch anstellen, der erste und wichtigste Schritt ist in jedem Fall dieser: Das Pferd soll sich bereitwillig überall anfassen lassen. Je früher es das lernt, desto besser, am besten schon kurz nach der Geburt. Schließlich stehen bald die ersten Impfungen an. Ein Pferd, das dem Menschen vertraut, wird den kleinen Pieks kaum mitbekommen und folglich auch kein Tierarzt-Trauma entwickeln, das ohnehin eher aus der Hektik rund um den Arztbesuch entsteht als aus der Behandlung selbst.

Streicheln Sie das Fohlen mit sanftem Druck, wie es die Stute mit ihrer Zunge tut, kraulen Sie das Pferdekind behutsam, machen Sie es mit weichen Striegeln und Bürsten vertraut oder arbeiten Sie mit Tellington-Touches. So wird es die Berührung Ihrer Hände nicht nur akzeptieren, sondern sehr bald auch genießen. Zu Stellen, an die Sie nicht gleich heran-

> *Wenn die Stute nicht mitspielt ...*
>
> *Sollte es sich bei Ihrem Schüler um ein Saugfohlen handeln, und bei der Stute um eine Glucke, die Sie nicht an ihr Allerheiligstes heranlassen will, lenken Sie die Mama mit Futter ab, bitten Sie einen Helfer, sich um sie zu kümmern, oder binden Sie sie notfalls in unmittelbarer Nähe an – natürlich so, dass sie das Geschehen im Auge behalten kann und sieht, dass Sie nicht vorhaben, ihr Schätzchen aufzufressen.*

kommen, etwa Ohren oder Gesäuge, arbeiten Sie sich behutsam vor. Bleiben Sie mit Ihren Berührungen zunächst dort, wo das Pferd sich gern anfassen lässt, um dann ganz beiläufig einen kurzen, leichten Kontakt an einer »kritischen« Stelle einzustreuen.

Sie brauchen sich nicht lange mit dem Pferdekind zu beschäftigen. Mehr als fünf bis zehn Minuten Neues am Stück kann das Kleine ohnehin nicht verdauen. Und die Pferdemutter soll nicht den Eindruck gewinnen, Sie wollten sich dazwischen drängen. Sie soll den Menschen lediglich als Dritten im Bunde akzeptieren. Das wird sie schnell tun, wenn Sie sich mäßig, aber regelmäßig mit dem Fohlen befassen.

Wenn sich Mutter oder Kind doch einmal aufregen, machen Sie nicht den Fehler, andauernd beruhigend auf sie einzureden oder sie plötzlich unmotiviert zu loben. So versuchen unsichere Menschen, sich selbst zu beruhigen. Bei Pferden verstärkt dies lediglich den Eindruck, dass tatsächlich irgendwas im Busch ist – wieso sonst sollten Sie auf ihre Unruhe einsteigen?

Bleiben Sie einfach bei Ihrem Programm, übergehen Sie hektische Reaktionen, verhalten Sie sich ruhig und freundlich. Gelassene Beharrlichkeit hat etwas ungemein Beruhigendes. Das gilt übrigens für den Umgang mit allen Pferden, nicht nur mit kleinen.

Hufegeben

Sehr bald können Sie einen Huf aufheben, am besten gleich verbunden mit einem Stimmkommando, etwa »Gib Huf!«. Es reicht, wenn Sie das Füßchen eine Viertelsekunde lang halten und dann sanft wieder auf den Boden stellen, etwa mit dem Wort »ab«. Wichtig ist dabei, dass *Sie* die Übung beenden und sich den Huf nicht einfach aus der Hand reißen lassen. Ebenso ist es keine gute Idee, den gut gegebenen Huf einfach loszulassen und auf den Boden plumpsen zu lassen; das dürfte ein ziemlich unangenehmes Gefühl für das Pferd sein. Stellen Sie ihn also behutsam wieder ab. Das sollten Sie ein ganzes Pferdeleben lang so handhaben, weil es einfach viel freundlicher ist.

Sehr wichtig: Ein gutes Timing

Geben Sie sich zufrieden, bevor das junge Pferd auch nur auf die Idee kommen kann, es sei nun genug. Natürlich ist dann sofort überschwängliches Lob fällig, und Ihr Kleiner hatte überhaupt keine Zeit, sich zu wehren. Ohne recht zu wissen, wie ihm geschieht, hat das Pferdekind eine Heldentat vollbracht und ist dafür mit Lob überschüttet worden.

Auch mit älteren Pferden, die nie Hufegeben gelernt haben, funktioniert diese Methode. Und das ist gut so, denn freiwilliges Hufegeben ist beileibe keine Selbstverständlichkeit. »Schmiedefromm« ist fast eine Art Gütesiegel, das den Wert eines Pferdes deutlich steigert – ein klares Indiz, dass viele Pferde beim Hufegeben ernsthafte Probleme machen. Die Gründe können ganz unterschiedlich sein: Vielleicht fehlt es dem Pferd an Vertrauen zum Menschen, und deshalb ist ihm eine derartige Einschränkung der Bewegungsfreiheit schlicht unheimlich. Oder das Hufegeben bereitet ihm Schmerzen, weil der Huf – besonders bei kleinen Pferden – ohne Rücksicht auf Verspannungen und körperliche Einschränkungen zu hoch gehoben oder zu weit unter dem Körper hervorgezogen wird. Vielleicht hat der Vierbeiner auch irgendwann entsprechend schlechte Erfahrungen gemacht. Möglicherweise ist das Pferd auch ganz einfach kitzlig und empfindet Berührungen an den Beinen grundsätzlich als unangenehm. Das alles ist zwar kein Grund, das Gezappel als gottgegeben hinzunehmen, aber ein bisschen Verständnis ist nötig, um das Hufegeben zu verbessern.

Wenn das Pferd Sie überhaupt nicht an seine Hufe heranlässt:

- Bitten Sie einen Helfer, das Pferd am mög-lichst losen Führstrick zu halten und es zu beruhigen.
- Streichen Sie mit einer langen, steifen Gerte an den Beinen des Pferdes entlang und belohnen Sie das Pferd mit Stimme und Leckerbissen, wenn es das duldet.
- Berühren Sie das Bein dann an verschiedenen Stellen mit dem Gertenknauf. Variieren Sie dabei den Druck und bewegen den Knauf in kleinen Kreisen über die Haut, auch auf dem Kronrand und in der Fesselbeuge.
- Berühren Sie die Beine mit den Händen: Fahren Sie mit langen, freundlichen Strichen und mäßigem Druck von der Krupppe bis zum Huf, umschließen Sie das Bein freundlich mit den Fingern, arbeiten Sie mit Tellington-Touches.
- Nehmen Sie einen bereits entlasteten Huf kurz hoch, stellen ihn sanft wieder ab und loben das Pferd überschwänglich. Hat der Vierbeiner gerade keinen Huf entlastet, zupfen Sie leicht am Kötenzopf nach oben oder kneifen sanft mit den Fingern in die Sehne direkt oberhalb des Fesselkopfes, damit das Pferd den Huf hergibt, halten ihn kurz fest, stellen ihn sanft wieder ab und belohnen den Helden reichlich. Das muss so schnell gehen, dass der verblüffte Vierbeiner keine Zeit zur Gegenwehr hat.

Kopfsenken

Neben dem Hufegeben gibt es noch eine zweite Übung, die ein Pferd nie zu früh (und nie zu spät) lernen kann: das Kopfsenken. Fahren Sie mit der flachen Hand freundlich am Mähnenkamm nach oben bis zum Genick und drücken Sie den Pferdekopf dann sanft nach unten. Wenn das Pferd nachgibt – am Anfang reicht ein Millimeter – hören Sie auf. Bald sollte das Pferd soweit sein, dass es reflexmäßig den Kopf deutlich senkt, wenn es die Berührung am Genick spürt. Das Fluchttier Pferd lernt damit fürs Leben, und zwar gleich zwei Dinge:

Erstens, dass Druck nachlässt, wenn man ihm nachgibt. Und zweitens, dass es sich bei Ihnen entspannen kann: Ihr Pferd gibt ein Stück seiner ängstlichen Beobachtung der Umwelt auf, es findet sich damit ab, nicht mehr den absoluten Überblick zu haben. Es verlässt sich darauf, dass der Mensch die Wache übernimmt.

Außerdem ist das Kopfsenken auch einfach ungemein praktisch, vor allem dann, wenn sich das Pferdekind zu einem Reitelefanten zu entwickeln droht, den normalwüchsige Menschen sonst nur mit Hilfe einer Leiter aufhalftern könnten.

Haltung und Bewusstsein

Bei Pferden steuert nicht immer das Bewusstsein die Bewegung. Oft genug beeinflusst auch eine Bewegung das Bewusstsein. Wenn Sie also das Pferd dazu bringen können, eine entspannte Körperhaltung einzunehmen, verhelfen Sie ihm damit auch zu einer geistigen Entspannung.

Mit kleinen Schritten kommt man weiter

Fordern Sie jeden Tag ein bisschen mehr von ihrem Pferdeschüler, aber denken und handeln Sie immer in kleinen Schritten: Wenn Sie gestern eine Sekunde lang den Huf gehalten haben und heute zehn Sekunden ausprobieren wollen, geht das viel wahrscheinlicher schief,

Bodenarbeit – Pferdetraining an der Hand

■ Das Erste, was ein Pferd zu lernen hat, ist, dem Druck im Genick reflexartig nach vorn-unten zu weichen. Üben Sie das ein ganzes Pferdeleben lang.

als wenn Sie zwei Sekunden anpeilen. Kleine Schritte führen fast immer schneller ans Ziel. Es reicht vollkommen, wenn ein Fohlen *eine* neue Sache am Tag lernt und sonst »nur« die bekannten Lektionen wiederholt.

Natürlich kann man auch das Prinzip des Lernens durch Wiederholen ad absurdum führen, wenn man nicht merkt, wann es genug ist. Widerstehen Sie der Versuchung, eine im Grunde gelungene Lektion sofort noch einmal, noch besser, länger, schöner zu verlangen. Weichen Sie auch nicht von Ihrem Plan ab, wenn Sie schon mittendrin sind. Sie hatten vor, den Huf zehn Sekunden lang hochzuheben, also verzichten Sie darauf, spontan weitere zehn Sekunden dranzuhängen, weil's gerade so gut geht. Hören Sie nach zehn Sekunden auf, wenn zehn Sekunden die Aufgabe waren. Damit bestimmen *Sie* das Ende der Lektion, statt sich die Sache beziehungsweise den Huf aus der Hand nehmen zu lassen. Das Pferd fühlt sich weder körperlich noch geistig überfordert und geht mit dem Gefühl aus der Lektion, seine Sache gut gemacht zu haben. Lassen Sie Ihren Schüler darüber schlafen und bitten am nächsten Tag um zwölf Sekunden Hufgeben. Gerade für ein Jungpferd ist es ungemein wichtig, dass es immer wieder den Aha-Effekt erlebt: »Ach, das war alles, was der Mensch von mir wollte? Kein Problem!«

Führen und Geführt-Werden

Früher oder später werden Sie in die Verlegenheit kommen, das Pferdekind von A nach B bringen zu müssen. Die einfachste Möglichkeit – man nehme die Stute und verlasse sich darauf, dass das Fohlen hinterherläuft – klappt leider nicht besonders lange. Die lieben Kleinen werden erstaunlich schnell selbstständig und verfolgen lieber quietschend und buckelnd den Hofhund, als mit Mama in den Pferdehänger zu marschieren.

Robuste Naturen klemmen sich den Pferdezwerg irgendwie unter den Arm und nötigen ihn mit mehr oder weniger sanfter Gewalt an seinen Bestimmungsort. Das klappt mit einem Shetty-Fohlen relativ gut, ein Shire-Baby dagegen setzt dem Manöver recht bald Grenzen. Pädagogisch wertvoll ist die Hauruck-Methode weder im einen noch im anderen Fall. Machen Sie sich also möglichst frühzeitig klar, dass es effektiver ist, 500 Gramm Hirn zu beeinflussen als 500 Kilo Knochen und Muskeln.

A wie Ausrüstung

Ohne gute Ausrüstung ist kein gutes Arbeiten möglich, auch nicht beim Umgang mit Pferden. Geizen Sie also nicht bei der Anschaffung von Halfter, Strick, Führkette und Gerte: Sie werden diese Gegenstände ein Pferdeleben lang immer wieder in der Hand haben. Gerade bei Pferde-Zubehör rechnen sich Billigkäufe selten: Für wenig Geld gibt's meist nur Ramsch, der nach ein paar Monaten den Geist aufgibt – unterm Strich ein teures Vergnügen.

Unverzichtbar: Das Halfter

Sobald das Pferd dem Menschen einigermaßen vertrauensvoll begegnet, kann es ans Halfter gewöhnt werden. Das Aufhalftern dürfte kein Problem sein, wenn sich das Pferd also überall berühren lässt und willig den Kopf senkt. Dass man sich dabei halbwegs geschickt anstellen und das Manöver mit sortiertem Halfter neben dem Pferd stehend einleiten sollte, anstatt die Riemen irgendwie über die Ohren zu würgen, versteht sich hoffentlich von selbst.

Wichtig ist natürlich, dass das Halfter gut passt: Der Nasenriemen sollte knapp unterhalb des Jochbeins sitzen und gerade so locker sein, dass Sie die flache Hand zwischen Nasen-

KLEINE MATERIALKUNDE
Das geeignete Halfter

Halfter aus Nylongurt sind praktisch, robust, relativ preiswert und vielseitig verwendbar. Die teurere Variante aus Leder ist auch nicht zu verachten, braucht aber mehr Pflege und ist dabei weniger stabil. Im Gegensatz zu Strickhalftern haben Halfter aus Gurt nicht nur einen Ring am Kinn, sondern auch Ösen links und rechts des Pferdekopfes. Diese Ösen brauchen Sie, um die Führkette einzufädeln oder den Führstrick umzuschnallen. Achten Sie deshalb darauf, dass die Beschläge robust und die Öffnungen groß sind, damit die Kette hindurchgleiten kann, ohne sich zu verkanten. Wichtig ist, dass der Kinn-Ring unverrückbar fest an seinem Platz sitzt. Bei Halftern mit verstellbarem Nasenriemen ist er oft gleitend angebracht, das macht präzises Einwirken viel schwerer.

Die Nylon- oder Lederriemen sollten stabil und doppelt vernäht sein. Unterpolsterungen am Nasen- und Genickriemen sind überflüssig, schließlich wollen Sie an diesen Stellen einwirken, ohne dass ein Gummipuffer die Signale verwässert.

Ob das Halfter durch einen Haken am Kehlriemen oder eine Schnalle am Genickriemen verschlossen wird, ist Geschmackssache. Bei den besseren Nylon- oder Lederhalftern sind meist beide Varianten möglich.

■ **Die Ösen des Halfters müssen groß genug sein, um Führstrick oder -kette hindurchfädeln zu können. Hier die »Standard-Verschnallung« der Führkette.**

riemen und Pferdekopf schieben können. Der Kehlriemen darf auf keinen Fall einschneiden, aber auch nicht übermäßig schlackern. Zu enge Riemen drücken und verleiden dem Pferdekind die Sache mit dem Halfter, zu weite sind gefährlich. Fohlen sind bemerkenswert sportlich und haben keinerlei Probleme damit, sich mit dem Hinterhuf am Ohr zu kratzen. Dabei könnten sie sich im zu lockeren Genickriemen des Halfters verheddern. Lassen Sie Fohlen deshalb nie mit Halfter unbeaufsichtigt. Das gilt übrigens auch für erwachsene Pferde. Selbst mit einem wirklich gut sitzenden Halfter kann der Vierbeiner irgendwo hängen bleiben und sich beim panischen Versuch, loszukommen, übel verletzen.

Heißer Draht und Sicherheitsleine: Führstrick oder -kette

Sie haben Ihrem Vierbeiner also das Halfter übergezogen und werden wahrscheinlich feststellen, dass er sich nicht besonders daran stört. Dabei können Sie es ein paar Tage lang einfach belassen: Legen Sie ihm das Halfter an, lassen es eine Weile am Kopf und nehmen es wieder ab. Für das Pferd sollte dies bald die selbstverständlichste Angelegenheit der Welt sein.

Ehe Sie jetzt richtig zur Sache kommen, brauchen Sie noch einen Führstrick, der mindestens zwei, besser noch zweieinhalb Meter lang ist und gut in der Hand liegt. Eine Führkette kann ebenfalls nützlich sein. Der Haken, der Halfter und Seil verbindet, sollte einfach zu handhaben sein und nicht aus Versehen aufgehen können, wie es bei Panikhaken leicht passiert.

Bei einer Führkette bestehen die ersten 70 Zentimeter nicht, wie bei einem Strick, aus textilem Material, sondern aus Metallgliedern. Achten Sie darauf, dass der Karabinerhaken schmal genug ist, um sich problemlos durch die Ösen des Halfters fädeln zu lassen. Meist besteht die textile Verlängerung der Kette aus Nylongurt. Warum das so ist, weiß kein Mensch, denn runde Baumwollstricke liegen viel besser in der Hand. Wenn Sie ebenfalls dieser Meinung sind, ersetzen Sie den Gurt einfach durch ein angenehmeres Material.

Wenn Ihnen etwas an Ihren Händen und Fingern liegt ...

Führen Sie niemals ein Pferd ohne Führstrick oder Zügel! Es ist nicht nur unangenehm für Zwei- und Vierbeiner, wenn die Hand direkt ins Kopfstück greift, es ist auch gefährlich. Selbst das tranigste Ross macht mal einen Satz nach vorne oder zur Seite. Wenn dabei Ihre Finger zwischen Halfter und Pferdekopf eingeklemmt werden, sind gebrochene Knochen und ausgerenkte Gelenke vorprogrammiert. Benutzen Sie deshalb grundsätzlich Führseil oder -kette; und wickeln Sie sich das Ende nicht fünf Mal um die Hand, sondern halten es in losen Schlaufen, die sich nicht zuziehen können. Wenn Sie heftige Reaktionen befürchten, ziehen Sie außerdem Handschuhe an.

Der verlängerte Arm: Die Gerte

Hartnäckig hält sich das Vorurteil, die Gerte diene dazu, das Pferd zu verprügeln. Vielleicht aus diesem Grund sträuben sich unzählige Pferdefreunde dagegen, das vermeintliche Marterinstrument in die Hand zu nehmen. Falls Sie ähnliche Vorbehalte haben, streichen Sie mit sofortiger Wirkung das Wort »Gerte« aus Ihrem Wortschatz: Tatsächlich handelt es sich um nichts anderes als Ihren verlängerten Arm, mit dessen Hilfe Sie sich dem Pferd viel besser verständlich machen können, als wenn Sie sich verrenken müssen, um irgendwie seine Hinterhand zu berühren. Außerdem kann das Pferd die Gerte sehen. Ihr Schüler hat damit

KLEINE MATERIALKUNDE
Gerte ist nicht gleich Gerte

Für die Führ- und Bodenarbeit muss eine Gerte lang und steif sein. Weniger als 1,20 Meter dürfen's nicht sein; eine gewisse Steifheit ist nötig, damit das Ende nicht unkontrolliert herumwippt und das Pferd im ungünstigsten Moment trifft. Die Farbe ist im Prinzip egal, allerdings hat Weiß den Vorteil, dass der Vierbeiner den Stab gut sehen kann.

Und natürlich soll auch dieses Hilfsmittel gut in der Hand liegen. Entscheiden Sie sich für eine Gerte mit Knauf: Mit dem dicken Ende können Sie sanft und trotzdem gezielt einwirken. Unnötig ist dagegen ein extra abgesetzter Griff: Der würde nur verhindern, dass Sie den Stab nach Belieben durch die Hand gleiten lassen können. Eine Handschlaufe ist nicht nur überflüssig, sondern sogar gefährlich: Wenn die Gerte an Ihrem Handgelenk hängenbleibt und wild durch die Gegend pendelt, kann sich das Pferd zu Tode erschrecken. Schneiden Sie sie also am besten gleich ab. Die Spitze der Gerte besteht aus einem drei bis sechs Zentimeter langen, halbsteifen Bändel mit einem pinselfeinen Ende. Bei einem sensiblen, gut ausgebildeten Pferd reicht schon eine Berührung mit diesem Teil der Gerte. Ein Stab ohne intakte Spitze ist als feines Hilfsmittel wertlos.

■ Die Gerte vor dem Gesicht signalisiert Islandwallach Lasse eindeutig, dass es hier nicht weitergeht.

die Chance, schon auf ein optisches Signal zu reagieren, so dass Sie vielleicht gar nicht mehr am Halfter zupfen müssen.
Ein junges Pferd lässt sich wesentlich besser anhalten, wenn Sie ihm den Gertenknauf als optische Begrenzung quer vors Gesicht halten, als wenn Sie es mit einem Ruck am Führstrick überfallen. Die optische Hilfe ist plausibel genug – wer rennt schon freiwillig gegen eine Barriere –; die richtige Reaktion auf die taktile Hilfe am Halfter muss das Pferd erst lernen. Zudem ist das Ruckeln auf der Nase mit Sicherheit unangenehmer als der Anblick einer weißen »Schranke«.

Abstreichen:
Das hier ist dein Körper, Pferd

Die Gerte ist also kein Prügel; das müssen Sie natürlich auch Ihrem Schüler klar machen, bevor Sie mit dem eigentlichen Führtraining beginnen. Ihr Pferd ist hoffentlich nie verdroschen worden und steht diesem langen weißen Stab zunächst völlig neutral gegenüber. Es soll Respekt zeigen, jedoch keineswegs Angst. Jetzt ist es an der Zeit, dass Ihr Vierbeiner nähere Bekanntschaft mit dem »Zauberstab« schließt.
Bei einem Pferd, das noch nicht halterführig ist, gehen Sie vor wie bei der Gewöhnung an Berührungen mit der Hand; um etwas anderes handelt es sich ja im Prinzip nicht. Arbeiten Sie in einem Picadero, im Round Pen oder in einer größeren Box, jedenfalls an einem Ort, an dem der Vierbeiner Ihnen zwar ausweichen, aber letztlich nicht entwischen kann.
Stellen Sie sich zunächst schräg vor das Pferd, Ihre Front dem Tier zugewandt, um es durch Körpersprache zu »bremsen«, den Führstrick in der einen Hand, die Gerte in der anderen. Streichen Sie Ihren Lehrling mit der Gerte ab: eine freundliche Berührung, aber nicht zu lasch, schließlich wollen Sie Ihr Pferd nicht kitzeln.

Zu Unrecht verkannt:
Die Gerte im Selbstversuch

Klopfen Sie einmal mit dem dicken Ende der Gerte auf Ihr Schienbein. Das dürfte dem Gefühl entsprechen, das ein unaufmerksames Pferd hat, wenn Sie ihm aufs Nasenbein klopfen. Tut's weh? Keineswegs. Sie müssten schon ziemlich heftig auf sich einprügeln, um auch nur einen winzigen blauen Fleck davonzutragen.
Touchieren Sie Ihr Bein nun mit dem dünnen Ende der Gerte – auch das wird nicht weh tun. Schmerz zufügen kann eine Bodenarbeits-Gerte nur dann, wenn damit mit voller Wucht zugeschlagen wird, und darum geht es wahrhaftig nicht.

Der Vierbeiner soll dabei ruhig stehen bleiben. Wenn Ihr Schüler versucht, um Sie herumzutanzen, lassen Sie ihn ruhig kreiseln. Ignorieren Sie das Gehampel einfach; im Augenblick haben Sie ohnehin nicht die Mittel, es ohne viel Stress abzustellen. Bleiben Sie beharrlich bei Ihrem Programm und fahren mit dem Abstreichen fort. Das Pferd wird ziemlich schnell merken, dass es sich dieser Berührung erstens nicht entziehen kann und dass zweitens auch gar nicht die Notwendigkeit besteht, weil die ganze Prozedur ja eigentlich ganz angenehm ist.
Das Abstreichen hat vier Funktionen: Erstens verliert das Pferd sein Misstrauen gegenüber der Gerte. Manche Vierbeiner fürchten sich entsetzlich davor, selbst wenn sie erwiesenermaßen nie schlechte Erfahrungen damit gemacht haben. Zweitens spürt es die Grenzen seines Körpers (siehe Kapitel 7). Drittens kann das Streiche(l)n als Vorbereitung für ein belebendes Tippen verwendet werden, besonders bei sehr sensiblen Pferden, die bei einer zu plötzlichen Berührung mit der Gerte erschrecken würden. Und viertens lernt der

Vierbeiner das Abstreichen als freundlich-beruhigendes Signal kennen, etwa mit der Bedeutung »gut gemacht, weiter so«.

Bewegen Sie die Gerte in langen, freundlichen Strichen mal schnell, mal langsam über das ganze Pferd, bis sich der Vierbeiner entspannt und die Berührung am ganzen Körper akzeptiert. Am besten beginnen Sie mit dem Rücken und den Rippenbögen, beziehen dann allmählich Hals, Brust, Kruppe und Hinterhand mit ein, streichen die Beine und den Bauch ab und lassen die Gerte am Schluss von hinten-oben sanft über Stirn und Nasenbein gleiten. Schlägt das Pferd zunächst nach der Gerte, haben Sie es vielleicht gekitzelt, und es reagiert mit dem gleichen Reflex wie auf eine Fliege. Das ist kein Grund, sich zu ärgern, drücken Sie einfach ein bisschen fester auf. Probieren Sie aus, wie die Berührung dem Pferd am angenehmsten ist.

Das Abstreichen ist so einfach und so nützlich, dass Sie es gar nicht oft genug tun können. Wiederholen Sie es immer wieder einmal, ein ganzes Pferdeleben lang.

Halsbiegung am Halfter

Sie sind also gerüstet? Das Halfter sitzt, die Gerte ist kein Grund für eine Herzattacke? Dann kann Ihr Vierbeiner jetzt herausfinden, dass er die bunten Riemen am Kopf nicht nur zur Dekoration trägt.

Zuallererst muss dem Pferd klar werden, dass es auf die Impulse, die übers Halfter an seinen Kopf übermittelt werden, in einer ganz bestimmten Form zu reagieren hat. Und zwar nicht, indem es empört dagegen büffelt. Üben Sie dieses Dem-Druck-Weichen, das Ihr Pferd im Prinzip ja schon vom Kopfsenken kennt, noch vor dem ersten Anführen. Am besten befestigen Sie den Strick dafür ausnahmsweise wie einen Zügel seitlich am Nasenriemen des Halfters, statt unten am Kinn. So können Sie den Kopf des Pferdes besser zur Seite zupfen und damit den Hals biegen.

Stellen Sie sich jetzt neben Ihr Pferd und bauen Sie langsam Zug am Führstrick auf. Dieser Zug soll nicht nach hinten gerichtet sein, sondern rechtwinklig vom Pferdekopf weg. Sie machen es dem Pferd bei den ersten Versuchen leichter, indem Sie zusätzlich eine Hand auf den Nasenrücken legen, die hilft, den Kopf herumzuführen. Sobald das Pferd nachgibt und den Kopf auch nur ein bisschen in die gewünschte Richtung bewegt, geben Sie behutsam nach (nicht so plötzlich, dass das Pferd aus dem Gleichgewicht gerät) und loben Ihren Vierbeiner. Nach und nach wird die Hand auf dem Nasenrücken passiver, der Impuls am Führstrick tritt in den Vordergrund.

Wenn Sie einen Helfer haben, kann dieser auf der anderen Seite des Pferdes behutsam mit dem Gertenknauf gegen die Maulpartie drücken, damit das Pferd einen weiteren Grund hat, seinen Kopf in eine andere Position zu bringen. Wenn das Pferd mit der Hinterhand nach außen ausschert, während es den Kopf zu Ihnen hindreht, macht das zunächst überhaupt nichts – Ihr Schüler hat einfach noch ein Balanceproblem. Später können Sie das Halsbiegen am Zaun oder an der Bande üben, wo die Hinterhand nicht ausbrechen kann. Dann hat die Übung einen gymnastizierenden Effekt.

Vermutlich hat Ihr Vierbeiner bei den ersten Versuchen nicht die geringste Ahnung, was er tun soll, und zieht aus purer Ratlosigkeit erstmal dagegen. Machen Sie niemals den Fehler, sich auf ein Tauziehen mit einem Pferd einzulassen! Es ist leider völlig klar, wer gewinnen würde. Und wenn der Umgang mit Pferden in Kraftsport ausartet, ist von effektiver Bodenarbeit keine Rede mehr.

Versuchen Sie zunächst, ihr Pferd an seine bisher gelernten Manieren zu erinnern, indem Sie das Signal zum Kopfsenken geben. Das sollte Ihren Vierbeiner auch psychisch wieder auf den Teppich bringen. Mit tiefem Kopf ist er deutlich entspannter und wird der Übung schon deshalb weniger Widerstand entgegensetzen.

■ Das junge Pferd lernt noch vor der ersten Führ-Lektion, die freundliche Berührung der Gerte am ganzen Körper zu dulden.

Misslingt dieser Trick, müssen Sie andere Register ziehen: Steigern Sie den Druck – jedoch nur so lange, wie Sie es ohne große Kraftanstrengung können. Lassen Sie dann möglichst überraschend locker; in diesem Fall sollte es Ihre volle Absicht sein, dass Ihr Pferd ein Gleichgewichtsproblem bekommt. Bauen Sie danach prompt von neuem Druck auf. Ihr Pferd lernt daraus, dass es ziemlich dumm ist, sich gegen den Druck zu stemmen: Dieser kann jederzeit unvermittelt verschwinden und den Widerstand auf ziemlich unangenehme Weise ins Leere laufen lassen. Wahrscheinlich kennen Sie das Gefühl, gemütlich an einer Tür zu lehnen, die plötzlich geöffnet wird. Ähnlich geht es Ihrem Pferd, wenn Sie unvermittelt nachgeben. Der Lerneffekt in beiden Fällen ist folgender: »Ich sollte mich nicht mehr gegen Dinge lehnen, die plötzlich verschwinden können.« Oft hilft es bei solchen Pferden auch, ruckartig am Halfter zu zupfen, auf keinen Fall jedoch rhythmisch: Der Reiz muss für das Pferd unberechenbar bleiben. Rhythmische Signale stumpfen ab, arhythmische machen aufmerksam. Das gilt übrigens für die gesamte Hilfengebung, auch später beim Reiten.

■ Auf ein Seitwärts-Zupfen am Halfter hin soll das Pferd nachgeben und sich biegen. Die Hand am Hals oder auch auf dem Nasenbein unterstützt das zunächst. Das Pferd steht dabei am besten am Zaun, damit die Hinterhand nicht ausschert.

Selbstverständlich müssen Sie diese Halsbiegung in beide Richtungen verlangen. Und auch später gilt natürlich immer wieder: Wenn's auf einer Seite klappt, sitzt die Sache erst halb.
Die Halsbiegung, von beiden Seiten konsequent abgefragt, vertieft im Hirn Ihres Schülers die elementare Erkenntnis, die dort hoffentlich schon bei der Lektion Kopfsenken gereift ist: Am besten ist es, dem Druck zu weichen.

Wie sag ich's meinem Pferde?

Ihr Pferd weiß jetzt, wie es im Hals nachgibt, aber geführt haben Sie es immer noch keinen Meter. Und das sollten Sie lieber auch nicht tun, bevor Sie sich nicht noch einmal ein paar Grundsätze bewusst gemacht haben. Denn die ersten Führversuche sind für viele junge Pferde furchtbar verwirrend, und es kann entsetzlich viel schief gehen.
Bleiben Sie deshalb auf jeden Fall in einem umzäunten Terrain und engagieren Sie unter Umständen einen vierbeinigen Lehrmeister. Ein Fohlen findet es plausibel, hinter seiner Mutter herzulaufen, ein Jungpferd folgt seinem Kumpel – so können Sie dem Pferdeschüler einen zusätzlichen Grund geben, mit Ihnen in die gewünschte Richtung zu laufen. Spannen Sie auf jeden Fall einen Helfer mit ein, der weiß, was er tut. Sie brauchen ihn wahrscheinlich nur eine halbe Stunde lang, aber diese halbe Stunde wird sich ein ganzes Pferdeleben lang bezahlt machen.

Kapitel 2: Der Pferde-Kindergarten

Es kann nicht schaden, dem Pferd eine Führkette anzulegen oder – bei Fohlen oder ausgesprochenen Sensibelchen – ein weiches Seil entsprechend über die Nase zu legen. In der Regel dürften Sie ohne diese Hilfsmittel auskommen, aber Sie müssen es ja nicht darauf ankommen lassen: Gelingt es dem Pferd gleich beim ersten Führversuch, sich loszureißen, hat es damit leider eine Lernerfahrung gemacht, die Sie besser vermieden hätten. Da ist es schon sinnvoller, wenn Sie gleich zu Beginn glaubhaft den Eindruck vermitteln, dass Sie es ernst meinen. Ist Ihr Vierbeiner davon überzeugt, können Sie ihn bald am Bindfaden führen. Kette oder Strick werden durch die Öse zwischen Backenstück und Nasenriemen gefädelt und quer über die Nase geführt; dann führt der Weg durch die Öse auf der anderen Seite, und die Kette wird auf der vom Menschen abgewandten Seite oben am Backenstück des Halfters eingehängt. Wichtig ist, dass die Kette dabei einmal um den Nasenriemen geschlungen wird, das verhindert ein Herunterrutschen und mildert die Wirkung (siehe S. 34).

Zusätzlich zur Führkette können Sie gerade bei den ersten Führversuchen einen ganz normalen

Führketten-Verschnallung für Fortgeschrittene

■ **Rund ums Maul:** So, nämlich einmal rundherum, können Sie die Kette verschnallen, wenn Sie oft die Führseite wechseln. Dann müssen Sie nicht jedes Mal umschnallen.

■ **Kinnkette:** Diese Verschnallung eignet sich für Pferde, die ständig rückwärtsdrängeln.

■ **Gewicht nach unten:** Wird die Kette nur im Backenstück eingeschnallt, motiviert das einseitige Gewicht das Pferd, den Kopf zu senken.

Strick am Kinnring des Halfters einhaken. So empfängt das Pferd Signale an Kinn und Genick, wenn man als Zeichen zum Losgehen am Strick nach vorne zupft. Diese Signale kann auch ein völlig rohes Tier noch irgendwie interpretieren. Die Kette dagegen wirkt in erster Linie auf die Nase und damit bremsend. Ein etwas erfahreneres Pferd, das gelernt hat, auf Gerten- und Körpersignale zu reagieren, wird das Kommando trotzdem richtig deuten und artig antreten, aber für einen völlig ungeschulten Anfänger ist das zu hoch. Den Führstrick können Sie Ihrem rechts vom Pferd laufenden Helfer anvertrauen, der damit unter anderem fürs Zupfen beim Anführen zuständig ist, während Sie die Kette nehmen und sich damit in erster Linie ums Lenken und Bremsen kümmern.

Bevor Sie losmarschieren, rufen Sie sich noch mal das nächste Ausbildungsziel ins Gedächtnis: Beide Führzügel, also Strick und Kette, sollen die meiste Zeit leicht durchhängen. Besonders die Kette darf nur sehr kurz und pointiert eingesetzt werden und muss dann sofort wieder locker gelassen werden. Dem Pferd muss klar werden, dass es selbst dafür zuständig ist, ein Anspannen des Stricks zu verhindern. Das funktioniert, indem es bereits auf die körpersprachlichen Signale des Ausbilders reagiert und nicht erst abwartet, bis es ein Signal am Halfter spürt. Dies setzt allerdings voraus, dass der Ausbilder diese Signale auch klar und verständlich gibt.

Vorwärts, Halt und Klar zur Wende: Körpersignale fürs Losgehen, Anhalten und Abwenden

Lediglich zum Anführen dürfen Sie sich leicht nach vorne beugen, um dem Pferd einen Vorwärtsimpuls zu vermitteln. Wenn Ihr Schüler Sie nachahmt und beim Antreten den Hals nach vorwärts-abwärts dehnt, ist das umso besser. Zum Anhalten dagegen nehmen Sie den Oberkörper fast ein bisschen hinter die Senkrechte. Stoppen Sie gut aufgerichtet »auf

Noch einmal das Wichtigste in Kürze:

Das A und O ist ein selbstbewusstes Auftreten. Halten Sie sich gerade, die Augen geradeaus, ziehen Sie weder den Bauch ein noch machen Sie den Rücken rund. Um Chef zu sein, müssen Sie sich wie ein Chef fühlen, und das wird einem zusammengekauerten Häufchen Elend nicht gelingen.

der Hinterhand«. Das verlangen Sie schließlich auch von Ihrem Pferd.

In der Lernphase hilft es Ihrem Vierbeiner außerdem, wenn Sie in einer schnellen, aber fließenden Bewegung schräg vor ihn treten, um ihn auch optisch auszubremsen. Die Gerte als optische Barriere etwa einen halben Meter vor dem Pferdekopf hilft zusätzlich.

Wenn Sie dagegen einfach nur am Führstrick ziehen, wird das Pferd wahrscheinlich nicht geradegerichtet anhalten. Es wird den Kopf etwas zu Ihnen drehen und damit die Hinterhand wegklappen – falls es überhaupt reagiert.

Wer macht den Anfang?

Bestehen Sie von Anfang an darauf, dass das Pferd neben Ihnen läuft, am besten so, dass seine Schultern knapp hinter den Ihren sind. So können Sie das Tier am besten beobachten und auch am direktesten auf es einwirken. Unsichere Vierbeiner neigen dazu, sich hinter ihrem Menschen zu verkriechen – mit dem Ergebnis, dass Ihr Schätzchen Ihnen in die Fersen tritt, Sie hinterrücks über den Haufen walzt oder plötzlich beschließt, den Schauplatz zu verlassen, bevor Sie etwas dagegen unternehmen können. Warten Sie mit derartigen Führpositionen also ab, bis Sie die halbe Tonne Lebendgewicht halbwegs unter Kontrolle haben.

Zum Wenden drehen Sie die Schultern betont in die Richtung, in die auch das Pferd die seinen drehen soll. Soll sich der Vierbeiner von Ihnen wegdrehen, können Sie die äußere Hand mit der Gerte als optische Begrenzung nach vorne nehmen. Bei einer Wendung zu Ihnen hin bleibt diese Hand weitgehend passiv.

»Scheeeritt!«: Das erste Anführen

Der große Moment ist gekommen: Postieren Sie sich neben Ihrem Schüler. Der Helfer steht mit einer zweiten Gerte und dem Führstrick in der Hand auf der anderen Seite. Sie beugen den Oberkörper ganz leicht nach vorne, Ihr Helfer zupft so am Führstrick, dass der Haken gegen das Kinn stupst, beide tippen (nach einem vorbereitenden Abstreichen) mit der Gerte die Hinterhand des Pferdes an, sagen »Scheritt« oder »los« oder sonst ein Wort, dass Ihr Pferd ein Leben lang begleiten wird, und gehen energisch los. Ohne das Pferd anzustarren, versteht sich.

Wenn Sie Glück haben, reagiert Ihr Schüler spontan richtig und kommt einfach mit. Wahrscheinlich aber haben Sie Pech: Ihr Pferd versteht nur Bahnhof und beschließt deshalb, Wurzeln zu schlagen. Kein Wunder eigentlich, denn den Impuls am Genick, den das Zupfen am Führstrick verursacht, kennt Ihr Schüler bisher bloß als Zeichen zum Kopfsenken. Vielleicht tut er das jetzt brav, nur leider ist es im Moment nicht gefragt.

Vorn am Halfter zu zerren, bringt natürlich überhaupt nichts: Erstens *kann* ein rohes Pferd überhaupt nicht verstehen, was Sie damit erreichen wollen. Tut es dennoch das Richtige, war das reiner Zufall. Zweitens wird es erst recht nicht vorwärts-, sondern höchstens rückwärtsgehen, wenn Sie plötzlich frontal vor ihm stehen und ihm das Gesicht zuwenden. Und drittens erzeugt anhaltender Zug automatisch Gegenzug. Das Ergebnis ist ein Tauziehen mit dem Pferd.

Geht der erste Führversuch auf die geschilderte Weise schief, ist ein Manöver sinnvoll und erlaubt, das Sie sich später bei Höchststrafe verbieten sollten, weil es nicht besonders nett ist, das Pferd mutwillig aus dem Gleichgewicht zu bringen. Lenken Sie Ihren Vierbeiner aus dem Stand direkt in eine Kurve, indem Sie schon beim Anführen den Kopf zu sich hinzupfen, wie Sie es schon im Halten geübt haben. Irgendwann kann das Pferd fast nicht mehr anders, als einen Schritt zu machen, wenn es nicht umfallen will. Gleichzeitig hat es aber kaum eine Möglichkeit, hektisch loszustürmen, denn mit gebogenem Hals rennt es sich schlecht.

Ihr Helfer kann das Manöver von der anderen Seite des Pferdekopfes unterstützen, indem er den Vierbeiner mit seiner Körpersprache und notfalls mit einem Stupsen des Gertenknaufs zwischen Maul und Nüster von sich weg- und damit zu Ihnen hinschiebt. Neigt das Pferd nun dazu, fast auf Sie draufzuhopsen, müssen Sie es Ihrerseits sanft, aber konsequent mit dem Gertenknauf auf Distanz halten. Niemand hat gern 500 Kilo Pferd auf dem Schoß sitzen.

Bleiben Sie auf einer Volte, bis Sie das Gefühl haben, dass Ihr Pferd zumindest ansatzweise begriffen hat, um was es geht. Damit keinem der Beteiligten schwindlig wird, vergrößern Sie den Kreis so bald wie möglich und bauen auch mal ein paar Schritte geradeaus ein. Dabei ist es wichtig, dass Sie sich bei allen Manövern rechtzeitig mit Ihrem Helfer absprechen: Wenn jeder das arme Pferd in eine andere Richtung zu ziehen versucht, ist das eher kontraproduktiv.

Will Ihr Vierbeiner nach vorne wegschießen, müssen Sie bei aller gebotenen Ruhe schnell sein: Halten Sie dem Lehrling das dicke Ende der Gerte so vors Gesicht, dass er es sehen kann und das Gefühl bekommt, er müsse diese Barriere schon über den Haufen rennen, um fortzukommen. Sie können auch mit dem Gertengriff aufs Nasenbein klopfen. Damit tun Sie dem Pferd nicht weh, aber die meisten Vierbeiner sind so verdutzt von dem hohlen

Geräusch in ihrem Schädel, dass sie völlig verdattert abbremsen. Gleichzeitig rucken Sie zwei- oder dreimal kurz und energisch an der Führkette und versuchen, mit einem schnellen Schritt auch Ihren Körper schräg oder frontal vor das Pferd zu bringen. Wenn das alles nicht fruchtet, manövrieren Sie Ihren Vierbeiner gegen den Zaun, damit er stehen bleibt.

> ### Im-Mittelpunkt-Stehen gilt nicht!
>
> *Das Pferd zum Bremsen auf einen Kreis um sich herum zu zwingen, gilt nicht, weil es ein fauler Trick ist: Eigentlich wollten Sie im Moment ja vor allem das Tempo des Pferdes kontrollieren und nicht so sehr die Bewegungsrichtung. Sie erreichen Ihr Ziel also, wenn überhaupt, auf einem Umweg. Pädagogisch wertvoll ist das kaum. Außerdem bringt das Gekreisel Ihren Helfer in ziemliche Schwierigkeiten, der, wenn er nicht schon längst losgelassen hat, jetzt außen um das Pferd herumschleudert. Erschwerend kommt hinzu, dass Anhalten in der Biegung getrost als schlechter Stil bezeichnet werden kann, jedenfalls bei einem Pferd, das noch nicht einmal gelernt hat, kontrolliert geradeaus zu gehen.*

Für die allerersten *geplanten* Stopps können Sie den Youngster frontal auf einen Zaun oder eine Wand zusteuern. Das ist – zusätzlich zu Ihren Signalen – für das Pferd ein ziemlich überzeugender Grund, anzuhalten. Wahrscheinlich würde es auch anders klappen, aber sicher ist sicher.

Viele Pferde reagieren übrigens auch gut darauf, wenn man sie als Hilfe zum Anhalten mit der Gertenspitze an der Brust berührt. Das ist sicher nicht die Methode, ein losstürmendes Pferd auszubremsen, aber eine schöne Möglichkeit, vom Schritt ruhig zum Halten zu kommen, besonders für Pferde, die überreagieren, wenn man zu viel Theater im Bereich ihres Kopfes veranstaltet.

Wenn das Kringellaufen linksherum einigermaßen funktioniert – bei den meisten Pferden ist das nach wenigen Minuten der Fall –, schnallen Sie Führkette und Strick um und üben das Gleiche rechtsherum. Womöglich müssen Sie dabei ganz von vorne anfangen. Ärgern Sie sich nicht über dieses Phänomen, sondern nehmen Sie es einfach hin: Weil sich bei Pferden das Gesichtsfeld des rechten Auges nicht mit dem des linken Auges überlappt, erleben sie Dinge, die rechts von ihnen geschehen, völlig anders als von links.

Bald können Sie Richtungswechsel probieren, etwa, indem Sie eine Acht führen. Bauen Sie immer längere Geradeaus-Phasen ein, lassen Sie die Kreise größer werden, üben Sie zwischendurch immer wieder das Anhalten. Versuchen Sie dabei, Ihre eigene Hilfengebung (mit Ausnahme der Stimme) allmählich zu reduzieren. Ziel ist, dass Ihr Pferd schon ans Stoppen denkt, wenn Sie den Oberkörper etwas zurücknehmen.

Reagieren auf Signale

Wenn das alles funktioniert, kann sich Ihr Helfer allmählich zurückziehen. Schließlich soll Ihr Pferd nicht glauben, es habe Anspruch auf zwei Menschen. Allerdings ist es kein Fehler, wenn anfangs noch jemand da ist, um nachzutreiben. Zumal jetzt die nächste Lektion auf dem Programm steht: Geradeaus losgehen. Das Pferd muss sich also auf ein Signal hin in Bewegung setzen und nicht, um sein Gleichgewicht zu retten, wie es beim Führen in eine Biegung hinein der Fall ist.

Ein junges Pferd allein und geradeaus zu führen, ist etwas ganz anderes, als zu zweit und in der Kurve. Wahrscheinlich wird der Vierbeiner öfter ratlos stehen bleiben und sich nur mit Mühe wieder in Gang setzen lassen. Geben Sie in diesem Fall nicht der Versuchung

■ **Anhalten, bitte:** Der Gertentipper am Buggelenk ist ein deutliches und zugleich freundliches Signal zum Stoppen.

nach, das Pferd wieder in eine Biegung hinein anzuführen. Schließlich soll Ihr Pferd nicht sein ganzes Leben lang wie sturztrunken neben Ihnen hertaumeln.

Am Anfang halten Sie sich am besten an die Bande oder an einen Zaun, damit Sie eine äußere Begrenzung haben. Dann kann das Pferd auch nicht einfach die Hinterhand wegklappen, wenn Sie es dort mit der Gerte antippen, um das Signal zum Losgehen zu geben. Es muss sich eine andere Reaktion einfallen lassen. Die Wahrscheinlichkeit, dass es die richtige Lösung findet und nach vorne ausweicht, ist relativ groß.

Wenn's nicht gleich klappt, denken Sie daran: Sie bringen das Pferd nicht in Bewegung, indem Sie seinen Kopf nach vorn zerren, sondern indem Sie die Hinterhand in Gang setzen. Also muss, wenn der Vierbeiner das Programm immer noch nicht so ganz kapiert hat, Ihr Helfer nachtreiben.

Dafür gibt es die verschiedensten Möglichkeiten. Die meisten Pferde verstehen es gut, wenn man die flache Hand in die Mulde zwischen Sitzbeinhöcker und Sprunggelenk legt und so das Hinterbein nach vorn drückt. Nach diesem Prinzip funktioniert auch das »Komm-

■ Sheila wird zunächst zu zweit geführt, zwei Gerten weisen den Weg nach vorne und bremsen zu viel Vorwärtsdrang, das »Komm-mit« um die Hinterhand verhindert, dass das verunsicherte Pferd rückwärtsdrängt. Wenig später klappt das Führen auch allein und ohne »Komm-mit«.

mit«, eine Seilschlinge, die ebenfalls an dieser Stelle um den Pferdepo geführt wird und so, wenn Sie vorn anziehen, den Impuls zum Vorsetzen der Hinterbeine gibt.

Es kann sinnvoll sein, zunächst mit dem »Komm-mit« zu arbeiten. Oder der Helfer tippt das Pferd an der Hinterhand mit der Gerte an, bis die erwünschte Reaktion erfolgt. Schlägt das Pferd nach der Gerte, haben Sie es wahrscheinlich überrumpelt. Bei einem Sensibelchen hilft es, jedes Gertensignal mit einem freundlich-ruhigen Abstreichen einzuleiten.

Dann berührt die Gertenspitze das Pferd besser dreimal leicht als einmal fest.

Die beste Reaktion auf unerwünschtes Verhalten ist meistens, gar nicht zu reagieren. Schließlich tut das Pferd selten aus bösem Willen das Falsche, sondern weil es verschiedene Lösungen für die Situation ausprobiert, in die Sie es gebracht haben. Entspricht die angebotene Lösung also nicht Ihren Vorstellungen, sorgen Sie dafür, dass sie einfach nicht funktioniert. Tritt das Pferd nach der Gerte, darf sich seine Situation dadurch nicht verändern.

Kapitel 2: Der Pferde-Kindergarten

Kommt Ihr vierbeiniger Schüler dagegen auf die brillante Idee, einen Schritt vorwärts zu machen, dürfen Sie das Nachtreiben sofort einstellen und Ihr Pferd begeistert loben.

Es kann nicht schaden, wenn der Helfer Sie noch eine Weile schräg hinter dem Pferd begleitet. So begreift Ihr Schüler am schnellsten, was das Antippen mit der Gerte bedeutet und dass er einfach neben Ihnen herlaufen soll.

Es klappt? Herzlichen Glückwunsch: Ihr Pferd ist halfterführig. Dieses Thema können Sie jetzt beliebig vertiefen. Etwa durch ausgedehnte Spaziergänge mit dem Anfänger; die ersten Male am besten mit Helfer und so lange mit Führkette, bis Sie Ihrem Pferd wirklich trauen können.

Sobald Ihr Pferd sich halbwegs zu benehmen weiß, bummeln oder joggen Sie mit ihm durch den Wald, stellen Sie ihm Ungeheuer aller Art – vom Grenzstein bis zur Siloplane – vor, führen Sie es durch Pfützen und über Äste und wechseln Sie dabei immer wieder die Seite. Erstens machen Sie Ihren Vierbeiner mit solchen Touren zum zuverlässigen Geländepferd, noch bevor Sie das erste Mal draufsitzen. Wenn es zweitens für das Pferd zur Selbstverständlichkeit wird, mit Ihnen allein zu zweit durch die Lande zu ziehen, wird es nie zum Kleber werden. Und drittens machen solche Spaziergänge einfach Spaß.

> ### Wenn Freundlichkeit nicht weiterhilft ...
>
> *Sie sind so freundlich, wie Sie nur können, aber Ihr Ross tritt trotzdem nach der Gerte? Ignorieren Sie's einfach und touchieren Sie weiter. Ihr Vierbeiner wird schnell merken, dass Ausschlagen nichts bringt. Überflüssig zu erwähnen, dass Ihr Helfer beim Nachtreiben neben dem Pferd stehen sollte und nicht unbedingt direkt dahinter!*
>
> *Machen Sie auf keinen Fall den Fehler, beruhigend auf Ihr ach so verwirrtes Pferd einzureden, wenn es ausschlägt. Und schon gar nicht darf der Helfer aufhören, nachzutreiben. Damit steigen Sie auf das unerwünschte Verhalten Ihres Schülers ein: Für den Vierbeiner liegt also der Schluss nahe, dass Austreten der richtige Weg ist, um das lästige Gertengekitzel loszuwerden und sich Ihre freundliche Aufmerksamkeit zu sichern. Das ist wohl kaum der gewünschte Lernerfolg.*

Noch nichts übers Anbinden?

Nein, in diesem Kapitel steht noch nichts über das Thema Anbinden. Denn so weit ist Ihr Schüler noch lange nicht.

Ein Fluchttier anzubinden, ist eine heikle Angelegenheit. Umso seltsamer ist es, dass sich die meisten Menschen gar nichts dabei denken und es eines Tages einfach tun.

Überraschend oft klappt das auch. Aber manchmal eben auch nicht. Und wenn das Anbinden schief geht, dann richtig: Panisch zerrende Pferde können sich schwerste Verletzungen zuziehen und sind ein Risiko für jeden in ihrer Nähe, wenn sie sich losgerissen haben und vielleicht in wilder Flucht den halben Anbindebalken hinter sich herschleifen.

Selbst, wenn der Vierbeiner unverletzt davonkommt: Ein einziges derartiges Erlebnis kann reichen, ihn zum kaum korrigierbaren Reißer zu machen.

Ehe es ans Anbinden geht (siehe Kapitel 5), sollte Ihr Vierbeiner noch ein paar wichtige Dinge lernen, um optimal auf diese schwierige Lektion vorbereitet zu sein. Wenn irgend möglich, verzichten Sie bis dahin noch aufs Anbinden.

Kapitel 3: Eine runde Sache: Training im Round Pen

KAPITEL 3

Eine runde Sache: Training im Round Pen

Wie man sein »nacktes« Pferd im Round Pen im Griff behält

Keine andere Methode der Bodenarbeit ist in den vergangenen Jahren so heiß diskutiert, so euphorisch bejubelt und so erbittert verdammt worden wie das Training im Round Pen, also in einem mehr oder weniger hermetisch abgeschlossenen Zirkel von 12 bis 18 Metern Durchmesser.

Was das Zirkeltraining bringt

In der Westernreiterei ist die Round Pen-Arbeit längst fester Bestandteil der Ausbildung. Viele Trainer nutzen den gut gesicherten Kreis auch für die im vorangegangenen Kapitel beschriebene Basisarbeit, bei der es wichtig ist, dass sich das Pferd nicht einfach entziehen kann. Außerdem leistet der Round Pen gute Dienste beim Anlongieren und beim ersten Aufsitzen: Die Enge des Zirkels macht dem Pferd klar, dass Losschießen keine gute Idee ist – wohin auch? Drittens lässt sich der Round Pen hervorragend für die grundsätzliche Klärung der Dominanz- und Vertrauensfrage nutzen.

Zwei Grundprinzipien helfen Ihnen dabei: Zum einen ist dass Pferd vom Leben in der Herde her mit dem schlichten Sachverhalt vertraut, dass ranghohe Tiere ihre Artgenossen zur Bewegung (etwa zum Ausweichen) zwingen können. Rangniedrige Pferde dagegen *werden* bewegt. Indem Sie Ihrem Pferd im Round Pen Beine machen, sagen Sie ihm ziemlich deutlich, wo Sie Ihren Platz in der Rangordnung sehen, und dass seine Position einige Etagen tiefer ist. Zweitens nutzen Sie die natürliche Faulheit Ihres Vierbeiners: Wenn er vom Herumrennen genug hat, wird er anfangen zu überlegen, was er tun könnte, damit Sie aufhören, ihn zu scheuchen. Er wird auf Sie aufmerksam.

Die Round Pen-Arbeit ist keine Zauberei, aber gute Trainer erzielen damit bemerkenswerte Ergebnisse. Der Round Pen ist einer der am besten geeigneten Orte, um die Rangordnung zu klären und sich Respekt und Aufmerksamkeit des Pferdes zu sichern, zwei wichtige Voraussetzungen für die weitere Ausbildung. Wenn Ihnen also ein Round Pen zur Verfügung steht, nutzen Sie ihn. Für die allererste Grunderziehung oder zur Korrektur von frechen, schlecht erzogenen Pferden ist er Gold wert.

Wenn Sie keinen Round Pen haben, ist das auch kein Drama. Mit etwas gesundem Menschenverstand können Sie die Basis auch anders schaffen, etwa durch konsequentes Führtraining. Das ist allemal sinnvoller, als ein Provisorium aus Heukordeln oder E-Zaun-Litze zu benutzen: Wenn der Zaun nicht wirklich stabil ist, lassen Sie's! Der wesentlichste Vorzug des Round Pen ist nämlich, dass das Pferd ihn *auf keinen Fall* eigenmächtig verlassen kann. Erfüllt der Round Pen diese Voraussetzung nicht, ist er keinen Pfifferling wert. Zu groß ist die Gefahr, dass sich das Pferd einfach durch Flucht entzieht und dabei nur lernt, dass Zäune nachgeben, wenn man brachial genug vorgeht.

Total gewaltfrei?

Bevor Sie Ihren Vierbeiner in den Zirkel stellen und ihn dort herumscheuchen, sollten Sie sehr genau wissen, was Sie da eigentlich tun. Die Round Pen-Arbeit fasziniert so viele Pferdefreunde in erster Linie deswegen, weil vor allem Monty Roberts immer wieder die absolute Gewaltfreiheit dieser Methode betont. Und genau diese Behauptung ist nicht ehrlich.

Man kann darüber streiten, wie »sanft« es ist, ein völlig rohes Pferd binnen 30 Minuten mit Sattel und Reiter zu konfrontieren, wie es Monty Roberts tut (die meisten anderen Round Pen-Trainer haben es nicht so eilig).

Kapitel 3: Eine runde Sache: Training im Round Pen

Bekanntlich gibt es noch andere Formen von Gewalt als Prügel. Sicher, die 30-Minuten-Methode funktioniert. Ob jedoch eine derartige Überrumpelungs-Taktik nötig ist, sei dahingestellt.

Natürlich können und sollen Sie die Sache ruhiger angehen lassen. Trotzdem müssen Sie sich darüber im Klaren sein, dass der Round Pen für das Pferd kein Spielplatz ist, auf dem es gemütlich herumtraben darf, sondern ein Ort, an dem es ernst wird. Hier gleichen sich die Methoden der unterschiedlichen Trainer: Alle nutzen die Tatsache aus, dass sich das Pferd in der Enge des Zirkels dem Menschen nicht entziehen kann. Das ist vor allem deshalb ein bisschen gemein, weil sich der Mensch zunächst ausgesprochen aggressiv verhält und das Pferd energisch wegschickt. Aber wo soll es denn hin? Man braucht nicht viel Fantasie, um zu begreifen, dass diese Situation für ein Fluchttier extremen psychischen Stress bedeutet. Zudem ist der Vierbeiner im Round Pen von seinen Artgenossen isoliert; für ein Herdentier ist das ein furchtbares Gefühl, zumal, wenn es den Zweibeiner in der Mitte noch nicht als adäquaten Ersatz für den Herdenchef kennen gelernt hat.

Diese beiden Arbeitsgrundlagen der klassischen Round Pen-Arbeit – Bedrängung und Isolation – sind für viele Pferde zunächst so beklemmend, dass sie nahezu in Todesangst geraten. Wie groß der Druck ist, zeigt sich daran, dass selbst Tiere, die auf der Koppel sogar einen Bindfaden als Zaun respektieren, waghalsige Ausbruchsversuche aus dem Round Pen unternehmen. Deshalb ist es so wichtig, dass die Einzäunung nicht nur stabil aussieht, sondern es auch ist.

■ **Bloß weg hier: Unicorn's Sheila sucht nach einem Fluchtweg.**

Tatsächlich wäre das Round Pen-Training eine ziemliche grausame Angelegenheit, hätte das Pferd nicht sehr wohl die Möglichkeit, der scheußlichen Ausgangssituation zu entgehen. Weil es die richtigen Lösungen weitgehend selbstständig findet (als einzig angenehme von vielen möglichen Alternativen), lernt es in sehr kurzer Zeit sehr viel. Das macht diese Trainings-Methode so wertvoll und in aller Regel auch zumutbar für das Pferd. Besser, Sie handeln einmal nach dem Motto »da muss er durch«, als lebenslänglich immer wieder von neuem über die Rangordnung diskutieren und dem Tier dabei wieder und wieder weh tun zu müssen.

Diesen Druck bauen Sie auf, indem Sie das Pferd trotz der räumlichen Enge in Bewegung versetzen. Die meisten amerikanischen Ausbilder verwenden dazu ein Lasso, dessen Ende sie nach dem Vierbeiner werfen. Das lange Seil hat den Vorteil, dass es in aufgerolltem Zustand völlig harmlos wirkt und das Pferd absolut nicht ängstigt. Eine Longierpeitsche dagegen können Sie schlecht aufrollen, müssen sie also weglegen, um dem ohnehin angespannten Pferd ein glaubhaftes Friedensangebot zu machen. Aber wahrscheinlich haben Sie kein Diplom im Lasso-Werfen. Bevor Sie also einen gordischen Knoten produzieren, nehmen Sie lieber die Peitsche.

Es geht auch ohne Round Pen …

Wie gesagt, es geht auch anders. Es gibt unzählige hervorragend erzogene Pferde, die nie einen Round Pen von innen gesehen haben, und genug andere, die trotz Round Pen-Training wahre Panzer sind. Wenn Ihnen die Methode also suspekt ist oder wenn Sie keinen brauchbaren Round Pen in erreichbarer Entfernung haben, sichern Sie sich Respekt und Aufmerksamkeit Ihres Pferdes durch eine freundlich-konsequente Grunderziehung und ein diszipliniertes Führtraining. Falls Sie das Zirkeltraining aber probieren wollen, nur zu. Fakt ist, dass der Round Pen sowohl Ihnen als auch dem Pferd verschiedene Ausbildungsschritte enorm erleichtern kann. Hauptsache ist, wie immer, dass Sie wissen, was Sie tun und dass Sie von sich und Ihrer Sache überzeugt sind.

Richtig angezogen im Round Pen

Ein Halfter braucht Ihr Pferd bei der Round Pen-Arbeit nicht. Schließlich wollen Sie auf keinen Fall, dass es im Eifer des Gefechts irgendwo hängenbleibt. Dagegen ist es kein Fehler, dem Vierbeiner als Schutz bei den rasanten Manövern, zu denen es anfangs fast zwangsläufig kommt, Gamaschen anzulegen.

Beweg dich, Pferd!

Ihr Pferd befindet sich also im geschlossenen Round Pen, Sie auch. Der Vierbeiner soll nicht fressen, nicht in der Gegend herumgucken, sondern arbeiten, das heißt, sich mindestens im Trab, besser noch im Galopp auf der Zirkellinie bewegen. 95 Prozent aller Pferde tun das sofort, wenn Sie mit Körpersprache und Peitsche ein mehr oder minder deutliches Signal geben. Sie müssen keine komplizierten Bewegungsmuster einstudieren, um sich dem Pferd verständlich zu machen. Viel wichtiger ist, dass Sie Präsenz ausstrahlen: Das Pferd muss spüren, dass Sie geistig und körperlich voll bei der Sache sind und *wissen*, dass Ihr Vierbeiner tun wird, was Sie von ihm verlangen.

Was man im Round Pen so braucht

Das Grundprinzip des Round Pen-Trainings ist denkbar einfach: Man bringe das Pferd in eine missliche Lage und warte, bis es ein erwünschtes Verhalten zeigt. Tut es das, lässt der Druck sofort nach, und das Pferd ahnt sehr schnell, dass es auf dem richtigen Weg ist.

Um dem Pferd Beine zu machen, sollte es reichen, wenn Sie von der Zirkelmitte aus energisch auf die Hinterhand des Tieres zutreten oder -springen und die Peitsche heben. Bei ein paar wenigen Pferden ist das allerdings nicht genug. Es sind die besonders dominanten Exemplare, die immer erst mal fragen, ob das denn wirklich sein muss. Sie haben Round Pen-Arbeit am nötigsten, stellen jedoch gleichzeitig selbst erfahrene Ausbilder vor Probleme.

Wappnen Sie sich mit Entschlossenheit und bringen Sie Ihren Vierbeiner zum Laufen, egal wie. Wenn die konventionelle Methode versagt, tun Sie, was immer Ihnen einfällt, aber tun Sie etwas und lassen Sie Ihr Pferd nicht zur Belohnung für seine Ignoranz auch noch ausruhen.

Ob Sie mit den Armen rudern oder das Pferd anschreien, Sand nach ihm werfen, ihm die Peitschenschnur auf das Hinterteil knallen oder es mit einer Plastiktüte erschrecken, ist völlig egal, Hauptsache, das liebe Tier setzt sich in Bewegung. Auf eines müssen Sie allerdings achten, wenn Sie es mit einem Faultier zu tun haben: Bewegen Sie sich nicht mehr als Ihren vierbeinigen Schüler. Das lässt Sie furchtbar unsouverän wirken und signalisiert dem Vierbeiner außerdem, dass Sie nichts zu melden haben: Ranghohe Tiere bewegen, rangniedrige werden bewegt.

Fällt Ihr Schätzchen in einen behäbigen Trab, fordern Sie Galopp. Erlauben Sie Ihrem Pferd nicht, eigenmächtig wieder einen Gang herunterzuschalten. Es sei denn, Ihr Liebling versucht gerade die Wand hochzuklettern; dann waren Sie vermutlich ein bisschen zu erschreckend. Grundsätzlich aber gilt: Sie bestimmen das Tempo, nicht das Pferd, und das Round Pen-Training ist kein Sonntagsspaziergang. Vielleicht können Sie Ihr Pferd nicht dazu zwingen, stehen zu bleiben (das kann der Herdenboss übrigens auch nicht), aber Sie können es zwingen, die Hufe zu schwingen. Ihr Vierbeiner kennt diese Situation aus der Herde, auch dort bringen die Ranghöheren die Rangniedrigeren dazu, auszuweichen. Dass Sie sich plötzlich genauso verhalten wie ein Herdenboss, bringt das Pferd dazu, Sie mit anderen Augen zu sehen.

Aber Sie können noch mehr: Sie können auch die Richtung bestimmen, in die sich das Pferd bewegt. Am besten funktioniert das, wenn Sie Ihrem Schüler mit einer schnellen Bewegung in den Weg treten und ihn dabei am besten auch noch mit dem Blick fixieren. Gehört Ihr Vierbeiner nicht zur reaktionsschnellsten Sorte, müssen Sie ihm beim ersten Versuch vielleicht in den Weg *springen*, um ihn vom Ernst der Lage zu überzeugen, und die Peitsche als zusätzliche optische Barriere einsetzen.

Lassen Sie dem Pferd dabei aber genug Platz, um auf die neue Situation reagieren und wenden zu können. Wenn Sie von einer Sekunde auf die andere vor seiner Nase auf dem Hufschlag stehen, kann Ihr Liebling fast nicht anders, als Sie über den Haufen zu walzen. Bevor das passiert, weichen Sie (ausnahmsweise) lieber aus und probieren das Manöver

Mit harten Bandagen

Ob es will oder nicht, Ihr Pferd muss jetzt laufen: Wenn Sie diese allererste Forderung nicht durchsetzen, wenn das Pferd sich weigert, Ihnen auszuweichen, wenn es Sie am Ende noch angreift und Sie zwingt, ihm auszuweichen, dann haben Sie auf ganzer Linie verloren. Das darf einfach nicht passieren – obwohl es natürlich immer noch besser ist, fluchtartig über den Round Pen-Zaun zu kraxeln, als sich unterpflügen zu lassen.

Wenn Sie also ahnen, dass Ihnen ein Kampf bevorstehen könnte, und sich nicht ganz sicher sind, ob Sie ihn durchstehen würden, bitten Sie einen Könner um Hilfe und steigen Sie selbst erst in den Ring, wenn die Grundsatzfrage geklärt ist.

Bodenarbeit – Pferdetraining an der Hand

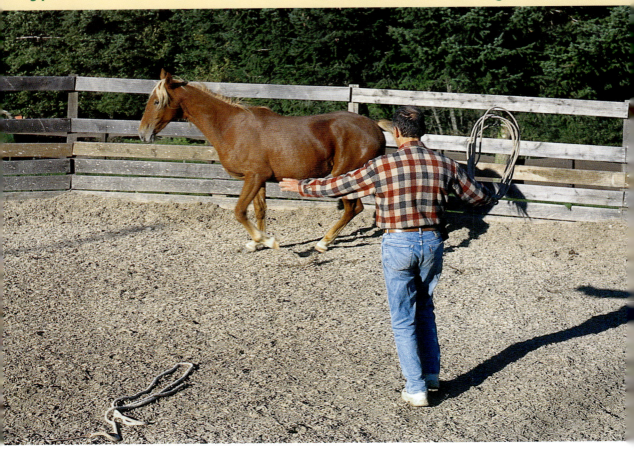

■ **Festigung der Rangordnung:** Der Trainer zwingt das Pferd zum Richtungswechsel, indem er ihm in den Weg tritt, und treibt es daraufhin sofort weiter.

bei der nächsten Runde noch einmal, diesmal besser vorbereitet.

Wenn Ihr Pferd kurz stehen bleibt, bevor es wendet, ist das kein Fehler. Im Gegenteil, später wollen Sie es durch Ihre Körpersprache ja auch abbremsen können. Wie es auf das Weg-Abschneiden reagiert, sollte irgendwann davon abhängig sein, wie Sie Ihre Bewegung dosiert haben.

Wie oft Sie das Pferd wenden lassen, hängt sehr vom Charakter des Vierbeiners ab. Ein respektloses, tendenziell aggressives Pferd kann gar nicht oft genug zum Kehrtmachen aufgefordert werden; zwischen den Richtungswechseln sollte das Tier nie mehr als eine ganze Runde auf der Zirkellinie galoppieren

dürfen. Reagiert Ihr Pferd dagegen eher unsicher oder ängstlich auf das Scheuchen, seien Sie sparsam mit den Wendemanövern: Die Richtungswechsel erhöhen den Druck, den Sie auf das Pferd ausüben; ein Sensibelchen verträgt und braucht nicht so viel davon.

Ihre körpersprachlichen Signale können Sie wahrscheinlich schon jetzt reduzieren. Ziemlich bald sollte es reichen, wenn Sie einen Schritt schräg vor den Pferdekopf andeuten. Mit der Forderung nach Galopp und den Richtungswechseln bringen Sie Ihr Pferd in eine ausgesprochen unangenehme Situation. Zunächst ist sein einziger Gedanke wahrscheinlich: Wie um alles in der Welt komme ich hier raus? Vielleicht versucht es, über die Bande zu schauen

Kapitel 3: Eine runde Sache: Training im Round Pen

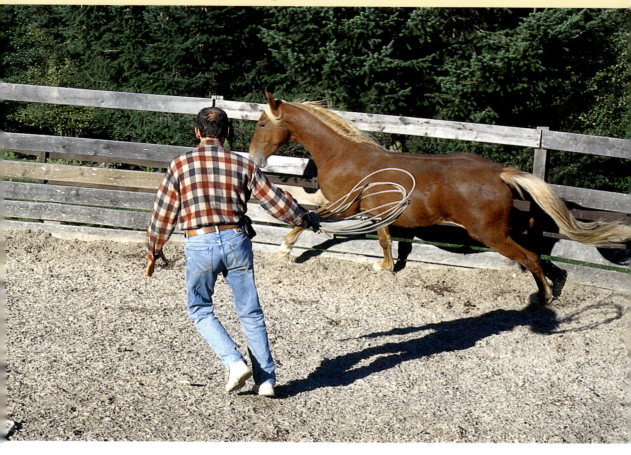

■ Platz da: Noch einmal setzt der Trainer an, dem Pferd den Weg abzuschneiden.

oder dagegen zu rennen. Auf jeden Fall wird es sich eher für Fluchtmöglichkeiten interessieren als für Sie.

Aber ziemlich schnell stellt sich eine Veränderung ein: Dem Vierbeiner wird klar, dass er sich, egal, was er anstellt, nicht aus dem Round Pen befreien kann. Er begreift, dass er nicht ewig rennen kann, weil ihm schon jetzt die Luft ausgeht. Aber ihm wird auch klar, dass Sie ihn nicht fressen wollen – sonst hätten Sie es längst getan. Wenn seine Furcht nachlässt und die Ratlosigkeit zunimmt, wird das Pferd anfangen zu denken. Und dieser Denkprozess wird zwangsläufig dazu führen, dass es sich auf eine neue Art für Sie interessiert.

Der Dialog beginnt

Sie haben dem Pferd gerade eine ziemlich eindrucksvolle Demonstration Ihrer Macht geliefert. Sie haben ihm klargemacht, dass Sie sein Tempo und seine Bewegungsrichtung kontrollieren können. Früher oder später wird sich der Vierbeiner fragen, wer Sie eigentlich sind, dass Sie sich dergleichen herausnehmen können. Und was er tun muss, damit Sie ihn aus seiner misslichen Situation befreien. Das Pferd wird auf Sie aufmerksam.

Sie erkennen dieses aufkeimende Interesse am besten an der Blickrichtung und den Ohren Ihres Schülers. Zu Beginn des Trainings hat er wahrscheinlich demonstrativ von Ihnen weg-

■ **Desinteresse:** Die Stute ist nicht bereit, sich auf den Trainer einzulassen, sie will nur fort – also wird sie wieder weiter geschickt.

geschaut, den Kopf leicht nach außen gedreht. Allmählich wird sich dieses Verhalten ändern; der Kopf wendet sich leicht zu Ihnen hin, ein Ohr dreht sich in Ihre Richtung. Belohnen Sie das kleinste Anzeichen von Zuwendung sofort, indem Sie den Vierbeiner mit der Stimme loben und sich nicht mehr treibend, sondern passiv verhalten. Als zusätzliches Friedensangebot können Sie den Blick vom Pferd abwenden, die Schultern fallen lassen und ihm das Körperprofil zukehren anstelle der Front. Die Peitsche lassen Sie am besten fallen. Damit signalisieren Sie Ihrem Pferd: »Du darfst eine Atempause einlegen und zu mir kommen.« Der Dialog hat begonnen; das Pferd hat eine Frage gestellt, und Sie haben geantwortet.

Entscheidet sich das Pferd daraufhin, dass es doch lieber wegguckt und nach einem Ausgang sucht, muss es eben wieder angaloppieren. Seien Sie dabei streng, aber nicht tyrannisch: Ihr Schüler braucht Zeit, um über die Sache nachzudenken. Außerdem geht es nicht darum, das Pferd körperlich fertig zu machen – es darf aus der Puste kommen, soll aber keinen Muskelkater davontragen.

Wenn das Pferd Ihnen in den ersten kurzen Ruhepausen nicht seine ungeteilte Aufmerksamkeit widmet, ist das keine Tragödie. Verschnaufen und Grübeln muss erlaubt sein. Strengstens verboten ist es allerdings, den Kopf über den Zaun zu hängen, dem Trainer das Hinterteil zuzudrehen, zu grasen oder ähnlich ignorante Reaktionen zu zeigen. Entscheidet sich das Pferd für eine derartige Unhöflichkeit, muss es prompt wieder laufen. Denn dann hat es das Grundprinzip noch nicht verstanden: Sie haben das Sagen in diesem Kreis, und Sie wollen, dass das Pferd Ihnen zuhört und mit Ihnen »spricht«. Dem Pferd muss zweierlei klar werden: Es hat angenehme Folgen, Ihnen Beachtung zu schenken, und es hat unangenehme Folgen, dies nicht zu tun. Diese Erkenntnis ist die Basis für jede weitere Ausbildung: Ist das Pferd nicht bei der Sache, sind alle Übungen umsonst.

Sie können sicher sein, dass es auch dem widerspenstigsten Pferd schnell zu dumm wird, immer

Kapitel 3: Eine runde Sache: Training im Round Pen

■ **Erwachendes Interesse:** Miron war vor einem Jahr schon einmal im Round Pen und weiß, was von ihm erwartet wird. Ein Ohr ist bereits zu Gerd hingedreht; damit signalisiert das Pferd Kommunikationsbereitschaft.

■ **Nur die Ruhe:** Gerd wird passiv – Miron auch. Das Pferd wendet sich dem Menschen zu: Was ist das für einer, der mir solchen Druck machen kann?

wieder im Kreis herumzurennen, zumal es inzwischen weiß, dass es Alternativen gibt. Es wird sich bemühen, das Richtige zu tun, um ausruhen zu dürfen. Zeigt es also wieder »Gesprächsbereitschaft«, antworten Sie sofort, indem Sie wieder die oben beschriebene freundlich-defensive Körperhaltung einnehmen. Höchstwahrscheinlich nimmt das Pferd das Angebot an, anzuhalten, und bleibt jetzt auch mit Blick und Ohren bei Ihnen. Im Idealfall macht es sogar ein paar Schritte auf Sie zu. Zumindest aber folgt es Ihnen mit dem Blick. Die meisten Pferde sind in dieser Phase schon dermaßen auf den Ausbilder fixiert, dass sie ihm sogar nachlaufen, wenn er sich bewegt. »Join up« nennt Monty Roberts diesen nahezu magischen Moment, »Hook up« heißt er bei Ray Hunt – in jedem Fall markiert er einen Durchbruch nicht nur in dieser Trainingsstunde, sondern in Ihrer gesamten Beziehung zu Ihrem Pferd.

Round Pen-Arbeit für Fortgeschrittene

Jetzt geht's an die Feinheiten

Die Basiserziehung geht im Round Pen sehr schnell und vergleichsweise leicht. Das verführt dazu, in einer Übungseinheit zu viel zu fordern. Monty Roberts wirbt für die Methode mit dem Argument, binnen einer halben Stunde dulde ein Wildpferd Sattel und Reiter.
Sie haben hoffentlich ein bisschen mehr Zeit. Überstürzen Sie nichts. Es reicht, wenn Sie sich in der ersten Übungseinheit die ungeteilte Aufmerksamkeit Ihres Pferdes sichern. Darauf können Sie später aufbauen. Bei der nächsten »Sitzung« im Round Pen wird das Pferd deutlich weniger Angst zeigen und Ihnen sofort oder schon nach wenigen Augenblicken seine volle Aufmerksamkeit widmen. Tut es das wider Erwarten nicht, wissen Sie, was Sie zu tun haben. Auf jeden Fall wird es wesentlich schneller gehen als beim ersten Mal.

Jetzt ist der Zeitpunkt gekommen, spezielle Probleme zu bearbeiten. Zum Beispiel das Anhalten. Diese Lektion ist nicht ganz einfach, denn das körpersprachliche Signal ist im Prinzip das Gleiche wie für die Kehrtwendung, nur anders dosiert. Es verlangt also eine sehr präzise Körpersprache von Ihnen, und das richtige Maß finden Sie nur durch Ausprobieren.

Bisher hat das Pferd gelernt, dass es wenden muss, wenn Sie ihm in den Weg treten oder eine entsprechende Aktion andeuten. Die Kehrtwendungen waren notwendig, um Druck aufzubauen, aber der sollte nun nicht mehr nötig sein. Zum Stoppen versuchen Sie jetzt, Ihr körpersprachliches Kehrt-Signal so weit zu minimieren, dass der Vierbeiner einfach nur anhält, ohne sich gleich herumzuwerfen.

Loben Sie das Pferd überschwänglich, wenn's klappt, und kritisieren Sie sich selbst, wenn es daneben geht: Dann haben Sie entweder zu wenig getan, und das Pferd rennt einfach weiter, oder zuviel, und Ihr Vierbeiner stürmt in die andere Richtung. In jedem Fall lag der Fehler bei Ihnen; die Dosis hat eben nicht gestimmt.

Bei Pferden, die zu Überreaktionen neigen, hilft es, wenn Sie sofort einen Schritt zurück machen, sobald der Vierbeiner auch nur ansatzweise auf das Signal reagiert und sein Tempo drosselt.

Wenn Sie und das Pferd die körpersprachlichen Signale für »Halt« und »Kehrt« differenzieren können und Ihr Vierbeiner beiden Aufforderungen zuverlässig nachkommt, können Sie beide Manöver mit Stimmkommandos belegen, etwa »Haaalt« und »Kehrt«. Es hat wenig Sinn, diese Kommandos schon vorher einzuführen, wenn es noch ziemlich zufällig ist, was das Pferd daraufhin tut. Wenn jedoch das Stoppen einigermaßen klappt, etablieren Sie schleunigst ein dazugehöriges Stimmkommando. Wählen Sie eines, das geeignet ist, das Pferd für den Rest seines Lebens zu begleiten.

Berührungstraining im Round Pen

Falls sich das Pferd bisher nur ungern anfassen ließ, ist dies die Gelegenheit, es von neuem zu probieren. Das Pferd hat beschlossen, nicht mehr Hals über Kopf vor Ihnen zu flüchten, es hat sich entschieden, sich Ihnen zuzuwenden, warum also sollte es sich anstellen, wenn Sie es berühren wollen? Natürlich müssen Sie eine freundliche Körperhaltung beibehalten: Das Pferd soll diesmal nicht den Eindruck haben, es müsse Ihnen ausweichen.

Höchstwahrscheinlich ist die Berührung jetzt überhaupt kein Problem, und das Pferd lässt sie bereitwillig zu – alles ist besser als die Aussicht, wieder im Kreis rennen zu müssen. Sträubt sich der Vierbeiner, schicken Sie ihn wieder auf die Zirkellinie und warten Sie auf ein neues »Gesprächsangebot«. Gehen Sie Ihrerseits behutsam vor und überrumpeln Sie das Pferd nicht. Ist es extrem scheu, nähern Sie sich dem stehenden Vierbeiner zunächst nur so weit, wie er es erträgt. Ziehen Sie sich dann zurück, loben Sie das Pferd, gönnen Sie ihm eine kurze Denkpause und versuchen Sie, beim nächsten Mal zehn Zentimeter näher heranzukommen.

Indem Sie die Distanz zum Pferd wieder vergrößern und es mit der Stimme loben, definieren Sie das Ende der Aufgabe. »Ach, das war alles?«, fragt sich der Vierbeiner – und das fragt er sich auch noch, wenn Sie irgendwann neben ihm stehen und ihn sanft an der Stirn zwischen den Augen reiben. Diese Stelle halten die verschiedensten Trainer übereinstimmend für einen nahezu magischen Punkt. Wenn das Pferd den Kopf wegdreht, folgen Sie ihm nicht mit Ihrer Hand, sondern warten Sie kurz ab und geben Sie ihm die Gelegenheit, beim nächsten Versuch anders zu reagieren. Es soll nicht das Gefühl haben, dass Sie ihm etwas aufzwingen, es soll sich selbst dafür entscheiden, sich auf Sie einzulassen, weil es die angenehmste von vielen möglichen Alternativen ist.

■ **Kontakt: Abgewandter Blick, Zuwendung der Körperseite – Gerd gibt die aggressive Haltung auf und signalisiert so seinerseits Kommunikationsbereitschaft. Miron lässt ihn herankommen und duldet die Berührung.**

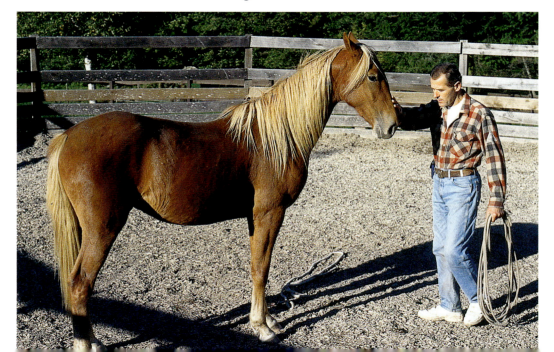

Bodenarbeit – Pferdetraining an der Hand

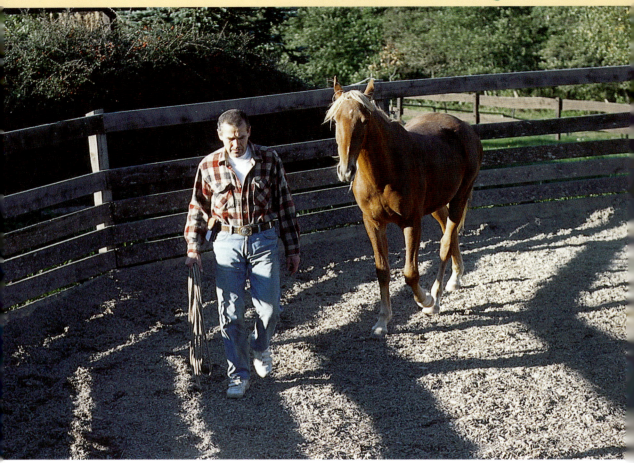

■ Faszination Mensch: Das Pferd hat beschlossen, sich vollständig auf den Zweibeiner einzulassen.

Geisterstunde im Round Pen

Nach dem gleichen Prinzip wie das Anfassen können Sie die Berührung am ganzen Körper, das Putzen, das Hufeheben üben. Sie können das Pferd im Round Pen auch lehren, mit seiner Angst umzugehen, indem Sie es mit »Gespenstern« wie Plastikplanen oder Schepperdosen konfrontieren (siehe Kapitel 6).

Das Pferd hat begriffen, dass Sie sich wie ein Boss verhalten und folglich einer sind, dass es Ihnen seine Aufmerksamkeit widmen muss und dass es eine unangenehme Situation entschärfen kann, indem es sich Ihnen anvertraut. Außerdem weiß es, dass es zwar sein Heil in der Flucht suchen kann, es dort aber nicht finden wird: Wo soll es denn hin?

Bitte recht aufmerksam!

John Lyons und andere Westerntrainer nutzen die im Round Pen geschaffene Situation, um das Tier völlig auf den Menschen zu fixieren. Wenn Sie im Halbkreis um das Vorderteil des Pferdes laufen, soll der Vierbeiner Ihrer Bewe-

Kapitel 3: Eine runde Sache: Training im Round Pen

■ **Geborgenheit:** Miron hat erkannt, dass der angenehmste Platz im Round Pen nah beim Menschen ist; auch, wenn er sich dort mit ungewohnten Dingen auseinandersetzen muss, etwa mit Bewegungen über seinem Rücken.

gung zunächst nur mit dem Blick folgen, aber damit geben Sie sich bald nicht mehr zufrieden. Zeigt sich das Pferd unaufmerksam, muss es eben wieder laufen. Bald erwarten Sie von ihm, dass es Hals und Schultern mitnimmt, also auf der Hinterhand wendet, um Ihre Bewegung zu begleiten und den geforderten direkten Blickkontakt zu halten.

Jetzt haben Sie den Punkt erreicht, auf den es ankommt: Das Pferd *wendet* sich Ihnen buchstäblich zu. Es wird versuchen, Ihre Wünsche zu erfüllen. Jetzt kommt es auf Sie an: Sprechen Sie eine deutliche Körpersprache, glauben Sie an das, was Sie tun. Dann wird Ihr Pferd Ihnen höflich durch Rückwärtsgehen Platz machen, wenn Sie in entschlossener Pose auf es zugehen, es wird vertrauensvoll stehen bleiben, wenn Sie gelassen zu ihm kommen, es wird hinter Ihnen herlaufen.

Sie können jetzt auch ein Stimmsignal etablieren, das dem Pferd sagt: Herhören, bitte. Das kann zum Beispiel ein Zungenschnalzen sein. Das Geräusch wird zum Synonym für »Wende dich mir zu, Pferd« – und hilft Ihnen, sich jederzeit die volle Aufmerksamkeit Ihres Vierbeiners zu sichern.

Kapitel 4: Führen für Fortgeschrittene

KAPITEL 4

Führen für Fortgeschrittene

Führen kann doch jeder …

Wie schickt man sein Pferd durch eine Pfütze, ohne sich selbst die Füße nass zu machen? Wie dirigiert man sein zappelndes Schätzchen zurück an den Platz, an dem man es abgestellt hat, ohne es jedesmal einen Kringel führen zu müssen? Wie erklärt man seinem Tier, dass es an der Longe in einem großen Kreis um den Menschen herumlaufen soll und dass Annäherungsversuche in dieser Situation ausnahmsweise fehl am Platz sind? Wie macht man dem Vierbeiner klar, dass er seinem Menschen nicht in die Hacken zu treten hat? Dass man zu zweit durch einen engen Gang gehen kann, ohne dass das Ross den Menschen ganz aus Versehen an die Wand klebt? Und wie machen es die Bodenarbeits-Cracks bloß, dass ihre Vierbeiner an der Hand auf unsichtbare Zeichen hin Lektionen bis zur Hohen Schule zeigen?

Kann jeder führen?

Spätestens, wenn Sie sich für Antworten auf die oben genannten Fragen interessieren, dürfte klar sein, dass sich das Führen eines Pferdes zur Kunst ausbauen lässt, dass diese Kunst den Umgang mit 500 Kilo Lebendgewicht erheblich vereinfacht – und dass es um die europäische »Führkultur« ziemlich schlecht bestellt ist. Zwar gelten die meisten Pferde als »halterführig«, aber bei kritischer Betrachtung entpuppt sich dieser Begriff als ausgesprochen dehnbar. Überraschend viele Pferdehalter geben sich mit mehr oder weniger faulen Kompromissen zufrieden und fragen sich nicht einmal, was das Pferd von einer Situation halten soll, in der noch nicht einmal abschließend geklärt ist, wer hier eigentlich wen führt.
Wenn Sie sich allerdings ein Pferd wünschen, dass Ihre Forderungen versteht und willig erfüllt, wenn Sie wollen, dass es auf immer feinere Signale reagiert und seinen Körper optimal einsetzt, kommen Sie um die weiterführende Bodenarbeit nicht herum.

Es muss ja nicht immer vorwärts gehen …

Ausweichen, bitte: Die ersten Schritte seitwärts

Die Gerte ist Ihrem Schüler inzwischen als verlängerter Arm vertraut, vor dem man keine Angst haben muss. Bei den Grundübungen hat das Pferd nicht nur das Abstreichen kennen gelernt, sondern auch schon eine vage Ahnung von der Bedeutung des Touchierens bekommen: Ein Tippen an der Hinterhand, verbunden mit dem körpersprachlichen und stimmlichen Vorwärts-Impuls, bedeutet Loslaufen. Jetzt geht's an die Feinheiten. Ihr Pferd soll lernen, dass es auf dieses Zeichen hin nicht immer nach vorne ausweichen soll, sondern manchmal auch zur Seite. Nämlich immer dann, wenn Sie nicht gleichzeitig ein Signal für »vorwärts« geben, sondern im Gegenteil die Vorwärtsbewegung verhindern. Zunächst noch überdeutlich mit Ihrem ganzen Körper, später sollte ein leichtes, unsichtbares »Klingeln« am Führstrick reichen.
Die erste Übung ist eine Art Vorhandwendung. Wenn sich Ihr Pferd ganz besonders begriffsstutzig anstellt und verzweifelt versucht, Ihren zunächst noch unverständlichen Signalen nach vorne zu entkommen, stellen Sie es bei den ersten Versuchen mit dem Kopf in eine Ecke. Dann erledigt sich die Vorwärts-Idee von selbst, und Sie laufen nicht Gefahr, dass Ihr Vierbeiner Sie vor lauter Verwirrung über den Haufen walzt.
Sie wollen also, dass das Pferd mit der Hinterhand nach links tritt, und zwar Schritt für Schritt. Dazu stellen Sie sich schräg vor seinen

Kapitel 4: Führen für Fortgeschrittene

Kopf auf seine rechte Seite, Ihre Front der Pferdeschulter zugewandt. Den Führstrick oder die Kette halten Sie dicht am Pferdekopf in der rechten Hand, damit Sie sofort einen Zupfer auf die Nase geben können, wenn das Pferd nach vorn ausweichen will, die Gerte fassen Sie mit der Linken. Jetzt tippen Sie mit der Gerte etwa auf Höhe des Pferdeknies auf den Hinterschenkel und warten ab, was passiert.

Möglichkeit Nummer eins: Ihr Pferd ignoriert das Signal und schlägt höchstens mal mit dem Schweif nach der vermeintlichen Fliege. In diesem Fall belästigen Sie es einfach weiter und experimentieren mit der Dosierung. Tippen Sie auf keinen Fall rhythmisch: Monotongleichmäßige Signale stumpfen jedes Pferd ab. Wenn Sie Aufmerksamkeit wollen, geben Sie Ihre Signale unvermittelt und arhythmisch. Touchieren Sie »crescendo«, übertragen Sie also immer mehr Energie. Oder tippen Sie weiter unten; an Sprunggelenk oder Röhrbein sind viele Pferde empfindlicher als an der Hinterbacke. Später sind diese unteren Bereiche des Hinterbeins höheren Lektionen vorbehalten, aber jetzt kommt es ja erst mal darauf an, dass Ihr Ross überhaupt etwas tut. Fallen Sie ihm so lange auf die Nerven, bis es sich zu einer Reaktion entschließt. Steht das Pferd auf der Leitung, können Sie ihm helfen, indem Sie

■ Platz da: Gehorsam weicht Carinka der am Knie tippenden Gerte mit der Hinterhand aus. Astrid macht einen Schritt auf die Hinterhand zu und zupft den Kopf nach rechts, dies sind weitere Hilfen für die Vorhandwendung.

seinen Kopf leicht nach rechts zupfen und Ihren Körper energisch auf seine rechte Hinterhand zu bewegen. Diese schon recht deutliche Körpersprache sollte den Vierbeiner veranlassen, schleunigst seinen Allerwertesten nach links zu bewegen. Solche unterstützenden Signale sollten aber bald nicht mehr nötig sein, Ziel der Übung ist es schließlich, dass das Pferd allein auf das Gertentippen reagiert.

Möglichkeit Nummer zwei: Ihr Pferd wirft sich gegen die Gerte. Das kommt gerade bei ranghohen Pferden mit einem gewissem Aggressionspotenzial oder bei hoffnungslos verwirrten Vierbeinern durchaus vor. Eine mit gewissem Druck angelegte Gerte provoziert förmlich dazu; diese anhaltende, berechenbare Art von Druck erzeugt fast automatisch Gegendruck. Doch es muss gar nicht an der Art der Berührung liegen: Steht das Pferd unter Hochspannung, wird es sich fast noch lieber gegen eine vibrierende Gerte werfen. Bei einem jungen, unausgebildeten Pferd ist das Gegen-die-Gerte-Büffeln noch keine Unart – es weiß es einfach nicht besser –, aber Sie sollten trotzdem schleunigst eingreifen, damit es nicht zu einer solchen wird. Erschrecken Sie das Pferd mit einem kräftigeren Klaps auf den Allerwertesten, holen Sie seinen Dickschädel energisch nach rechts zu sich hin und machen Sie einen entschlossen-aggressiven Schritt auf die rechte Hinterhand zu. Dann kann das Pferd kaum anders, als sein Hinterteil nach links zu bewegen. Es ist wichtig, dass Sie in dieser Situation schnell, beherzt und unmissverständlich reagieren. Ihr Vierbeiner muss wissen, dass dies Ihr heiliger Ernst ist: Es ist jetzt überhaupt nicht gefragt, sich gegen die Gerte zu werfen! So deutlich Ihre Aktion sein soll, so kurz muss sie auch sein: Tut Ihr Vierbeiner auch nur ansatzweise das Gewünschte, loben Sie ihn aus Leibeskräften. Schließlich soll Ihr Schüler nicht nur begreifen, was falsch, sondern vor allem, was richtig ist.

Möglichkeit Nummer drei: Der vierbeinige Lehrling versucht, nach vorne zu stürmen. In diesem Fall hilft es für den Anfang am besten, ihn mit dem Kopf in eine Ecke zu stellen oder frontal vor ihm Aufstellung zu beziehen. Andernfalls müssen Sie unnötig viel am Kopf herumzerren. Es ist durchaus legitim, in der Lernphase jeden Trick zu nutzen, der dem Vierbeiner hilft, die Aufgabe zu verstehen, die ihm gestellt wird.

Möglichkeit Nummer vier: Ihr Pferd versucht, rückwärts zu kriechen. Dann hilft es, wenn Sie sich weniger vor das Pferd und mehr daneben stellen und einen energischen Schritt schräg auf die Hinterhand zu machen.

Außerdem können Sie die Rückwärtsbewegung durch ein Zupfen am Halfter nach rechts besser bremsen als durch frontales Dagegenziehen.

Möglichkeit Nummer fünf: Ihr Lehrling klappt gehorsam die Hinterhand weg, tut dies jedoch in rasanter Geschwindigkeit. In diesem Fall senken Sie sofort die Gertenspitze. Wenn das Pferd trotzdem weiter kreiselt, stellen Sie den Pferdekopf nach außen – in diesem Fall nach links –, indem Sie den Arm strecken und so den Kopf von sich wegbringen. Unterstützend können Sie mit den Fingerknöcheln mehrfach kurz gegen das Pferdekinn tippen.

Das Pferd müsste jetzt traversartig weitergehen, sich also seitwärts in die Richtung bewegen, in die sein Kopf gestellt ist. Das ist ihm mit Sicherheit zu anstrengend, also wird die Hinterhand stoppen. Versuchen Sie außerdem, die Gerte ebenso schnell wie unauffällig auf die linke Körperseite des Tiers zu bringen, wo sie als Bremse dient, als »Wand«, gegen die das Pferd läuft.

Bei kleinen Pferden können Sie sie mit ein bisschen Geschick über die Kruppe gleiten lassen. Steht das Pferd, streichen Sie es noch einmal ab, um es zur Ruhe zu bringen, und arbeiten Sie an der Dosierung des Tipp-Signals: Sehr sensible Pferde reagieren schon, wenn sie *sehen*, dass sich die Gertenspitze auf die Hinterhand zu bewegt. Eine Berührung ist dann gar nicht mehr nötig.

Kapitel 4: Führen für Fortgeschrittene

■ Bitte mal weggucken: Barbara stellt Jodis' Kopf nach außen; die Fingerknöchel tippen impulsartig ans Maul.

Bodenarbeit – Pferdetraining an der Hand

■ **Begrenzung:** Um die Seitwärts-Tendenz der Hinterhand zu stoppen, lässt Astrid die Gerte über die Kruppe auf die andere Seite gleiten.

Um die Sache zu verfeinern …

Achten Sie mehr und mehr darauf, dass Ihr Schüler mit beiden Vorderbeinen mittritt, statt sich mit dem inneren Fuß im Boden festzubohren. Um das Pferd daran zu erinnern, dass es auch dieses Bein einmal heben könnte, tippen Sie einfach ans Röhrbein, bis eine Reaktion erfolgt. Oder Sie nutzen eine Idee aus dem TTEAM-System und klopfen mit dem Gertenknauf etwa 30 Sekunden lang auf den Huf, um die Aufmerksamkeit des Pferdes darauf zu lenken.
Lassen Sie Ihren Vierbeiner nicht faulenzen: Bei der Wendung um die Vorhand sollen die Hinterbeine kreuzen. Tippen Sie energisch genug, damit sie das auch tun – sonst dürfen Sie sich nicht wundern, wenn Ihr Vierbeiner sein Leben lang die Füße nicht hebt.

Möglichkeit Nummer sechs: Ihr Pferd macht sofort alles richtig. Darauf können Sie sich etwas einbilden, offenbar haben Sie es mit einem ausgesprochen handlichen Exemplar zu tun.
In jedem Fall ist natürlich für jeden Ansatz einer richtigen Bewegung ein dickes Lob fällig. Lassen Sie Ihr Pferd dann kurz ruhig stehen und streichen es ab, damit es darüber nachdenken kann, was es eben getan hat.
Mit den Vorhandwendungen an der Hand – natürlich in beide Richtungen – können Sie sich in der Grundausbildung immer wieder befassen. Sie sind eine gute Vorübung für die Seitengänge und sensibilisieren das Pferd für die Gertensignale, eine Eigenschaft, die auch später beim Reiten Gold wert ist.
Sobald die Grundlagen sitzen, können Sie das Tippen auch dorthin verlagern, wo später Ihr Schenkel am Pferdebauch liegt: Ihr Vierbeiner kann gar nicht früh genug erfahren, dass Berührungen in diesem Bereich ziemlich bedeutsam sind.

Führen »zwischen zwei Händen«

Die Führpositionen seitlich vom Pferd

Bei der Vorhandwendung lernen Sie und Ihr Pferd eine Führposition kennen, die sich hervorragend ausbauen und extrem vielseitig nutzen lässt. Bisher haben Sie, wenn Sie links vom Pferd standen, den Strick in die Rechte und die Gerte in die Linke genommen. Diese Führposition – deutlich vor der Schulter des Pferdes und mit der führenden Hand nah am Kopf – ist die Stärkste, die Ihnen zur Verfügung steht; sie ermöglicht Ihnen ein Maximum an Kontrolle. Aber Sie sind dabei nicht besonders beweglich und haben wenig Einfluss auf die Hinterhand Ihres Vierbeiners.

Ganz anders verhält sich das in der Position, die Sie eben bei der Wendung ausprobiert haben: Sie halten den Strick in der Hand, die der Seite entspricht, auf der Sie stehen, also in der Linken, wenn Sie sich links von Ihrem Vierbeiner befinden. Die Rechte hält die Gerte. In dieser Position – Linda Tellington-Jones nennt sie »Dingo« oder, bei größerem Abstand zwischen Pferd und Mensch, »Delfin« – rahmen Sie Ihr Pferd zwischen Ihren zwei Händen, zwischen Strick und Gerte, ein. Genau das ist auch später beim Longieren der Fall, deshalb ist diese Art zu führen eine hervorragende Vorbereitung.

Dies ist aber beileibe nicht der einzige Vorteil. Sie haben die Hinterhand des Pferdes sehr viel besser im Blick und können sie dadurch viel gezielter aktivieren. Das ist besonders bei Pferden nützlich, die dazu neigen, auf der Vorhand zu latschen – und das tun bekanntlich die meisten. Dadurch, dass Sie den Strick verlängern und sich ein Stück weiter von Ihrem Pferd entfernen können, wird der Vierbeiner selbstständiger, weil er sich jetzt nicht mehr an Sie »anlehnen« kann. Das Pferd lernt, ausbalanciert auf geraden und gebogenen Linien zu gehen und präzise auf das Zusammenspiel von Signalen mit der Gerte und am Führstrick zu reagieren.

In der »Dingo«-Position stehen Sie vor der Pferdeschulter, den Oberkörper leicht dem Pferd zugewandt, der Gertenarm weist nach hinten. Der Strick liegt in Schlaufen in der Hand und wird nur wenige Zentimeter vom Halfter entfernt gefasst. Das bedeutet ein relativ hohes Maß an Kontrolle über das Pferd, ist aber für den Zweibeiner auf Dauer ziemlich unbequem, weil er sich im ganzen Körper verdrehen muss. Mit ein bisschen Übung können Sie das ändern, indem Sie nach und nach den Strick länger werden lassen, den Abstand zum Pferd vergrößern und Ihre eigene Position variieren.

Die Positionen für das Arbeiten zwischen zwei Händen sind *die* weiterführenden Positionen schlechthin. Sie sind unabdingbare Voraussetzung für die weiteren Übungen am Boden. Es lohnt sich also, sich näher damit zu befassen.

Erstmal geradeaus

Bleiben Sie zunächst dicht am Pferdekopf. Sortieren Sie in aller Ruhe Gedanken, Führstrick und Gerte und beziehen Sie Stellung – am besten am Zaun, damit der Vierbeiner nicht in ebenso vorauseilendem wie falschem Gehorsam das Hinterteil nach außen wegklappt, statt anzutreten. Machen Sie Ihr Pferd mit einem kleinen Zupfer am Halfter aufmerksam, streichen Sie mit der Gerte als Vorbereitung für das gleich folgende Signal seinen Rücken ab und tippen Sie dann von oben auf die Kruppe. Gleichzeitig geben Sie das körpersprachliche und stimmliche Signal zum Antreten und zupfen am Halfter nach vorn. Die drei letzteren Zeichen kennt Ihr Pferd ja schon. Legen Sie Wert darauf, dass Ihr Pferd auf diese Signale hin antritt, also den ersten Schritt tut, bevor Sie selbst losgehen.

■ Führposition »Dingo«: Zum Treiben tippt die Gerte von oben auf die Kruppe.

Zunächst kann es passieren, dass Ihr Vierbeiner Sie lediglich ratlos anschaut, wenn Sie plötzlich so ganz anders als sonst neben ihm stehen. Oder dass er anfängt, Sie hektisch zu umkreisen, obwohl er doch eigentlich nur geradeaus gehen soll. Oder dass er schutzsuchend auf Ihren Schoß flüchtet.

Wappnen Sie sich also mit Engelsgeduld, einem guten Plan und, falls vorhanden, einem geschickten Helfer. Der kann das Pferd in der gewohnten Führposition von rechts begleiten, während Sie auf der linken Seite die neue Variante ausprobieren. Mit der Zeit wird Ihr Assistent immer passiver, bis er sich schließlich ganz zurückziehen kann. Hier gilt allerdings, wie immer bei der Zusammenarbeit mit einem zweiten Zweibeiner: Besser gar kein Helfer als einer, der nicht weiß, was er tut. Wenn Sie niemand Geeigneten finden, bleiben Sie lieber mit Ihrem Pferd allein. Falls Sie bei der Grunderziehung nicht geschlampt haben, wird es auch so klappen.

Die meisten Pferde verstehen nicht gleich, dass sie bei dieser Führposition nicht zwangsläufig um den Menschen herumkreisen sollen, sondern dass Geradeausgehen gefordert ist. Dies Problem lässt sich noch relativ leicht beheben, solange Sie nah am Pferd arbeiten. Schwierig wird es erst, wenn Sie den Führstrick verlängern und auf Distanz gehen.

Aber schon jetzt haben Sie genug Möglichkeiten, Ihrem armen Tier wirre Signale zu übermitteln. Vielleicht zupfen Sie zu viel am Strick herum und holen damit den Pferdekopf zu sich her – schon läuft der Vierbeiner seinem Schädel nach. Um das zu vermeiden, sollte der Strick in dieser Führposition immer leicht durchhängen; es sei denn, Sie möchten eine Wendung zu sich hin einleiten. Drängelt das Pferd trotzdem zu Ihnen hin, strecken Sie den Führarm deutlich und schieben das Pferd damit von sich weg – unterstützend können Sie mit den Fingerknöcheln vibrierend an den Unterkiefer ticken.

Arbeiten Sie bereits am längeren Strick, halten Sie sich das Pferd vom Leib, indem Sie die Gertenspitze kurz nach vorn bringen und Ihren Vierbeiner damit zuerst ans Genick und dann an den Punkt direkt oberhalb der Ihnen zugewandten Nüster tippen. Meist reicht eine federleichte, vibrierende Berührung. Die Bewegung ist allerdings nicht ganz unkompliziert; ein paar »Trockenübungen« sind deshalb keine schlechte Idee. Sie müssen die Gerte nämlich auf dem Weg von der Kruppe zum Kopf so durch die Hand gleiten lassen, dass Sie den Stab, vorne angekommen, etwa in der Mitte halten, sonst ist er zu lang.

Eine andere Möglichkeit, ein drängelndes Pferd auf Abstand zu halten, heißt im TTEAM-System »Pfauenrad«: Halten Sie die Gerte senkrecht mit nach oben weisender Spitze zwischen sich und Ihren Schüler und bewegen Sie den Stab dann fächerförmig hin und her, um eine »Mauer« zwischen sich und dem Vierbeiner zu bauen.

Mit den sanften Gertentipps am Genick und über der Nüster können Sie auch arbeiten, wenn Sie das Pferd von sich weg wenden wollen. Diese Übung ist in der Führposition zwischen zwei Händen schon ziemlich anspruchsvoll.

Ohne die zusätzlichen optisch-taktilen Signale und eine sehr präzise Körpersprache klappt sie in der Regel nicht, es sei denn, Sie stemmen sich gegen Ihr Pferd und drücken es irgendwie weg … aber derartige Büffeleien sind Ihnen selbstverständlich ebenso streng verboten wie Ihrem Schüler.

Von Stürmern und Faultieren

Achten Sie zu Beginn der Übungen »zwischen zwei Händen« darauf, dass Sie weit genug vorne stehen, am besten zwischen Kopf und Schulter des Pferdes. Das ist besonders wichtig, wenn Ihr Vierbeiner zum Vorwärtsstürmen neigt. Weiter hinten wirken Sie einerseits stark treibend und geben andererseits die direkte Kontrolle über die Bewegungsrichtung des Pferdes auf. Das sollten Sie sich erst erlauben, wenn die Kommunikation zwischen Ihnen und Ihrem Vierbeiner schon ziemlich perfekt funktioniert und Ihr Pferd nicht im Traum daran denkt, über die Rangordnung zu diskutieren. Andernfalls kann es passieren, dass Ihr Liebling Sie einfach abschleppt.

Falls Ihr Pferd dagegen trödelt, können Sie es durch wiederholtes Gertentippen auf die Kruppe aufwecken und dazu veranlassen, seine Hinterbeine weiter unter den Körper zu setzen. Leiten Sie das Tippen immer durch ein Abstreichen über den Rücken ein; so spürt Ihr Vierbeiner seinen Körper besser, und die touchierende Gerte kommt nicht so überfallartig. Auf ein hektisches Pferd wirkt das Abstreichen oft beruhigend.

»Und haaalt!«: Anhalten ohne Führstrick-Signal

Zum Anhalten hilft ein Zupfen am Halfter nur, so lange Sie selbst sehr nah am Pferdekopf stehen. Je länger Sie den Strick lassen und je mehr Sie die Distanz zum Pferd vergrößern, desto unpräziser wird die Einwirkung mit dem Führseil. Schließlich ist es nicht Sinn der Sache, dem Pferd einfach nur den Kopf herumzuziehen; das gibt unschöne, schiefe Stopps mit ausscherendem Hinterteil, oder gar keinen Halt, sondern wirres Gekreisel.

Auch wenn Sie im Augenblick noch nah genug am Pferd arbeiten, um das zu verhindern, können Sie schon jetzt anfangen, zum Bremsen auf andere Signale umzuschalten. Verwenden Sie Ihre Stimme und die Körpersprache, indem Sie tendenziell vor Ihren Vierbeiner treten und ihn ansehen. Dazu kann ein Gertensignal kommen: Bewegen Sie die Gerte von der Kruppe weg in einem Bogen durch die Luft bis vor das Pferdegesicht, wo sie als optische Barriere auftaucht. »Sprung des Kängurus« heißt diese Bewegung im TTEAM-System, und sie hat den angenehmen Begleiteffekt, dass sie das künftige Reitpferd an Bewegungen gewöhnt, die es schemenhaft *über* sich wahrnimmt.

Sie können die Gerte auch seitlich am Pferd vorbei nach vorn bewegen und ein Signal setzen, indem Sie dem Vierbeiner mit der Spitze des Stabs auf die Brust klopfen.

Das sollte nun wirklich reichen. Wenn Ihr Pferd immer noch nicht steht, müssen Sie noch einmal einen Schritt zurückgehen und das Thema »Anhalten« vertiefen.

Führen auf Distanz

Die Arbeit zwischen zwei Händen und nah am Pferdekopf klappt auf beiden Seiten prima, und außerdem haben Sie das Gefühl, dass Ihnen demnächst der unangenehm verdrehte Gertenarm abfällt? Dann ist es an der Zeit, das Führseil zu verlängern und den Abstand zu vergrößern. Das sollte Ihren Vierbeiner nicht aus der Fassung bringen, kann aber durchaus zu Missverständnissen führen. Gerade junge Pferde fühlen sich ziemlich allein gelassen, wenn Sie plötzlich auf Distanz gehen, und versuchen, wieder zu Ihnen hin zu drängeln. Das ist zwar rührend, vor allem jedoch lästig. Auch hier kann sich ein Helfer auf der anderen Seite des Pferdekopfes nützlich machen, der sich nach und nach zurückzieht.

Findet sich mal wieder niemand, ist die Gerte das Mittel der Wahl: Tippen Sie dem Pferd mit der Spitze nacheinander auf die Kruppe, auf den Widerrist, aufs Genick und an den Punkt oberhalb der Ihnen zugewandten Nüster. Die beiden letzten Berührungen sollten leicht wie ein Kitzeln sein, denn sie treffen hochempfindliche Partien. Mit den »Delfin«-Tipps an diesen vier Touchierpunkten machen Sie dem Pferd klar, dass es eine Gertenlänge Abstand zu halten hat, und zwar mit der ganzen Länge seines Körpers, von der Kruppe bis zum Kopf. Außerdem lassen die Berührungen das Pferd seinen Körper spüren, was seine Koordination oft enorm verbessert.

Üben Sie in dieser Führposition zunächst das Geradeausgehen. Das ist im Moment viel wichtiger als gebogene Linien. Wenn Sie einen Zaun als äußere Begrenzung nutzen können, tun Sie das. Pferde orientieren sich gern daran, Ihr Vierbeiner hat es also gleich viel leichter, und Sie auch. Wenn das Pferd trotzdem beharrlich versucht, um Sie herumzukreisen, kann das verschiedene Gründe haben: Vielleicht zupfen Sie zuviel am Strick, oder Sie treiben zu stark mit der Gerte. Vielleicht ist auch Ihre eigene Position »verrutscht«, und Sie sind zu weit hinten. Richtig wäre es, sich beim Geradeausgehen auf Augenhöhe des Pferdes und beim Wenden auf Schulterhöhe zu befinden.

Anhalten auf Distanz

Was das Anhalten betrifft, so müssen Sie sich jetzt endgültig auf Stimme, Körpersprache, das optische Gertensignal vor dem Pferdegesicht und das Tippen auf der Brust verlassen. Mit dem Führstrick ist auf diese Entfernung nicht mehr viel zu wollen; jedes Zupfen wird den Pferdekopf unweigerlich zu Ihnen hindrehen. Entweder fängt Ihr Pferd dann an, Sie zu umkreisen, oder es klappt die Hinterhand nach außen weg und schaut Sie ratlos an. Verbieten Sie sich also unsortiertes Zupfen am Strick; lediglich ein schnelles Schlenkern, das einen kurzen Impuls auf dem Nasenbein bewirkt, ist noch erlaubt.

Kapitel 4: Führen für Fortgeschrittene

■ **Führposition »Delfin«:** Selbstständig und schön gebogen geht Lasse um die Pylonen; die »Delfin«-Tipps auf der Kruppe, am Widerrist, am Genick und zuletzt federleicht an der Nüster treiben ihn an und halten ihn auf Abstand.

Falls Sie all diese Fehler ausschließen können und das Pferd trotzdem Schwierigkeiten hat, machen Sie ihm die Sache einfach noch ein bisschen leichter: Bauen Sie ihm eine gerade Gasse, etwa aus Cavaletti oder Strohballen, durch die es gehen muss. Dieses Hilfsmittel bringt das Pferd von der Idee ab, es müsse abwenden; so versteht auch der begriffsstutzigste Vierbeiner, dass es ums Geradeauslaufen geht. Über kurz oder lang funktioniert es auch ohne Tricks.

Die Bodenarbeit wird so zwar ein wenig schwieriger, vor allem aber feiner: Sie lernen, sich sehr präzise zu bewegen, und Ihr Vierbeiner lernt, Ihren Bewegungen sehr präzise zu folgen.

Erste Biegungen

So langsam fängt die Sache hoffentlich an, Spaß zu machen. Wenn das Geradeausgehen an der Bande entlang gut klappt, funktioniert es bald auch ohne äußere Begrenzung. Hat das Pferd erst einmal begriffen, dass es nicht *grundsätzlich* ums Im-Kreis-Laufen geht, können Sie anfangen, es zwischendurch immer wieder einmal eine halbe oder ganze Volte um sich herumgehen zu lassen. Dafür dürfen Sie ausnahmsweise am Strick zupfen und sollten Ihre eigene Position ein bisschen nach hinten verlegen, um treibend zu wirken. Mit den »Delfin«-Tipps an Kruppe, Widerrist, Genick und Kopf richten Sie Ihren Vierbeiner danach wieder gerade.

Bei der schwierigen Wendung von Ihnen weg hilft neben einer klaren Körpersprache das Touchieren an Genick und Nüster; anschließend wechseln Sie in einer möglichst fließenden Bewegung Führ- und Gertenhand und zeigen mit der Gertenspitze nach vorne in die Bewegungsrichtung. Der Stab ist dann gleichzeitig Wegweiser und optische Begrenzung auf der Seite, zu der das Pferd *nicht* abwenden soll.

»Teerrab!«: Antraben an der Hand

Der Reiz der Führposition zwischen zwei Händen liegt in der Abwechslung, in den vielen Möglichkeiten, die sie Ihnen bietet. Bald können Sie – entsprechende Kondition Ihrerseits vorausgesetzt – auch im Trab arbeiten: Die »Dingo«-Position eignet sich gut zum Antraben, weil Sie sehr leicht treiben können. Ist der Vierbeiner erst einmal in Fahrt, wechseln Sie in die Standardposition, also Führstrick rechts und Gerte links, wenn Sie links vom Pferd laufen. Fortgeschrittene können auch in die »Delfin«-Position übergehen.

Antraben für alle

Neigt Ihr Schüler zum Stürmen, traben Sie so unauffällig wie möglich an: Bewegen Sie sich wenig energisch, leicht gebückt, »schleichen« Sie sich in die schnellere Gangart, bleiben Sie deutlich vor dem Pferdekopf und überlassen Sie das behutsame Nachtreiben bei den ersten Versuchen einem Helfer.
Mit einem phlegmatischen Kandidaten müssen Sie natürlich ganz anders umgehen: verwenden Sie Crescendo-Gertentipper auf die Kruppe, ein deutlich aufmunterndes Stimmsignal und ein energisches Antreten Ihrerseits.
In beiden Fällen gilt natürlich: Schauen Sie Ihr Pferd beim Antraben nicht an, sondern halten Sie den Blick auf den Weg gerichtet, den Sie nehmen wollen – alles andere bremst nur.

Führ-Variationen

Variieren Sie nicht nur das Tempo, sondern auch die Richtung: Schicken Sie Ihr Pferd durch einen Tonnen-Slalom, durch eine Gasse, über Bodenricks, über kleine Hindernisse. Führen Sie es zum Beispiel mit aller gebotenen Beiläufigkeit quer über die Rampe des Pferdehängers, wenn Sie nebenbei schon mal mit dem Verladetraining beginnen wollen.
Wechseln Sie in der »Delfin«-Position ständig zwischen Biegungen, Zirkeln und geraden Strecken. Natürlich sollten Sie es gerade im schnelleren Tempo nicht mit den Biegungen übertreiben, denn Trab auf einem Kreis mit gerade mal vier bis fünf Metern Durchmesser verlangt vom Pferd nicht nur eine gute Balance, sondern ist auch eine deutlich größere Belastung für den Bewegungsapparat als das Laufen auf der Geraden. Laufen Sie darum unbedingt auf einer kleinen Volte innen mit, wenn Sie Ihr Pferd auf einen Zirkel um sich herumschicken. Auch, wenn sich Ihr Pferd allmählich deutlich mehr bewegt als Sie sich selbst: Gehen Sie immer ein wenig mit, bleiben Sie nicht plötzlich stehen oder gehen rückwärts. Sie geben den Plan vor, dem das Pferd folgen soll, also müssen Sie sich auch planvoll bewegen.
Ihr Vierbeiner lernt so, Ihnen nicht nur vertrauensvoll dorthin zu folgen, wohin Sie gehen, sondern auch gehorsam und selbstständig Ihren Wünschen nachzukommen, ohne dass Sie ihn bei jedem Schritt persönlich begleiten müssen. Und ganz nebenbei begreift das Pferd, worum es später beim Longieren geht.

Hinten anstellen, bitte!

Ein Pferd allein ist schon ziemlich breit, ein Pferd mit Mensch »bei Fuß« kann man getrost als sperrig bezeichnen. Weil Sie Ihren Vierbeiner wahrscheinlich nicht nur auf zweispurig befahrbaren Wegen führen möchten, sollte er

Kapitel 4: Führen für Fortgeschrittene

Führ-Parcours für Anfänger

Wie wär's mit einem kleinen Test für das Zwischenzeugnis? Ein Mini-Parcours ist schnell aufgebaut: Sie brauchen lediglich sechs Tonnen, Hütchen oder Eimer und sechs drei bis vier Meter lange Stangen, um das Kleeblatt, die Gasse, den Fächer und den Slalom aufzubauen. Führen Sie Ihr Pferd in der »Dingo«-Position von der linken Seite zunächst rechts herum um alle drei Tonnen des Kleeblatts, dann jeweils nur um zwei Tonnen, schließlich um jede einzeln. Anhalten, Führseite wechseln, bei Bedarf Führkette umschnallen und das Ganze links herum.

In der »Delfin«-Position durch die Gasse: Das Pferd geht zwischen den Stangen, Sie daneben. Hinter der Gasse erfolgt eine Vorhandwendung um 180 Grad, dann geht es noch einmal durch die Gasse; diesmal gehen Sie zwischen den Stangen und das Pferd nebenher. Und zwar im Trab!

Im Slalom um die drei Hütchen – Anfänger führen in der Position »Dingo«, Fortgeschrittene stellen die Tonnen etwas weiter auseinander und führen in der »Delfin«-Position.

Schicken Sie Ihr Pferd in der »Delfin«-Position über den Fächer und laufen selbst auf einem kleinen Bogen innen mit. Richten Sie das Pferd hinter dem Fächer gerade, halten es an, wechseln wieder auf die linke Führseite und wiederholen die Fächer-

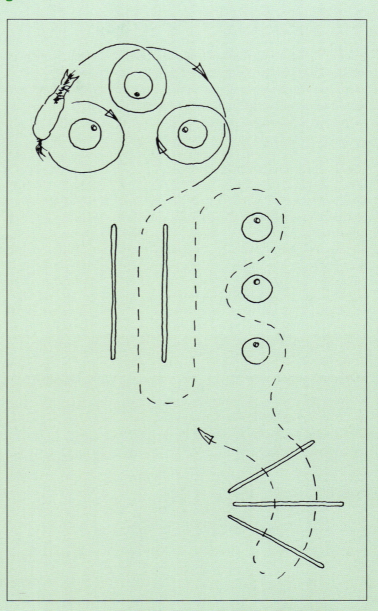

■ **Führparcours für Anfänger: Kleeblatt, Gasse, Slalom und Fächer.**

übung auf der linken Hand. Durch die Gasse geht's zurück an den Start, diesmal soll das Pferd hinter Ihnen laufen.

möglichst bald lernen, bei Bedarf hinter Ihnen zu laufen.

Hinter dem Menschen hat das Pferd seinen Platz immer dann, wenn's eng wird, etwa beim Führen auf einem schmalen Pfad oder beim Klettern bergauf und bergab, um zu verhindern, dass das Pferd mangelnde Balance durch höheres Tempo ausgleicht. Diese Führposition ist immer wieder notwendig; für den Zweibeiner ist sie jedoch nur dann angenehm, wenn er sich auf die guten Manieren seines Vierbeiners verlassen kann. Niemand hat gern eine halbe Tonne Trampeligkeit im Rücken, und niemand liebt das Gefühl suppentellergroßer Hufeisen in den Fersen. Gegen beides hilft nur üben.

Ihr Pferd sollte inzwischen begriffen haben, dass Sie Wert auf Ihre Individualsphäre legen und dass die Gerte als Abstandhalter dient. Wenn diese Grundlagen sitzen, ist alles andere halb so schwer, denn die meisten Pferde laufen ohnehin lieber hinter- als nebenher. Entscheidend ist, dass sie dies rücksichtsvoll und ohne Rempeleien tun, und darauf haben Sie schließlich bei der gesamten Grunderziehung hingearbeitet.

Damit Ihr Vierbeiner schneller begreift, was Sie von ihm wollen, üben Sie von Anfang an unter realistischen Bedingungen: Bauen Sie eine maximal einen Meter breite Gasse aus Cavalettis oder Strohballen und führen Sie das Pferd in der Standard-Führposition gerade darauf zu. Kurz vor dem Eingang der Gasse treten Sie in einer fließenden Bewegung vor seinen Kopf, fast so, als wollten Sie es anhalten. Wenden Sie sich dabei aber dem Pferd nicht direkt zu und halten Sie außerdem die Gerte tief und nach vorne weisend, damit sich der Vierbeiner nicht allzusehr ausgebremst fühlt. Ein nach vorne zupfender Impuls am Halfter

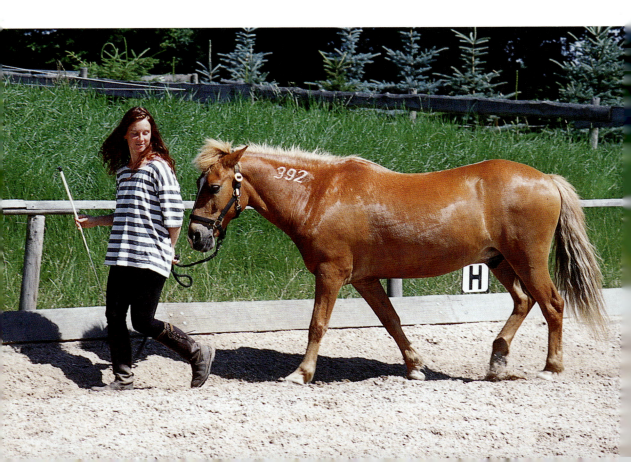

Drängeln strengstens verboten!

Niemals darf Ihr Vierbeiner sich an Ihnen vorbeiquetschen und Sie dabei am Ende noch an den nächstbesten Pfosten drängen. Für derartige Rüpeleien gibt es absolut keine Entschuldigung, schon gar nicht »es hat sich erschreckt«. Nichts sollte ein Pferd mehr erschrecken als die Aussicht, einen Ranghöheren, nämlich Sie, durch einen Angriff auf die Individualsphäre zu provozieren. Das müssen Sie Ihrem Schüler unmissverständlich deutlich machen. Würde sich Ihr Vierbeiner eine derartige Unverschämtheit seinem Herdenchef gegenüber herausnehmen? Natürlich nicht. Wenn er es sich also bei Ihnen traut, ist das ein direkter Angriff auf Ihre ranghöhere Position.

Darauf müssen Sie reagieren, und zwar in einer Weise, die dem Pferd deutlich macht, dass es etwas wirklich Schlimmes getan hat, gleichzeitig jedoch in einer Dosierung, die dem Temperament und der Sensibilität des Vierbeiners angepasst ist.

Sehr oft reicht es, energisch mit dem Gertenknauf aufs Nasenbein zu klopfen. Oder Sie springen aggressiv auf das Pferd zu, sozusagen mit gefletschten Zähnen und angelegten Ohren. Anbrüllen hilft ebenfalls.

Einem besonders dickfelligen Exemplar müssen Sie vermutlich sogar vor den Bug treten. Nein, das ist nicht brutal. Sie tun damit lediglich das, was ein ranghöheres Pferd täte. Brutal wäre es, dem Pferd ein derart gefährliches Verhalten durchgehen zu lassen und es damit zu einem unberechenbaren Trampel zu erziehen, der schließlich beim Schlachter endet, weil ihm nie jemand seine Grenzen gezeigt hat.

Wie immer, wenn doch einmal eine Strafe nötig wird, halten Sie sich an die goldene Regel: Nach drei Sekunden muss die Aktion abgeschlossen sein. Ihr Pferd muss wissen, dass Ihre Grundstimmung ihm gegenüber freundlich bleibt.

ist ein zusätzliches Signal zum Weitergehen. Stockt das Pferd, wirken Sie wahrscheinlich zu stark verhaltend. Achten Sie also darauf, dem Vierbeiner weder frontal gegenüber zu stehen noch ihn anzustarren; beides blockiert Ihr Pferd und ist nur dann angebracht, wenn es versucht, an Ihnen vorbeizustürmen. Bei den ersten zwei oder drei Führversuchen in dieser Position gehen Sie selbst am besten vorwärts-seitwärts durch die Gasse, bei einem sehr stürmischen Pferd auch rückwärts-seitwärts. So bleiben Sie zwar vor dem Pferd, können es aber im Auge behalten und einerseits sofort mit der Gerte nachtreiben, wenn es nicht folgen will, andererseits die Gerte und Ihre Körperfront prompt als optische Barriere einsetzen, wenn das Pferd zu drängeln beginnt.

Wahrscheinlich wird Ihrem Pferd schon beim Anblick der Gasse klar, dass da drin kein Platz für Mensch und Tier nebeneinander ist und dass es Ihnen, dem Chef, natürlich den Vortritt lassen muss. Klar sollte auch sein, dass es Sie natürlich *nicht* hinterrücks über den Haufen rennt und es auch tunlichst vermeidet, Ihnen in die Fersen zu treten. Sie können dem Vierbeiner wahrscheinlich sehr schnell so weit trauen, dass Sie den lästigen Krebsgang einstellen, dem Pferd den Rücken zukehren und es in Ihrem Windschatten laufen lassen können. Die nach hinten auf die Pferdebrust weisende Gerte dient dabei als Abstandshalter. Ein leichtes Wedeln damit sollte reichen, wenn das Pferd dichter aufschließen will als Ihnen lieb ist. Hat das Pferd grundsätzlich verstanden, worum es geht, klappt es auch bald ohne die Gasse als Hilfsmittel. Außerdem vereinfacht

■ **Hinten anstellen:** Mit einem schnellen, geschmeidigen Schritt hat sich Bess vor Island-Mix Vasco gebracht.

Führen – aber bitte von beiden Seiten!

Warum steigt der Reiter von links auf? Weil sonst der Säbel im Weg wäre, der beim Rechtshänder auf der linken Seite hängt.

Wahrscheinlich tragen Sie keinen Säbel, und folglich ist es unsinnig, an der Tradition aus der Militärreiterei festzuhalten. Das gilt erst recht fürs Führen: Einseitigkeit macht Mensch und Pferd unflexibel. Tatsächlich dürfen Sie eine Lektion erst dann als gelernt betrachten, wenn sie von rechts ebenso gut klappt wie von links.

Wechseln Sie mit schöner Regelmäßigkeit die Seite, von der aus Sie Ihr Pferd führen. Das gilt für alle Führpositionen und alle Aufgaben. Wenn es auf der »neuen« Seite nicht gleich funktioniert, ziehen Sie einen Helfer hinzu und führen Sie das Pferd von zwei Seiten. Der Mensch auf der vertrauten Seite wird immer passiver, legt schließlich den Strick auf den Pferdehals und geht nur noch mit, um das vielleicht unsichere Pferd nachzutreiben, bevor er sich komplett zurückzieht.

sich der Wechsel der Führposition von der Seite nach vorn. Sie treten einfach mit einem schnellen, großen Schritt vor das Pferd, dem Tier den Rücken zugewandt, lassen dabei zwei Führstrick-Schlaufen aus der Hand gleiten, damit das Seil länger wird, und bremsen das Pferd mit der nach hinten auf seine Brust gerichtete Gertenspitze. Versucht der Vierbeiner, an Ihnen vorbeizulaufen, können Sie die Gerte auch wie eine Schranke seitlich von sich wegstrecken. Viel mehr Hilfen sind Ihnen in dieser Führposition leider nicht möglich. Deshalb kommt sie auch erst im fortgeschrittenen Stadium der Basisausbildung an die Reihe, wenn grundsätzliche Fragen längst geklärt sind.

Kapitel 5: Rückwärts, seitwärts, stillgestanden

KAPITEL 5

Rückwärts, seitwärts, stillgestanden

Unverzichtbar: Der Rückwärtsgang

Wenn es vorne nicht mehr weitergeht

Auch im trauten Heim Ihres Pferdes gibt es immer wieder Situationen, in denen es rückwärts gehen muss, und zwar lange bevor Sie diese Lektion fürs Turnier brauchen. Zum Beispiel nutzt es wenig, dass Ihr Pferd artig in den Transporter geht, wenn es nicht weiß, wie es wieder herauskommt.

Rückwärts ist nicht gleich rückwärts

Kein Pferd geht besonders gern rückwärts. Es kann nicht sehen, was sich direkt hinter ihm befindet. Im Sozialverhalten ist Rückwärtstreten eine defensive Geste; das rangniedrigere Tier weicht so dem ranghöheren aus. Manche Trainer verwenden das Rückwärtsrichten deshalb, um dem Pferd seine untergeordnete Position ins Gedächtnis zu rufen und um es zu strafen. Tatsächlich steht ein Vierbeiner unter enormem Druck, wenn vor ihm ein aggressiv auftretender Zweibeiner 20, 30, 40 Schritte zurück verlangt. In freier Wildbahn würde auch ein rangniedriges Pferd nie so weit rückwärts gehen, sondern sich nach ein paar Schritten herumwerfen und sich im Galopp von der Bedrohung entfernen. Aber das erlaubt ihm der Mensch ja nicht.

Sie können das Rückwärtsrichten jedoch auch ganz anders einsetzen, nämlich als Übung, die zum Einen Vertrauen und Gehorsam Ihres Vierbeiners in Sie festigt – das Pferd verlässt sich darauf, dass Sie schon wissen, wo Sie es hinschicken, auch wenn es selbst das nicht

■ **Flucht nach hinten:** Mit vorgewölbtem Unterhals und weggedrücktem Rücken hastet Biki zurück – unharmonisches Resultat einer »dominanten« Hilfe.

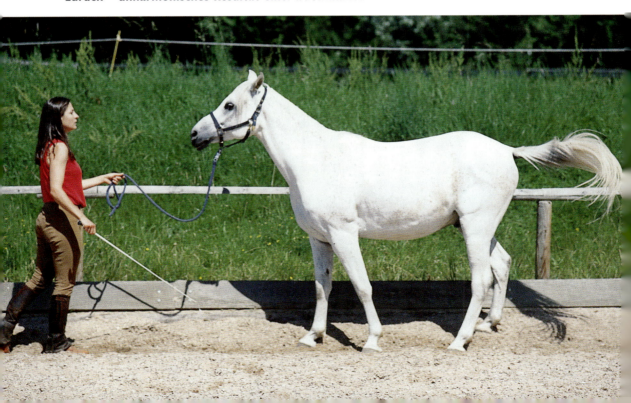

Kapitel 5: Rückwärts, seitwärts, stillgestanden

sehen kann –, zum Anderen wohltuende Gymnastik ist. Wenn ein Pferd rückwärts *gescheucht* wird, bewegt es sich arhythmisch, mit hochgerecktem Kopf und weggedrücktem Rücken in einer Haltung, die weder angenehm noch gesund ist. Kein Wunder, dass der Vierbeiner das als Strafe empfindet.

Ein Rückwärts*treten*, das aus entspanntem Gehorsam entsteht, sieht anders aus: Der Kopf ist gesenkt, der Rücken aufgewölbt, die Hinterhand nimmt vermehrt Gewicht auf, die Fußfolge ist ein taktreiner diagonaler Zweitakt wie im Trab. Wenn Sie Ihrem Pferd also etwas Gutes tun und außerdem ein schönes Bild abgeben wollen, streben Sie diese Variante an. Die Sache mit der Rangordnung können Sie natürlich trotzdem im Hinterkopf behalten. Rückwärtstreten ist und bleibt eine defensive Geste. Aber sie kann trotzdem dem Pferd nützen und dabei auch noch gut aussehen.

Erste Rückschritte

Wenn Sie löblicherweise darauf verzichten, Ihr Pferd zu bedrohen, müssen Sie sich eine andere Möglichkeit ausdenken, dem Vierbeiner Ihren Wunsch zu vermitteln. Das klappt, wenn Sie die Übung plausibel gestalten, so dass dem Pferd ganz von selbst klar wird, was es zu tun hat. Bugsieren Sie Ihren Vierbeiner einfach in eine Sackgasse ohne Wendemöglichkeit. Dann klappt die Sache garantiert, ohne jedes Gezerre und Gefuchtel. Das ist allemal besser, als es gleich anders zu probieren und damit zu scheitern. Schließlich geht es Ihnen nicht darum, Ihr Pferd unter Druck zu setzen.

Eine Sackgasse lässt sich mit ein, zwei Handgriffen nahezu überall aufbauen. Am einfachsten ist es, eine Ecke des Reitplatzes, der Halle oder der Koppel zu nutzen und mit einem Cavaletti, zwei Sprungständern oder ein paar Stroh-

■ **In aller Ruhe: Rhythmisch im diagonalen Zweitakt tritt Gerrit zurück, die Nase senkrecht und den Rücken leicht aufgewölbt.**

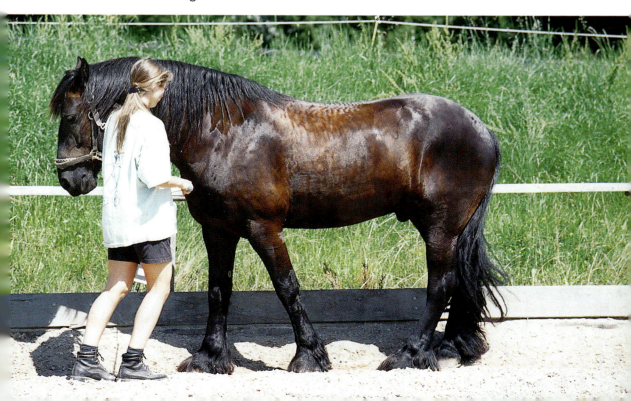

ballen die dritte »Wand« zu bauen. Das Konstrukt muss kein unüberwindliches Hindernis sein, sondern nur massiv genug aussehen, um von dem Pferd als optische Barriere wahrgenommen zu werden. Bauen Sie diese Sackgasse gerade so breit, dass Sie bequem neben dem Pferd Platz haben. Selbst draußen zu bleiben, ist für den Anfang unpraktisch. Sie haben nicht genug Bewegungsfreiheit, wenn dauernd dieses Hindernis zwischen Ihnen und dem Pferd ist.

Cavaletti, Strohballen oder andere einigermaßen ernst zu nehmende Begrenzungen brauchen Sie übrigens nur für die ersten paar Übungen. Bald reicht eine auf den Boden gelegte Stange, und wenig später können Sie auch die weglassen, weil Ihr Pferd gelernt hat, auf Ihre Signale zu reagieren statt auf die räumliche Situation.

Aber so weit sind Sie noch nicht. Sie müssen erst mal in die Gasse rein. Für die ersten Rückwärts-Übungen ist die »Dingo«-Führposition sinnvoll, weil Sie dabei neben der guten Führung am Kopf auch die beste Kontrolle über die Hinterhand des Pferdes haben und verhindern können, dass es Ihre schöne Strohballen-Mauer über den Haufen walzt. Am besten sortieren Sie sich also schon entsprechend, bevor Sie die Gasse betreten.

Lassen Sie Ihr Pferd nicht einfach gegen die vordere Wand laufen, im Vertrauen darauf, dass es schon von selbst bremsen wird. Halten Sie es ordnungsgemäß an, indem Sie am Führstrick zupfen, das Stimmkommando geben und die Gerte am Rumpf vorbei nach vorne nehmen, um dem Pferd damit gegen die Brust zu tippen. So ist die Gerte auch schon mal dort, wo sie hingehört, um die Hilfe zum Rückwärtstreten zu geben.

Damit Ihr Pferd jetzt nicht gleich den Kopf hochreißt und »irgendwie« zurückstürmt, wie Sie es gerade *nicht* haben wollen, fordern Sie es erst mal mit der Hand im Nacken und einem Zupfen am Strick nach unten auf, den Kopf zu senken.

Alles Weitere ist eigentlich absolut logisch: Sie positionieren sich weit vorn, noch vor dem Pferdekopf. Dort wirken Sie nicht seitwärts treibend, was *neben* dem Pferd fast zwangsläufig der Fall wäre. Außerdem schaffen Sie es so vielleicht, am Strick wirklich *rückwärts* zu zupfen und nicht doch zur Seite.

Nun zupfen Sie also am Strick *gerade nach hinten*, tippen mit der Gertenspitze gegen die Brust und sagen »zuuurück« oder »back« oder was immer Sie wollen. Hauptsache, Sie haben sich auf ein Kommando festgelegt und verwenden nicht jedes Mal ein anderes.

Lassen Sie Ihrem Pferd Zeit, über die Sache nachzudenken und zu verstehen, was Sie von ihm wollen. Vielleicht möchte es auch den Kopf drehen, um hinter sich zu schauen, ob die Bahn frei ist. Erlauben Sie ihm das auf jeden Fall, aber seien Sie auf der Hut: Gucken ist gestattet, in der Gasse umdrehen ist natürlich verboten. Wappnen Sie sich also mit Geduld, aber allzu viel davon brauchen Sie diesmal ausnahmsweise nicht: Sie werden die Signale nicht oft wiederholen müssen, damit Ihr Pferd zurücktritt, schließlich bleibt ihm nicht viel anderes übrig. Und jetzt: loben, loben, loben!

Passen Sie auf, dass das Pferd im Hals ganz gerade bleibt. Das ist leichter gesagt als getan: Wenn man nah am Pferd steht, sieht es schnell so aus, als sei der Kopf schon zu weit nach außen gestellt, dabei ist er eben mal gerade. Stören Sie sich also zunächst nicht an einer leichten Außenstellung. Wenn die Hinterhand dadurch zu weit nach innen kommt, können Sie das leicht mit der seitlich abstreichenden oder bei Bedarf am Hinterschenkel touchierenden Gerte abfangen.

Das setzt natürlich voraus, dass Sie die Gerte ziemlich schnell von der Brust zur Hinterhand und wieder nach vorne führen können – aber das haben Sie ja bei der Arbeit zwischen zwei Händen geübt. Wenn's trotzdem noch nicht so ganz klappt, können Sie die Kontrolle über die Hinterhand bei den ersten Rückwärts-Manövern auch einem Helfer überlassen.

Kapitel 5: Rückwärts, seitwärts, stillgestanden

■ **Rückwärts ausparken:** Die ersten Rückwärts-Übungen gelingen am besten, wenn Sie das Pferd ein Stück in eine Gasse hineinführen.

Hauptsache, der Vierbeiner rennt nicht gegen eine der sorgsam aufgebauten Begrenzungen; das könnte sein Vertrauen ins Rückwärtsgehen anknacksen, bevor es überhaupt aufgebaut ist. Eine unerwünschte Links-Tendenz der Hinterhand korrigieren Sie, indem Sie den Kopf nach links stellen, einer Rechts-Tendenz begegnen Sie mit Rechtsstellung. Oder Sie halten das Pferd an und richten die Hinterhand in aller Ruhe wieder gerade.

Anhalten im Rückwärtsgang

Rückwärtsrichten ist keine Renndisziplin. Es geht nicht darum, wer am schnellsten wieder aus der Sackgasse draußen ist. Im Gegenteil. Ob Ihr Schüler nun schon ins Stürmen gekommen ist oder ob Sie dafür sorgen wollen, dass das gar nicht erst passiert: Auf jeden Fall empfiehlt es sich, das Pferd nach zwei oder drei Schritten rückwärts erst mal zu stoppen. Damit das glückt, müssen Sie unbedingt *neben* dem Pferd stehen; ein schneller Schritt bringt Sie dorthin. Wenn Sie sich vor dem Tier befinden, kommt nur Tauziehen dabei heraus. Außerdem müssen Sie die Gerte an der Hinterhand einsatzbereit haben. Denn das Signal zum Anhalten aus dem Rückwärtsrichten ist im Prinzip das gleiche wie das zum Antreten aus dem Stand.

Wenn Sie also Ihr rückwärts gehendes Pferd stoppen oder ein zu eilig nach hinten laufendes Tier bremsen wollen, denken Sie an Vorwärts: Wie zum Anführen in der »Dingo«-Position einen Zupfer nach vorn, Abstreichen über den Rücken und Gertentipp auf die Kruppe, Blick und Körperhaltung nach vorn weisend (also die rechte Schulter vordrehen, wenn Sie links vom Pferd stehen), und das Stimmsignal nicht vergessen.

Wenn Sie Ihre Sache zu gut gemacht haben, kann es sein, dass Ihr Vierbeiner tatsächlich aus dem Rückwärts ins Vorwärts fällt, ohne zwischendurch anzuhalten. Kein Problem: Wie man ein vorwärts laufendes Pferd anhält, wissen Sie ja. Im Übrigen ist die Übung, die Sie eben aus Versehen gemacht haben, auch nicht schlecht, nur kommt sie eigentlich erst später an die Reihe. Jetzt zählt erst einmal das Anhalten. Das schönste Rückwärtsrichten nützt wenig, wenn Sie es nicht wieder abstellen können.

Wenn Ihr Pferd steht, loben Sie es und fordern Sie es auf, den Kopf zu senken. Danach kann's weitergehen. Wenn Sie auf diese Weise Schritt für Schritt arbeiten, lernt Ihr Pferd, ruhig und besonnen rückwärts zu gehen – die beste Voraussetzung für eine gesunde Körperhaltung und eine gute Gymnastizierung.

Nicht übertreiben

Lassen Sie sich Zeit: Es ist eher schädlich als nützlich, vor lauter Begeisterung zu viel rückwärts zu arbeiten. Vor allem für eher faule Pferde ist das Gift: Sie sollen in erster Linie lernen, dass Vorwärts gefragt ist. Zwar ist Rückwärtsrichten für jedes Pferd eine wichtige Übung, aber eine Überdosis wird schlecht vertragen. Streuen Sie die Lektion immer wieder in die normale Bodenarbeit ein, aber übertreiben Sie's nicht und widmen Sie ihr niemals eine ganze Trainingsstunde.

Präzisionsarbeit

Wenn Ihr Pferd im Prinzip verstanden hat, worum es geht – und das wird bei einem durchschnittlich intelligenten Vierbeiner binnen weniger Übungen der Fall sein – können Sie abrüsten: Die Innenwand der Sackgasse wird zunächst durch eine auf dem Boden liegende Stange ersetzt und fällt dann ganz weg, die Frontwand können Sie sich ebenfalls demnächst schenken. Jetzt soll das Pferd rückwärts gehen, weil Sie es ihm sagen, und nicht, weil es vorwärts eben nicht mehr weitergeht. Wenn Sie das Gefühl haben, dass Ihr Pferd ohne die Führung durch die Gasse zu schief wird, arbeiten Sie es zunächst noch zwischen zwei Stangen. Die können auch in der Mitte des Reitplatzes liegen. Der Zaun sollte inzwischen wirklich unnötig sein.

Jetzt kommen die Feinheiten an die Reihe: Tritt Ihr Vierbeiner wirklich in sauberer diagonaler Fußfolge rückwärts? Darauf sollten Sie Wert legen, denn nur so hat die Übung gymnastizierenden Wert. Die Diagonalbewegung ist ausgesprochen gut für die Rückenmuskulatur, deswegen lösen sich die allermeisten Pferde auch am besten im Trab. Schlampt Ihr Pferd beim Rückwärtsrichten und zeigt keinen reinen Zweitakt, gibt es verschiedene Möglichkeiten, dies zu verbessern. Vielleicht bewegt sich der Vierbeiner zu eilig; in diesem Fall lassen Sie ihn immer nur ein oder zwei Schritte gehen und halten dann wieder an. Oder er ist zu langsam: Für einen sauberen Zweitakt ist ein flüssiges Rückwärtsgehen nötig. Vielleicht hält er den Kopf zu hoch und drückt den Rücken weg; dann hilft die Übung »Kopfsenken«. Oder es fehlt dem Pferd an Körpergefühl. Probieren Sie den bereits erwähnten TTEAM-Trick und klopfen Sie mit dem Gertenknauf etwa 30 Sekunden lang auf den Huf, der zu langsam ist. Dieses Klopfen ist auch sehr nützlich, wenn das Pferd schlurft, also die Zehe durch den Sand zieht, statt richtig abzufußen.

Möglicherweise ist auch die Diagonale einfach nicht gefestigt. Lassen Sie das Pferd zwischendurch immer wieder einmal ein paar Meter traben, um es an diesen Bewegungsablauf zu erinnern. Wenn das Pferd später für die Bodenarbeit ein Gebiss im Maul hat, helfen auch Trab-Rückwärts-Übergänge fast ohne

Kapitel 5: Rückwärts, seitwärts, stillgestanden

Stopp dazwischen – übrigens auch eine gute Vorübung für die Piaffe, aber ganz so weit sind Sie vermutlich noch nicht …

Eine schöne Übung, um das Pferd beim Halten auf die Hinterhand zu bringen, sind Schritt-Rückwärts-Übergänge. Wenn Sie das Pferd allerdings nach *jedem* Stopp sofort rückwärtsrichten, krabbelt es sehr bald von selbst nach hinten weg. Setzen Sie also auch diese Lektion wohl dosiert ein. Das Pferd soll stets damit rechnen, dass gleich Rückwärtsgehen verlangt werden könnte – allein der Gedanke lässt es die Hinterhand vermehrt untersetzen –, aber es soll letztendlich immer auf Ihre Signale warten und nicht schon mal eigenmächtig zurückmarschieren.

Wenn Ihr Pferd ruhig und rhythmisch mit tiefer Nase und aufgewölbtem Rücken zurücktritt, dürfen Sie sich auch gerne wieder daran erinnern, dass die Übung Ihre ranghöhere Position festigt. Wenn Sie diesen Umstand nutzen wollen, können Sie die Signale mit Gerte und Führstrick nach und nach minimieren. Das Ziel ist, dass der Vierbeiner an Ihrer Seite oder hinter Ihnen prompt rückwärts geht, wenn Sie das auch tun. Das verlangt vom Pferd, dass es seine ganze Aufmerksamkeit auf Sie richtet. Und es lernt, dass es Sie nur dann überholen darf, wenn Sie es ausdrücklich dazu auffordern. So, wie es überhaupt und grundsätzlich auf das zu hören hat, was Sie ihm mitteilen.

Nichts für Anfänger: Seitwärtstreten

Im Krebsgang

Das Vorwärtsgehen klappt, Ihr Vierbeiner lässt sich rückwärts manövrieren – fehlt nur noch die Seitwärtsbewegung. Feinheiten wie Stellung und Biegung, die später bei den Seitengängen Schulterherein, Travers und Renvers (siehe Kapitel 9) wichtig werden, spielen vorerst noch keine Rolle. Aber erstens können Sie Ihrem Vierbeiner diese späteren Lektionen wesentlich erleichtern, wenn Sie ihm schon jetzt eine ungefähre Vorstellung davon vermitteln, dass diese Bewegungsrichtung möglich ist. Zweitens macht auch diese Übung Ihr Pferd feiner und aufmerksamer. Und drittens brauchen Sie die Lektion, um Ihren Vierbeiner ohne großen Aufwand möglichst punktgenau an den Fleck zu stellen, an dem Sie ihn haben wollen.

Die ersten Schritte seitwärts sind eine Art Feuertaufe für Sie und Ihr Pferd. Jetzt zeigt sich, wie gut Sie bisher gearbeitet haben. Damit die Übung gelingt, müssen Sie nämlich ganz verschiedene bereits gelernte Manöver kombinieren. Sie und Ihr Vierbeiner sollten bereits in der Führposition »Dingo« arbeiten können, das Pferd muss eine kontrollierte Schritt-für-Schritt-Vorhandwendung beherrschen, die verschiedenen Zeichen zum Verlangsamen und Anhalten kennen, sich aus dem Rückwärts- wieder ins Vorwärtsgehen schicken lassen, und Sie sollten geschickt mit der Gerte umgehen und sie ohne großen Aufwand von hinten nach vorn und wieder zurück bringen können.

Die Hinterhand können Sie ja bereits seitwärts bewegen. Nun müssen Sie das auch mit der Vorhand schaffen. Und zwar gleichzeitig.

Vielen Pferden fällt es am leichtesten, die ersten Seitwärtstritte aus dem Fluss der Bewegung zu entwickeln. Führen Sie das Pferd in der »Dingo«-Position langsam auf einer kleinen Volte, zum Beispiel links herum. Die linke Hand hält also den Strick, die rechte die Gerte. Sie müssen weit vorn am Pferdekopf sein, um verhindern zu können, dass sich der Vierbeiner der Seitwärtsbewegung nach vorne entzieht.

Wenn Sie jetzt die Volte noch weiter verkleinern, kommt eine leichte Seitwärts-Tendenz ganz von selbst: Wahrscheinlich schafft das junge Pferd die enge Biegung noch nicht so ganz und tut sich schwer, mit der Hinterhand in die Spur der Vorhand zu treten. Es würde die Hinterhufe lieber etwas weiter außen aufsetzen. Genau das schlagen Sie ihm jetzt vor – es wird dankbar darauf eingehen.

Passen Sie einen Moment ab, in dem das Pferd harmonisch geht; schön gebogen und weich im Hals und im Genick. Jetzt drücken Sie die Gerte mit der ganzen Längsseite ans Pferd. Sowie der kleinste Ansatz einer Reaktion kommt, machen Sie deutlich den linken Arm lang, um den Pferdekopf und mit ihm die Vorhand von sich weg zu bewegen. Es entsteht eine schulterhereinartige Bewegung. Nach dem kurzen Anlegen wird die Gerte sofort wieder dort tippend eingesetzt, wo sie gerade gebraucht wird.

Kapitel 5: Rückwärts, seitwärts, stillgestanden

■ **Weg da:** Der gestreckte Arm und die deutlich forttreibende Körpersprache »schieben« die Vorhand weg, die tippende Gerte bewegt die Hinterhand seitwärts. Eine leichte Innenstellung begünstigt das Seitwärtsgehen in die Gegenrichtung. Gleichzeitig wird das Pferd nach außen gedrängt. Es verwirft sich fast zwangsläufig stark im Genick, aber das können Sie zunächst akzeptieren. Hauptsache, es geht seitwärts.

Drängelt der Vierbeiner nach vorne, bremsen Sie ihn mit den bekannten Signalen: Indem Sie mehr vor ihn treten, die dem Pferd zugewandte Schulter zurückdrehen, am Strick nach hinten zupfen, mit der Gerte gegen die Brust tippen. Nach wenigen Schritten gilt natürlich: aufhören, loben.

■ **Krebsgang:** Die ersten Seitwärtstritte können gelingen, wenn Sie in der »Dingo«-Position eine enge Volte führen und dann mit der Gerte statt auf der Kruppe seitlich am Knie treiben.

Man kann das Seitwärtsgehen auch anders entwickeln: Beginnen Sie die Übung wie eine Vorhandwendung, strecken Sie dann aber den Arm an der Führleine, um so körpersprachlich die Vorhand von sich wegzuschieben. Gleichzeitig touchieren Sie weiter die Hinterhand am Kniegelenk oder, wenn das Pferd darauf nicht reagiert, auch tiefer. Versucht das Pferd, rückwärts auszuweichen, wissen Sie ja, mit welchen Signalen Sie es wieder ins Vorwärts schicken.

Variante drei ist die uneleganteste Methode, und das Ergebnis fällt zunächst ziemlich hölzern aus. Deshalb ist sie nur zu empfehlen, wenn's mit den ersten beiden Varianten absolut nicht klappen will. Sie stehen in der »Dingo«-Position links vom Pferd, den Führstrick nah am Kopf gefasst, und wollen Ihren Vierbeiner seitwärts nach rechts treten lassen. Bewegen Sie nun erst die Schultern des Pferdes von sich weg, indem Sie den linken Arm an der Führleine lang machen, den Pferdekopf nach rechts in die Bewegungsrichtung stellen – eine impulsartige Berührung mit den Fingerknöcheln am Kinn des Pferdes kann dabei helfen – und, wenn nötig, mit der Gerte die linke Schulter touchieren. Die Reaktion wird so etwas Ähnliches wie der erste Schritt einer Hinterhandwendung sein, und darauf folgt natürlich ein dickes Lob!

Jetzt folgt die Hinterhand: Stellen Sie den Kopf wieder entgegen der Bewegungsrichtung, also nach links, und touchieren Sie die Hinterhand, damit sie nach rechts ausweicht. Immerhin – das war der erste Schritt seitwärts. Irgendwann wird mehr Fluss in die Sache kommen, und das Pferd wird begreifen, dass Sie seine Vor- und Hinterhand *gleichzeitig* bewegen wollen.

Um ihm zu dieser Einsicht zu verhelfen, streichen Sie den Rumpf von vorn nach hinten mit der Gerte ab. Das Pferd spürt so die Verbindung von Vor- und Hinterhand. Legen Sie den Stab für einen Augenblick wie eine Wand an der Seite des Pferdes an, damit er dort als spürbare Begrenzung wirkt. Lassen Sie Ihren Schüler ein paar Schritte geradeaus traben, um ihm die diagonale Bewegung ins Körper-Bewusstsein zu rufen, um die es auch bei den Seitengängen geht, oder zumindest gehen sollte – wenn Sie ein Gangpferd haben, werden Sie hier vermutlich noch interessante Überraschungen erleben. Wahre Experten können auch im Pass seitwärts gehen …

Wenn das Pferd erst verstanden hat, dass der gestreckte Arm das Zeichen ist, mit der Vorhand seitwärts zu treten, können Sie auch versuchen, zu Variante eins oder zwei zurückzukehren.

> ### Angenehmer Nebeneffekt: Die Hinterhandwendung
>
> *Wie die Hinterhandwendung geht, wissen Sie jetzt auch. Wenn Sie die ausbauen wollen, achten Sie aber wie bei der Vorhandwendung darauf, dass der innere Hinterfuß bei jedem Schritt mittritt und sich nicht stillos und ungesund im Boden festbohrt (siehe S. 68).*

Hat Ihr Pferd erst einmal begriffen, was Sache ist, geht es vermutlich begeistert seitwärts – und lässt sich nicht mehr abschalten. Oder Sie können mit einem Zupfen am Strick zwar die Vorderbeine bremsen, aber Ihr Schüler klappt jedesmal die Hinterhand weg.

Zunächst beenden Sie das Seitwärtsgehen am besten, indem Sie den Vierbeiner mit einem deutlichen »Dingo«-Tipp auf die Kruppe und dem dazu passenden Zupfen am Führstrick ins Vorwärts entlassen. Sie können das Pferd auch aus der Seitwärtsbewegung wieder gerade richten, indem Sie den Kopf von sich weg in die Bewegungsrichtung stellen.

Oder – für Fortgeschrittene – Sie halten das Pferd im Seitwärts an. Auch in diesem Fall ist

> ### Alles hat zwei Seiten …
>
> *Handwechsel, bitte! Wahrscheinlich haben Sie instinktiv auf der Schokoladenseite angefangen, und andersherum ist alles viel schwieriger. Ein Grund mehr, beharrlich zu üben: Gekonnt ist die Lektion erst, wenn Ihr Vierbeiner flüssig in beide Richtungen seitwärtsgeht und aus dem Krebsgang auch ausbalanciert anhält. Wenn es soweit ist, haben Sie die Feuertaufe bestanden und können natürlich auch dieses Thema vertiefen: Seitwärts über eine Stange, seitwärts durch die Gasse – an Möglichkeiten herrscht kein Mangel …*

Kapitel 5: Rückwärts, seitwärts, stillgestanden

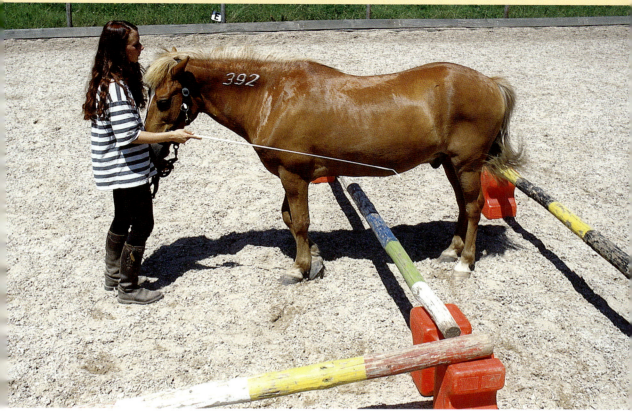

■ Ist das Grundprinzip klar, kann das Pferd auch seitwärts über eine Stange gehen – eine gute Übung, um die Aufgabe zu präzisieren.

es eine gute Idee, den Kopf zumindest leicht in die Bewegungsrichtung zu stellen, damit die Hinterhand nicht nach außen ausschert. Außerdem können Sie das Halt-Signal mit einem Gertentipper auf die Brust unterstützen. Wenn das Pferd bereits gut rückwärts geht, bringt es dieses Zeichen deutlich auf die Hinterhand.

Stillgestanden!

Auch Stillstehen will gelernt sein

»Halt« heißt das Zauberwort. Wenig ist für das Fluchttier Pferd schwerer und kaum etwas ist für den Menschen wichtiger, als die Kontrolle über das genetisch fixierte »Bloß-weg-hier«-Programm.

Vorraussetzungen fürs Stillstehen

Stillstehen ist eine der wichtigsten, aber auch eine der schwersten Lektionen, die Ihr Pferd während der Grundausbildung zu lernen hat. Bevor Sie ernsthaft damit anfangen können, müssen Sie in der Lage sein, jede unerwünschte Bewegung Ihres Schätzchens sofort und ohne jeden unnötigen Aufwand korrigieren zu können:
Tritt das Pferd einen Schritt nach vorne, muss es diesen Schritt wieder rückwärts gehen, tritt es seitwärts nach links, wird es mit einer Seitwärtsbewegung nach rechts wieder an seinem ursprünglichen Standort geparkt. Es muss also gelernt haben, die entsprechenden Signale willig zu befolgen.

Ihr Pferd hat gelernt, auf Ihr Zeichen hin anzuhalten, aber Stillstehen ist eine ganz andere Sache. Beim Üben dieser Lektion haben Sie nämlich wenig Möglichkeiten, auf das natürliche Verhaltensrepertoire zurückzugreifen: Stillstehen auf Kommando ist für Pferde definitiv *nicht* natürlich. Der Ranghöhere versetzt den Rangniedrigeren in Bewegung, aber er kann ihn nicht zur Bewegungslosigkeit zwingen.

Gewalt nützt nichts

Die inzwischen glücklicherweise aus der Mode gekommene Hauruck-Methode besteht darin, das völlig rohe Jungpferd mit einem ultrastabilen Halfter nebst ähnlich geartetem Seil an einem drei Meter tief einbetonierten Telegrafenmast zu vertäuen und es toben zu lassen, bis es erschöpft aufgibt. Ganz abgesehen davon, dass sich der Vierbeiner bei seinem panischen Kampf irreparable Schäden besonders im Bereich der Halswirbelsäule zuziehen kann: Gewonnen ist dadurch gar nichts. Das Pferd hat lediglich gelernt, das Angebundensein wehtut und überhaupt eine entsetzliche Sache ist. Entweder resigniert es – und Resignation ist, wie jeder Pädagoge bestätigen kann, keine gute Basis für weiteres Lernen –, oder es wird wieder und wieder kämpfen. Weil man zum Anbinden nicht immer ein Schiffstau und eine hundertjährige Eiche zur Verfügung hat, sieht man über kurz oder lang nur noch die Hinterhufe seines Vierbeiners. Mit Ausbildung hat das wenig zu tun.

Es bringt überhaupt nichts, wenn das Pferd stillsteht, weil es nicht anders *kann*. Dagegen ist es Gold wert, wenn es stillsteht, weil es nicht anders *soll*. Gehorsam ist stärker als jedes Führseil, auch in diesem Fall. Und diesen Gehorsam sollten Sie nach allem, was Sie mit Ihrem Pferd schon veranstaltet haben, mittlerweile bekommen. Also wird auch das Stillstehen nicht übermäßig schwer sein.

Die Hauptsache ist auch hier, dass Sie konsequent bleiben. Anhalten haben Sie ja schon zur Genüge geübt, jetzt geht's ums Stehenbleiben. Und zwar nicht nur bei der Bodenarbeit, sondern auch beim Putzen, oder wenn Sie das Pferd am Halfter haben und einen Schwatz mit dem Nachbarn halten. Kurz, immer, wenn Sie sich auf irgendeine Weise mit dem Pferd befassen, gilt: Wenn Sie Ihren Vierbeiner gestoppt haben, hat er nicht herumzuzappeln. Das müssen Sie ihm ebenso ruhig wie unmissverständlich klar machen.

Zunächst behalten Sie den Führstrick natürlich in der Hand. Dehnen Sie einfach allmählich die Zeitspanne aus, bis nach dem Anhalten die nächste Aufgabe folgt. Um dem Pferd deutlich zu machen, dass nichts anderes als Passivität verlangt ist, hilft ein gelegentliches beschwörerisches »Haaalt« oder »Ho« oder was auch immer Ihr etabliertes Kommando ist.

Erstmal selbst zur Ruhe kommen

Sie können nicht von Ihrem Pferd verlangen, gelassen neben Ihnen zu stehen, wenn Sie selbst ein Nervenbündel oder mit den Gedanken ganz woanders oder gar beides sind. Strahlen Sie mit jeder Faser Ihres Seins Ruhe und Souveränität aus. Stehen Sie ruhig und fest auf beiden Füßen, spüren Sie den Boden unter den Sohlen, schlagen Sie in Gedanken Wurzeln. Atmen Sie tief und gleichmäßig. Lullen Sie Ihren Vierbeiner und sich selbst in ruhige Gedanken ein. Ruhe, Ruhe, Ruhe – andere Hilfen gibt's fürs Stehenbleiben leider nicht.

■ **Stehengeblieben:** Mit dem Gertenzeig fordert Astrid Carinka auf, im Stangenviereck zu bleiben.

Kapitel 5: Rückwärts, seitwärts, stillgestanden

Zunächst reichen ein paar Sekunden Stillstand. Setzen Sie sich ein Ziel, das garantiert erreichbar ist; nur so ist sichergestellt, dass *Sie* die Lektion beenden und nicht Ihr Schüler! Hüten Sie sich deshalb auch davor, die Übung bis zum Äußersten fortzusetzen, weil es gerade so gut klappt. Wenn Sie beschlossen haben, dass Ihr Pferd zehn Sekunden stillstehen soll, dann belassen Sie's auch dabei. Morgen dürfen es gerne zwanzig sein. Sie ahnen, worum es geht: Indem Sie die Zeitspanne so allmählich ausdehnen, dass Ihr Pferd es gar nicht recht merkt, wird es auch ganz automatisch nichts falsch machen.

So weit die Theorie. Die Praxis birgt, wie üblich, gewisse Tücken. Da ist plötzlich die kürzeste Zeitspanne für Ihren Vierbeiner schon zu lang. In diesem Fall kommen Sie nicht darum herum, das Pferd zu korrigieren. Freundlich und unaufgeregt, versteht sich, aber nichtsdestotrotz schnell und kompromisslos. Ein unerlaubter Schritt nach vorne bedeutet für das Pferd, dass es genau diesen Schritt wieder zurück machen muss – und zwar *sofort*. Ein Ausfallschritt nach links heißt, dass

»Nein« – nein danke!

Sagen Sie nicht »nein«, wenn Ihr Vierbeiner einen Fehler macht. Am besten streichen Sie dieses Wort überhaupt aus Ihrem Wortschatz, wenn Sie mit Tieren arbeiten. »Nein« sagt überhaupt nichts, es bietet dem Pferd und Ihnen keine Handlungsalternative. Verwenden Sie immer Kommandos, die Ihnen selbst helfen, sich die geforderte Lektion vorzustellen – das gibt Ihnen eine ganz andere Ausstrahlung. Statt »nein« also zum Beispiel »du bleibst«. Das ist gleich viel konkreter, und außerdem handelt es sich nicht um eine Verneinung oder einen Befehl, sondern um eine Feststellung. Das macht souverän.

Mit einem Wort: »Halt!«

Übrigens schadet es nicht, neben dem Stillstehen auch das Anhalten immer wieder zu üben – mit dem Ziel, dass Signale mit dem Führstrick, mit der Gerte und mit Ihrer Körpersprache nicht mehr nötig sind, sondern lediglich das leise Stimmsignal. Das sollte in jeder beliebigen Führposition und später auch vom Sattel aus funktionieren. »Halt« oder »Ho« oder welches Wort auch immer muss Ihrem Pferd in Fleisch und Blut übergehen; es bedeutet jederzeit und ohne irgendwelche Diskussionen »stillgestanden«. Sie können es gar nicht oft genug üben.

verwechseln darf. Sie haben inzwischen wirklich genug getan, um dem Vierbeiner die Bedeutung des Wortes »Halt« klarzumachen. Lassen Sie dem Tier grundsätzlich eine Sekunde Zeit, die verbale Aufforderung umzusetzen – aber wenn dann keine Reaktion kommt, gibt's einen unangenehmen Ruck auf die Nase. Ihr Pferd ist nun weit genug ausgebildet, um zu wissen, worum es geht. Sie können ihm beim besten Willen nicht mehr unterstellen, dass es die Bedeutung des Stopp-Wortes nicht kennt.

Spätestens jetzt muss es auch erfahren, dass es Ihre Kommandos nicht einfach geflissentlich überhören darf.

es seitwärts nach rechts treten muss, um auf dem schnellsten Weg wieder an seinen ursprünglichen Standort zu kommen.

Bleiben Sie ruhig und freundlich, wenn Sie das Stillstehen üben, aber schenken Sie Ihrem Pferd nichts. Sie können nicht von Ihrem Vierbeiner verlangen, dass er eine Aufgabe ernst nimmt, an der Ihnen selbst offenbar nicht so besonders viel liegt. Deshalb ist es auch so wichtig, dass Sie *immer* auf gehorsames Stillstehen achten und sich nicht verleiten lassen, Zappeleien zu dulden, weil Sie gerade keinen Nerv für langwierige Korrekturen haben. Nichts ist im Umgang mit Pferden so schädlich wie Inkonsequenz.

Bei aller Liebe: Machen Sie Ihrem Pferd klar, dass es Ihre Freundlichkeit nicht mit Laschheit

■ **Die Gesellschaft befreundeter Artgenossen beruhigt junge oder schwierige Pferde beim Anbinden.**

Mit Strick und Knoten: Das Anbinden

Jetzt ist der Zeitpunkt gekommen, das Pferd anzubinden. Jedenfalls in der Theorie. In der Praxis tun Sie es wahrscheinlich längst, und vermutlich ohne Probleme. Glück gehabt. Denn eigentlich ist diese Lektion erst an der Reihe, wenn das Pferd an der Hand gelernt hat, still zu stehen. Mit gutem Grund: Wenn es angebunden ist, bleibt ihm gar nichts anderes übrig, als zumindest mehr oder weniger am Platz zu bleiben. Ist ihm dieser Gedanke fremd, kann es sein, dass es Platzangst bekommt und panische Gegenwehr leistet – mit den bereits beschriebenen Folgen.

Weil Pferde erstaunlich freundliche und sanftmütige Wesen sind, kommt es meistens nicht so weit: Obwohl die Ausbildung oft längst nicht so optimal verlaufen ist, wie sie hätte verlaufen können, klappen die meisten Dinge erstaunlich gut. Wenn Sie aber einen Vierbeiner haben, der Probleme beim Anbinden macht, oder einen, der diese Übung tatsächlich noch nicht beherrscht, können Sie die Sache auf der Grundlage des bisher Gelernten leicht und vor allem stressfrei für Mensch und Pferd in Angriff nehmen.

Anbinden – aber wo?

Wann immer Sie ein Pferd anbinden, die Rahmenbedingungen müssen stimmen. Das heißt, Sie brauchen einen sicheren Anbindeplatz, und zwar nicht nur für ein Problempferd, sondern für jeden Vierbeiner.

Ein Anbindebalken muss so stabil befestigt sein, dass es auch für ein tobendes Pferd *unmöglich* ist, ihn aus seiner Verankerung zu reißen. Die grässlichsten Anbinde-Unfälle passieren, wenn durchgehende Pferde halbe Telegrafenmasten, Koppeltore, Scheunentüren oder Gartenzäune am Halfter hinter sich herschleifen. Sicherer als ein Anbindebalken ist deshalb ein Ring, der in einer steinernen Wand verdübelt oder einbetoniert ist: Im Zweifelsfall rast das Pferd mit den Überresten des Rings am Halfter davon, der wesentlich weniger Schaden anrichten kann als ein kiloschweres Stück Holz. Ist der Anbinder nicht stabil genug einbetoniert, müssen Sie auf andere Weise verhindern, dass er aus der Verankerung gerissen wird. Etwa, indem Sie eine Sollbruchstelle zwischen Anbindevorrichtung und Pferd einbauen, die garantiert nachgibt, bevor der Vierbeiner irgendwelche schweren Gegenstände demontiert. Eine gute Möglichkeit ist eine kleine Schlaufe aus Heukordel zwischen Anbinder und Strick. Die Schlaufe soll einem gewissen Zug durchaus standhalten, aber auf jeden Fall reißen, wenn das Pferd richtig zerrt: Besser, das Pferd rennt allein davon, als mit der halben Einrichtung am Halfter.

Gut geeignet als Sollbruchstelle ist auch ein nicht verschweißter Anbindering, der sich aufbiegt, bevor Schlimmeres passiert. Oder ein Ring, der nur mit kurzen Schrauben am Holzbalken befestigt ist und abreißt, bevor der Rest nachgibt.

Natürlich gibt es Pferde, die solche Schwachstellen gezielt ausnutzen, aber solche Vierbeiner sind die Ausnahme. Ein Pferd, das gelernt hat, dem Druck zu weichen, wird nur im Notfall dagegen ankämpfen, und dann sollte es auch loskommen, ohne sich und andere zu verletzen.

Die Anbindevorrichtung muss hoch genug angebracht sein, damit Druck aufs Genick tatsächlich nur dann entsteht, wenn das Pferd zurückzerrt, und nicht schon dann, wenn es einfach nur den Kopf hebt.

Nicht nur der Anbindebalken oder -ring selbst muss sicher sein, sondern auch der Platz, an dem er sich befindet: Ein rutschfester Boden ist unerlässlich. Und natürlich muss der Platz aufgeräumt sein: Weit und breit dürfen weder hervorstehende Nägel noch scharfe Kanten, weder rostige Pflugscharen noch herumliegende Rechen und Mistgabeln zu sehen sein.

KLEINE MATERIALKUNDE
Anbinden – und wie?

Es nützt nichts, wenn der Anbindeplatz den Anforderungen entspricht und die Ausstattung des Pferdes dies nicht tut: Ein stabiles, gut passendes Halfter, am besten aus doppelt genähtem Nylon mit robusten Beschlägen, ist ein absolutes Muss. Mindestens ebenso viel Augenmerk hat der Strick verdient. Ein Anbindeseil braucht nicht so gut in der Hand zu liegen wie ein Führseil, es muss andere Qualitäten besitzen. Das Material muss so fest und steif sein, dass sich Knoten auch unter extremer Belastung nicht zuziehen können. An diesem Kriterium scheitern die meisten herkömmlichen Stricke, nicht aber ein Bull Rope mit Drahtseele (gibt's im Handel für Westernbedarf). Ein schwerer, robuster Haken gehört natürlich auch dazu; Seile halten fast immer, Haken dagegen nahezu nie. Verlassen Sie sich lieber auf den mit einem Handgriff lösbaren Sicherheitsknoten am Bull Rope als auf einen Panikhaken: Die Dinger gehen meistens im falschen Moment auf.

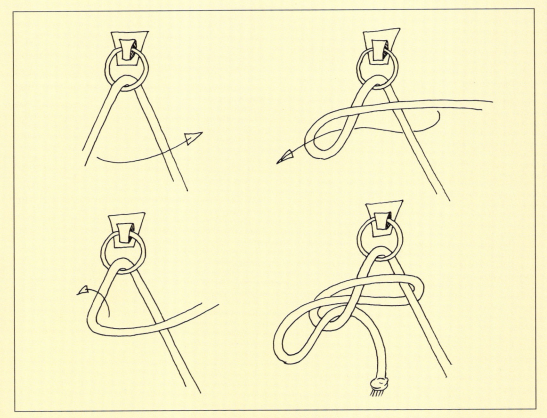

■ **Der Panik-Knoten:** Mit einem einem Zug am freien Ende zu lösen – vorausgesetzt, Sie verwenden ein ausreichend steifes Seil, damit sich der Knoten nicht zuziehen kann. Wenn Ihr Pferd zu den Experten gehört, die solche Knoten aufbekommen, stecken Sie das freie Ende einfach lose durch die Schlaufe.

Kapitel 5: Rückwärts, seitwärts, stillgestanden

Sie sind also gerüstet, Ihr Pferd auch – aber um einem Neuling die Sache so angenehm wie möglich zu machen, können Sie noch mehr tun.

Kleines Anbinde-Brevier

- Binden Sie erfahrene Freunde Ihres Vierbeiners in der Nähe an – die Gesellschaft cooler Artgenossen beruhigt ungemein.
- Binden Sie auf keinen Fall fremde oder verfeindete Pferde ohne Aufsicht nebeneinander an: Rangordnungskämpfe könnten die Folge sein und würden sich verschärfen, wenn der unterlegene Vierbeiner nicht ausweichen kann.
- Binden Sie Pferde immer kurz an, 50 Zentimeter reichen vollkommen. So kann das Pferd sich nicht mit den Vorderhufen im Strick verheddern. Wenn Sie dem angebundenen Pferd Futter vorlegen wollen, etwa während einer längeren Pause auf einem Ritt, darf der Strick nur gerade so lang sein, dass der Vierbeiner mit dem Maul zum Boden kommt.
- Und binden Sie Ihr Pferd natürlich niemals dort an, wo andere frei laufen. Das klingt logisch, passiert aber gelegentlich aus Versehen: Vielleicht haben sich die heimischen Pferde nur mal um die Ecke verzogen – wenn sie zurückkommen, haben die vertäuten Neulinge schlechte Karten.

Viele Anbinde-Probleme sind darin begründet, dass die Pferde nie gelernt haben, dem Druck im Genick nachzugeben. Ist das Kopfsenken für Ihr Pferd zum bedingten Reflex geworden, haben Sie dieses größte Problem bereits gelöst. Wenn ein zweiter bedingter Reflex das Vorwärtsgehen auf einen »Dingo«-Tipp hin ist, können Sie einem rückwärts ziehenden Vierbeiner ganz leicht den Ausweg aus seiner Misere zeigen: Er muss nur einen Schritt nach vorne machen, dann ist der Druck im Genick weg.

Grundsätzlich ist es eine gute Idee, den Führstrick bei den ersten Anbinde-Übungen am seitlichen Halfterring einzuhaken und nicht am Kinn. So wird ein großer Teil des Drucks vom Genickriemen weggenommen, wenn das Pferd zurückzieht; der traumatisierte Bereich wird also entlastet. Und natürlich bindet man ein Jungpferd nicht einfach irgendwo an und geht Kaffee trinken, sondern bleibt bei ihm und schickt es sofort mit den vertrauten Signalen einen Schritt nach vorne, wenn es zurückdrängt.

Am besten schlingen Sie das Seil bei den ersten Übungen nur lose um den Anbindebalken, so dass Sie im Notfall nachgeben und neu anfangen können. Bei einem entsprechend vorbereiteten Pferd dürfte es jedoch kaum Schwierigkeiten geben. Wenn es gelernt hat, dem Druck zu weichen, wenn es weiß, was »Halt« heißt, wenn es verinnerlicht hat, an dem Platz zu bleiben, an den Sie es stellen, bis Sie ihm etwas anderes sagen – dann beinhaltet die Lektion »Anbinden« nun wirklich nichts, was es nicht ohnehin kennt. Außer vielleicht, dass Sie irgendwann, wenn der Vierbeiner die Übung verstanden hat, sein Blickfeld verlassen, während Sie weiterhin Gehorsam fordern. Aber das sollte Ihr Pferd inzwischen auch nicht mehr aus der Fassung bringen.

Überflüssig zu sagen, dass Ihr angebundenes Pferd beim Putzen oder Waschen nur dann mit der Hinterhand nach links oder rechts zu treten hat, wenn Sie es dazu auffordern. Eigenmächtiges Gezappel ist ab sofort untersagt.

Was tun mit Reißern?

Wenn ein Pferd, kaum angebunden, rückwärts reißt, haben Sie einiges an Arbeit vor sich. Egal, ob der Vierbeiner aus nackter Panik reißt oder weil er gelernt hat, dass er damit loskommt –

Umgang mit Reißern I

- Üben Sie täglich die »Dingo«-Führposition, bis das Pferd das Antreten auf den Gertentipp hin derart verinnerlicht hat, dass es gar nicht mehr anders kann, als die Hilfe zu befolgen. Achten Sie darauf, dass das Pferd auch wirklich auf die Hilfe hin losgeht, also den ersten Schritt macht, bevor Sie ihn tun.
- Streichen Sie das Pferd immer wieder von der Kruppe bis hinunter zu den Hufen mit der Gerte ab.
- Üben Sie täglich das Kopfsenken (siehe Kapitel 2), bis das Pferd schon bei leichtem Zug am Halfter nach unten oder Druck mit der Hand hinter den Ohren im Stand, im Schritt und im Trab prompt nachgibt.
- Binden Sie einen gelassenen vierbeinigen Freund Ihres Pferdes in der Nähe an.
- Legen Sie das Führseil durch den Ring des Anbinders oder um den Balken, ohne jedoch einen Knoten zu machen. Das Ende des Seils halten Sie in der linken Hand, die Gerte in der rechten. Geben Sie das vertraute Stimmkommando für das Anhalten bzw. Stillstehen.
- Streichen Sie Ihren Schüler mit der Gerte ab, vom Widerrist über die Kruppe bis zum Huf, und bauen Sie gedanklich eine Mauer hinter dem Tier auf.
- Legen Sie die Gerte auf die Kruppe und bauen Sie sachte Druck am Seil auf. Macht das Pferd auch nur den Ansatz, sein Gewicht nach hinten zu verlagern, tippen Sie mit der Gerte mehrmals energisch auf die Kruppe.
- Wenn Sie einen Helfer haben, könnte dieser das zurückreißende Pferd am Genick massieren, worauf es (hoffentlich) den Kopf senkt und so den Druck loswird. Jetzt zeigt sich, ob Sie genug in der »Dingo«-Position geübt haben. Wenn nicht, müssen Sie einen Schritt zurück und weiter an dieser Führposition arbeiten.
- Mit der Zeit – tägliche Übung vorausgesetzt – können Sie die Stärke des Drucks am Seil, die Heftigkeit des Zuges und die Dauer steigern, mit dem Ziel, dass das Pferd immer nachgibt. Man braucht aber viel Zeit, bis man ein solches Pferd wirklich ohne Aufsicht angebunden stehen lassen kann.

die wirkungsvollste Korrektur ist immer die, die an der Basis ansetzt, also so tiefgreifend wirkt, dass sich dadurch die *Einstellung* des Pferdes ändert. Ziel ist es, alte Gewohnheiten und Reflexe durch neue zu ersetzen. Und das geht nur mit Ruhe und Geduld. Das Handwerkszeug kennen Sie bereits.

Machen Sie sich klar, dass kein Reißer zufällig zu dem geworden ist, was er ist. In jedem Fall müssen Sie bei Null anfangen, um den Vierbeiner »umzupolen«.

Das Antrainieren des reflexartigen Nachgebens ist ein echtes Patentrezept gegen Anbindeprobleme, aber es gibt noch weitere Tricks (siehe Kasten), die Ihnen bei der Korrektur eines Reißers helfen können.

Ground tying: Wie parke ich mein Pferd?

Nicht immer werden Sie einen geeigneten Anbindeplatz finden, nicht immer wird Ihr Reitpferd Halfter und Strick unter dem Zaumzeug tragen – und außerdem ist es ja wohl nicht zuviel verlangt, dass Ihr Vierbeiner sich auch unangebunden benimmt. »Ground tying«, »Anbinden am Boden«, nennen die Westernreiter diese Lektion. Unabhängig von der Reitweise ist sie ungeheuer praktisch, und außerdem eine gute Möglichkeit, extrem traumatisierte Pferde wieder ans Anbinden zu gewöhnen.

Das Grundprinzip ist einfach: Sie stellen Ihr Pferd irgendwo ab, sagen »Halt« und gehen

Kapitel 5: Rückwärts, seitwärts, stillgestanden

Umgang mit Reißern II

- Binden Sie das Pferd an einem Halsriemen an. Das bringt den Zug ausschließlich aufs Genick. Pferde, die die Berührung am Kopf nicht mögen, finden das angenehmer. Achtung: Der Halsriemen muss ziemlich eng verschnallt werden, sonst kann der Vierbeiner leicht herausschlüpfen. Zum Führen verwenden Sie natürlich weiterhin ein Halfter.
- Versehen Sie den Anbindebalken mit einer elastischen Schlaufe, zum Beispiel einem Autoschlauch, an der der Strick befestigt wird. Der Druck auf den Pferdekopf baut sich durch diesen Gummipuffer sanfter auf, so dass die Kettenreaktion »Zurückspringen – Schmerz im Genick – panisches Reißen« weniger leicht entsteht. Den gleichen Zweck erfüllt ein Gummiknochen, der in den Anbindestrick eingearbeitet wird (gibt's im Fachgeschäft).
- Wirklich ängstliche Pferde bleiben manchmal besser angebunden stehen, wenn sie wissen, dass sie sich im Notfall jederzeit befreien können. In diesem Fall hilft eine Sollbruchstelle aus dünner Strohkordel zwischen Pferd und Anbinder, oder Sie schlingen den Führstrick nur lose um den Balken, ohne ihn zu verknoten.
- Häufiger sind allerdings Pferde, die gelernt haben, schwache Halfter zu zerreißen, Panikhaken durch Kopfschlagen zu öffnen oder sich auf andere Weise zu befreien, weil sie einfach keine Lust haben, angebunden zu sein. Bei solchen Kandidaten hilft nur die »Du-kannst-gar-nichts-dagegen-tun«-Therapie mit extrem stabilen Halftern, Stricken und Anbindern. Achtung: Treffen Sie alle Vorkehrungen, damit sich das tobende Pferd nicht verletzt. Ein Sturz am Anbinder kann verheerende Folgen haben, und ebenso gefährlich ist es, wenn Führstrick oder Haken im ungünstigsten Fall doch nachgeben und sich das Pferd rückwärts überschlägt.
- Verwenden Sie ein »Komm-mit«, um die Rückwärts-Tendenz des Reißers zu bremsen: Das dafür benötigte etwa sechs Meter lange, weiche Seil führt in einer Acht vom Anbinder durch den Halfter-Kinnring über den Widerrist, dann um die Hinterhand, wieder über den Widerrist und zurück durch den Halfterring zum Anbinder. Mit dieser Konstruktion gibt sich der Reißer jedes Mal selbst einen Vorwärtsimpuls, wenn er zurückzerrt, und der Druck wirkt nicht im eventuell bereits traumatisierten Genickbereich, sondern an der Hinterhand.

- **Die »Komm-mit«-Konstruktion als Lernhilfe für Pferde, die am Anbinder rückwärts zerren.**

fort. Von Ihrem Pferd erwarten Sie, dass es sich nicht von der Stelle rührt, bis Sie es wieder abholen.

Selbstredend sollten Sie diese Lektion nur auf einem umzäunten Platz üben, bis sie wirklich hundertprozentig sitzt. Und auch dann ist es nicht empfehlenswert, sein Pferd auf einem Supermarkt-Parkplatz abzustellen, zwei Stunden einkaufen zu gehen und zu erwarten, dass der Vierbeiner hinterher immer noch da ist. Wie weit Sie den Gehorsam Ihres Pferdes beim Ground tying ausreizen, liegt in Ihrer Verantwortung. Aber den Vierbeiner auf dem Reitplatz abzustellen, während Sie noch schnell Ihren Helm holen gehen oder die Bodenricks in Ordnung bringen, sollte allemal möglich sein.

Westernreiter verwenden geteilte Zügel. Der eine bleibt auf dem Hals liegen oder wird ums Sattelhorn geschlungen, den anderen lassen sie beim Ground tying auf den Boden hängen, um dem Pferd zu signalisieren, dass es dort »angebunden« ist. Das funktioniert auch mit einem Führstrick. Es geht aber ebensogut ohne dieses Zeichen.

Wenn Sie mit ungeteilten, also geschlossenen Zügeln reiten, üben Sie das Ground tying am besten von Anfang an mit einem auf dem Hals liegenden Führseil, denn wenn Ihr Pferd später statt des Halfters ein Zaumzeug trägt, können Sie die geschlossenen Zügel nicht so einfach herunterhängen lassen. Zu groß ist die Gefahr, dass der Vierbeiner allem Gehorsam zum Trotz losmarschiert, sich in der Zügelschlaufe verheddert und sich selbst oder die Zügel demoliert. Um dieses Risiko komplett auszuschalten, befestigen Sie das Ende eines geschlossenen Zügels beim Ground tying am besten am Sattel.

Sorgen Sie dafür, dass Sie für die ersten Übungen den Reitplatz oder die Halle für sich allein haben. Man macht sich keine Freunde, wenn das eigene, doch nicht so gehorsame Pferd fröhlich quiekend die Anfänger-Abteilung umstrukturiert.

Wo Sie Ihr Pferd anhalten, ist eigentlich egal. Es ist aber sinnvoll, einen Platz zu wählen, an dem es schon oft gestanden hat und an dem es sich einigermaßen gern aufhält. Arbeiten Sie von Anfang an mit einem klaren Konzept. Die heranführende Lektion könnte zum Beispiel so aussehen: Vier Schritte vor, halt, vier Schritte zurück; drei Schritte vor, halt, drei Schritte zurück; zwei Schritte ... bis Sie bei Null sind. Dann ist Stehenbleiben auch für Ihren Vierbeiner die logische nächste Aufgabe. Sagen Sie ihm das mit aller Deutlichkeit, lassen Sie ihn den Kopf senken, legen Sie dann ganz nach Gusto den Führstrick auf den Hals oder lassen ihn zu Boden hängen – und entfernen sich von dem Pferd.

Für den Anfang reichen ein paar Schritte. Auch hier gilt wieder: Nehmen Sie sich nicht mehr vor als das, was ganz bestimmt klappt, und halten Sie sich konsequent an diese selbst gesetzte Grenze.

Am einfachsten ist es, wenn Sie sich frontal vor das Pferd stellen und dann selbst langsam rückwärts gehen. Die dem Pferd zugewandte Körperfront und der direkte Blickkontakt wirken stark bremsend auf Ihren Schüler. So bald Ihr Pferd auch nur den Ansatz macht, Ihnen zu folgen, wiederholen Sie ruhig, aber energisch das Stimmkommando für »Halt«. Außerdem kann es helfen, eine Hand zu heben.

Jetzt kann Verschiedenes passieren. Gesetzt den Fall, alles klappt wie geplant: Nach zwei,

Weiter gedacht ...

Wo es gerade um Sicherheit geht: Natürlich schlagen Sie die Steigbügel hoch, wenn Sie Ihren gesattelten Vierbeiner irgendwo parken. Ein Pferd kann mit dem Huf im herunterbaumelnden Bügel hängen bleiben, wenn es eigentlich nur nach einer Fliege unter dem Bauch schlagen wollte. Derartige Unfälle sind ebenso aberwitzig wie unnötig.

Kapitel 5: Rückwärts, seitwärts, stillgestanden

drei Schritten bleiben Sie stehen, loben mit der Stimme und gehen dann wieder gelassen auf Ihren Vierbeiner zu – in freundlicher, leicht abgewandter Körperhaltung, sonst wird ein sensibles Pferd rückwärts ausweichen – und loben kräftig.

Vielleicht versucht das Pferd auch, Ihnen zu folgen. Das hat absolut nichts mit Ungehorsam zu tun, im Gegenteil, bisher hat es ja nichts anderes gelernt. Versuchen Sie, die bremsenden Signale zu intensivieren. Wenn das nicht hilft, gehen Sie zu Ihrem Pferd und richten es zurück, bis es wieder auf seinem »Parkplatz« steht.

Eine Frechheit ist es dagegen, wenn Ihr Vierbeiner gelangweilt in der Luft herumguckt, um sich dann abzuwenden und in eine andere Richtung zu marschieren. Ihr Pferd sagt Ihnen so mit vernichtender Deutlichkeit, dass Sie sein Interesse nicht verdienen. Dieses Interesse bekommen Sie natürlich nicht, indem Sie jetzt einen Streit vom Zaun brechen. Vielmehr müssen Sie sich fragen, wo Sie in der bisherigen Erziehung Lücken gelassen haben: Eigentlich sollten Sie längst den Punkt erreicht haben, an dem Ihr Pferd Ihnen seine volle Aufmerksamkeit schenkt, erst recht, wenn außer Ihnen beiden niemand in der Nähe ist.

Wahrscheinlich ist es in diesem Falle eine gute Idee, bei Gelegenheit noch einige der bereits geschilderten Übungen zu vertiefen. Gehen Sie jedenfalls in aller Ruhe zu Ihrem Pferd – es geht nicht darum, eine Treibjagd über den Platz zu veranstalten – und bringen es wieder dorthin, wo Sie es angehalten haben. Und zwar auf dem gleichen Weg, auf dem es diesen Platz verlassen hat, nur in umgekehrter Richtung. Für das Pferd kann das bedeuten, dass es ein ganzes Stück rückwärts gehen muss. Nicht besonders angenehm, aber das kommt davon.

Ganz ärgerlich wird es, wenn Ihr Vierbeiner anfängt loszurennen, sobald Sie sich ihm wieder nähern wollen. Dann hilft nur eins: Tief durchatmen, langsam bis zehn zählen, das Pferd in aller Ruhe wieder einfangen, es zurück zum »Parkplatz« bringen und von vorne anfangen. In noch kleineren Schritten.

Denken Sie daran: Sie können Ihr Pferd zu allem möglichen zwingen, aber nicht zum Stillstehen. Sie müssen es überzeugen. Mit Ungeduld geht also gar nichts. Wappnen Sie sich mit Langmut, präzisieren Sie Ihre Körpersprache, wiederholen Sie gelegentlich das verbale Kommando für »Halt«.

Richten Sie Ihren Vierbeiner möglichst prompt einen Schritt zurück, wenn er einen nach vorne gemacht hat, einen nach links, wenn er nach rechts ausgewichen ist. Am wirkungsvollsten sind diese Korrekturen, wenn sie zwar schnell und energisch, aber ohne Ärger erfolgen. Loben Sie das Pferd sofort, wenn es wieder dort steht, wo Sie es haben wollten – es soll wissen, dass dieser Platz *gut* ist. Schließlich geht es dem zappelnden Vierbeiner nicht darum, Ihnen eins auszuwischen. Er weiß nur noch nicht so genau, was Sie eigentlich von ihm wollen.

Vergrößern Sie die Entfernung nur ganz allmählich. Dehnen Sie die Zeiträume aus, in denen Sie zehn, zwanzig Schritt weit entfernt stehenbleiben. Gehen Sie um das Pferd herum, verlassen Sie sein Gesichtsfeld, zunächst nur einen Augenblick und später dann länger. Vor allem aber: Seien Sie bei aller Geduld eisern konsequent, wenn es darum geht, das Pferd wieder punktgenau auf seinen Platz zurückzubringen.

Das ist das ganze Geheimnis.

Kapitel 6: Schreckgespenster aller Art

KAPITEL 6

Schreckgespenster aller Art

Nerventraining für Zwei- und Vierbeiner

Angst kann Leben retten

Bei Pferds daheim ist ein Übermaß an Neugier oft gesundheitsschädlich. Wer sich allzu brennend dafür interessiert, was da im Gebüsch geraschelt hat, läuft Gefahr, sich im Magen eines Säbelzahntigers wiederzufinden. Das zumindest sagen dem Pferd seine Urinstinkte, ungeachtet der Tatsache, dass es keine Säbelzahntiger mehr gibt.

Bis zum heutigen Tag neigen die Mitglieder der Familie Equus zur Hasenfüßigkeit; schließlich hat dieser Wesenszug ihnen immer wieder das Leben gerettet. Wenn Ihr Vierbeiner also vor jedem Knistern im Gras scheut, wenn er des öfteren nach dem Motto »erst rennen, dann denken« handelt, dann ist das nicht unbedingt ein Zeichen für exorbitante Dummheit, sondern in erster Linie für einen gesunden Überlebenswillen. Der kann allerdings kontraproduktiv sein, wenn das Pferd auf der Flucht vor einem Bonbonpapier den Autobahnzubringer anpeilt.

Vom Umgang mit der Angst

Eine gewisse »Nervigkeit« wünschen sich die meisten Reiter von ihren Pferden, aber zu viel davon ist ausgesprochen lästig und oft genug auch gefährlich für alle Beteiligten. Schließlich kann es auch für den Vierbeiner nicht angenehm sein, ständig unter Strom zu stehen. Ein bisschen Gelassenheit wäre mit Sicherheit angenehmer und, da es kaum noch pferdefressende Monster gibt, auch gesünder.

Sie können Ihr Pferd nicht dazu bringen, keine Angst mehr zu haben. Das schaffen Sie mit Sicherheit nicht einmal bei sich selbst. Aber Sie können sich und natürlich auch Ihr Pferd darin trainieren, mit Angst umzugehen.

Was hilft es Ihnen, wenn Ihr Pferd endlich begriffen hat, dass blaue Planen ungefährlich sind, wenn die nächste Folie weiß ist? Was haben Sie davon, wenn es sich nicht mehr vor gelben Fahrrädern erschreckt, nur um beim ersten grünen Drahtesel einen Herzinfarkt zu bekommen? Es geht also nicht darum, dass Sie Ihren vierbeinigen Schüler auf alle Eventualitäten vorbereiten. Das kann gar nicht klappen. Natürlich werden Sie Ihr Pferd mit allen möglichen vermeintlichen Ungeheuern konfrontieren. Aber der eigentliche Lerneffekt dabei ist nicht, dass Ihr Pferd sich an knatternde Motoren, flatternde Folien, tobende Kinder und kläffende Hunde gewöhnt. Diese Gewöhnung ist nur eine angenehme Begleiterscheinung des Trainings. Viel wichtiger ist die Schlussfolgerung, die das Pferd aus den Lektionen zieht: Es lernt, dass es sich auf Sie verlassen kann. Von Übung zu Übung verstärkt sich seine Gewissheit: Wenn Sie sagen, dass nichts passiert, passiert auch nichts. Auch das hat viel mit dem Thema Rangordnung zu tun. Genau das ist es, was das Schrecktraining so wichtig macht.

Wieder einmal ist es das Wichtigste, dass Sie souverän bleiben. Sie sind der Chef, der weiß, was gefährlich ist und was nicht. Also benehmen Sie sich auch so. Sie dürfen wohlwollendes Verständnis dafür haben, dass Ihr Schüler eine profane Plastiktüte zunächst für äußerst bedrohlich hält, mehr aber auch nicht. Hüten Sie sich davor, die vermeintlichen Ungeheuer mit den Augen des Pferdes zu sehen und dadurch selbst nervös zu werden, weil Sie eine hysterische Reaktion Ihres Vierbeiners fürchten. Wenn Sie mit einer Explosion rechnen, bekommen Sie sie auch. Ihr Pferd wird Ihre Unsicherheit in jedem mit zittriger Stimme gesäuselten »ruhig, ruhig!« spüren und zu dem Schluss kommen, dass Sie in größter Sorge sind. Und zwar bestimmt, weil gleich etwas Fürchterliches passiert. Und da soll es nicht weglaufen?

Machen Sie sich also in aller Deutlichkeit bewusst, dass die Anforderungen, die Sie jetzt

Kapitel 6: Schreckgespenster aller Art

an Ihr Pferd stellen, im Prinzip lächerlich sind. Es wird ihm nicht weh tun, und die körperliche Anstrengung ist ohnehin ein Witz. Das ist Ihrem Vierbeiner nur noch nicht klar. Helfen Sie ihm also, es zu verstehen. Das kann er am besten in einer Atmosphäre, die von souveräner Gelassenheit und freundlicher Konsequenz geprägt ist. Wenn Sie mit innerer Ruhe an die Sache herangehen, wird sich diese Ruhe sehr schnell auch auf das Pferd übertragen.

Gewalt ist »out«!

Völlig ungeeignet ist natürlich die noch vereinzelt praktizierte brachiale Methode, das Pferd mit entsprechend stabilem Material irgendwo anzubinden und es so lange mit erschreckenden Dingen zu traktieren, bis es nicht mehr darauf reagiert: Erstens ist die Verletzungsgefahr viel zu groß, und zweitens gibt der Vierbeiner nicht unbedingt deshalb auf, weil er etwas gelernt hat, sondern schlicht aus Erschöpfung und Verzweiflung.

Schrecktraining im Round Pen

Sie brauchen natürlich nicht unbedingt einen Round Pen, um die Nerven Ihres Pferdes zu stählen. Wenn Sie aber einen zur Verfügung haben, nutzen Sie ihn ruhig. Vor allem dann, wenn Sie schon das Basistraining aus Kapitel 3 dort absolviert haben. Außerdem ist der Round Pen auch für die ersten Nerventrainings-Übungen am Führstrick geeignet, weil Sie nie ganz ausschließen können, dass sich das Pferd losreißt. Und wenn das passiert, kommt es im Round Pen einfach nicht weit.

Das Schrecktraining im Round Pen hat den Vorteil, dass Ihr Vierbeiner sein erstes Entsetzen über einen vermeintlich Grauen erregenden Gegenstand oder eine möglicherweise gefährliche Situation durch Flucht abreagieren kann, jedoch ziemlich schnell merkt, dass ihm das nichts bringt. Das Pferd hat also eine Möglichkeit, die es am Halfter nicht nutzen kann: Es kann die Flucht *ausprobieren* und diese Reaktion selbst als ungeeignet verwerfen. Am Halfter dagegen muss es Ihnen wohl oder übel *glauben*, dass Wegrennen unangebracht ist. Und glauben heißt bekanntlich nicht wissen.

Gehen Sie also mit Ihrem Vierbeiner zunächst in den gut eingezäunten Zirkel, wenn Sie einen solchen zur Verfügung haben. Dort haben Sie am besten bereits, geschickt getarnt in einem Korb, Furcht erregende Dinge deponiert. Ist der Round Pen sicher verschlossen, können Sie auspacken. Ein guter Anfang wäre zum Beispiel der knisternde rosa Regenponcho. Rascheln und wedeln Sie damit, versuchen Sie, sich Ihrem Pferd zu nähern, es damit zu berühren.

Was jetzt passiert, unterscheidet sich im Prinzip kaum von der klassischen Round Pen-Arbeit aus Kapitel 3: Sie stellen das Pferd vor die Wahl, stehen zu bleiben und Ihnen Aufmerksamkeit zu schenken, oder aber wegzurennen, ohne wirklich entkommen zu können. Wenn Ihr Pferd das Basistraining bereits absolviert hat, ist dieses Thema wahrscheinlich schnell erledigt: Es weiß längst, dass der sicherste und ruhigste Platz bei Ihnen ist, selbst wenn Sie es mit raschelnder Folie berühren oder neben ihm Blechdeckel aneinander schlagen.

Wenn das Pferd all das mit einem Achselzucken abtut, können Sie zum Beispiel ein Stück Plane an den Longiergurt binden und den Vierbeiner mit der Tatsache konfrontieren, dass sich seltsame Fremdkörper durchaus auch auf seinem Rücken befinden können. Früher oder später wird dies ohnehin der Fall sein, etwa, wenn Sie im Sattel den Regenmantel anziehen wollen. Dann ist es ziemlich angenehm, wenn das Pferd nicht erschrocken losrennt.

Außerdem macht Ihr Pferd die Erfahrung, dass die einzige Möglichkeit, sich von an ihm haftenden »Ungeheuern« zu befreien, bei Ihnen liegt, und dass Sie außerdem Recht haben, wenn Sie darauf hinweisen, dass doch gar nichts passiert ist.

Kapitel 6: Schreckgespenster aller Art

Die Plane: Das Ungeheuer am Boden

Ein Round Pen ist eine feine Sache für das Nerventraining, aber es geht auch ohne. Die Arbeit mit Halfter und Fürstrick oder -kette hat beim Schrecktraining den Vorteil, dass Sie nah am Pferd sind und – entsprechende Vorbereitung vorausgesetzt – sehr fein und präzise auf Ihren Vierbeiner einwirken können.

Verzichten Sie auf keinen Fall darauf, denn dadurch festigt sich auch das Vertrauen des Pferdes in Ihre Anweisungen: Ihr Schüler merkt, dass sich Schwierigkeiten am besten meistern lassen, wenn er dabei Ihren Kommandos folgt und auf Ihre Signale reagiert.

Manchmal reichen schon ein paar Schattenspiele auf dem Weg, und der Vierbeiner zieht die Notbremse.

Das ist, zugegeben, ein bisschen albern. Vielleicht können Sie mehr Verständnis für diesen Tick aufbringen, wenn Sie sich die biologische Erklärung ins Gedächtnis rufen: Für die wildlebenden Vorfahren Ihres Vierbeiners waren kleinste Veränderungen am Boden, etwa ein umgetretener Ast, Anzeichen für die Anwesenheit anderer Tiere – möglicherweise gefährlicher Fleischfresser.

Warum Ihr Pferd auch immer »bodenscheu« reagiert, Sie müssen sich wohl oder übel mit dieser Marotte befassen. Ein gutes Übungs-Hindernis ist eine auf dem Reitplatz liegende Plane. Ihrer Fantasie sind dabei keine Grenzen gesetzt. Es kann eine Silofolie sein, ein paar aneinander geklebte Müllsäcke, ein ehemaliger Zeltboden oder ein ausgedientes Planschbecken... Hauptsache, das Ding sieht anders aus als der Untergrund, den das Pferd gewöhnt ist, und es raschelt.

■ **Schrecksekunde: Die Plane, zu allem Überfluss auch noch mit bunten Monstern bestückt, ist für das Pferd zunächst Furcht erregend.**

Für den Anfang ist es besser, eine schwere Plane zu verwenden, die sich nicht beim ersten kleinen Windstoß in ein angriffslustiges Gespenst verwandelt. Zwar sollte Ihr Pferd auch das irgendwann gelassen hinnehmen, aber Sie müssen ja nicht gleich mit dem Schwierigsten anfangen.

Legen Sie das vermeintliche Monster also auf den Boden, am besten an den Zaun, um zu einer Seite eine Begrenzung zu haben. Beschweren Sie die Ränder mit Stangen oder Steinen und knöpfen sich das Ungeheuer vor.

Am einfachsten geht das, wenn Sie Ihrem Pferd zunächst nicht den Eindruck vermitteln, die Plane sei irgendwie wichtig. Arbeiten Sie wie immer, ohne sich um die Tatsache zu kümmern, dass hier irgendwo eine Plane auf dem Boden liegt.

Wenn Ihr Pferd argwöhnisch zu dem seltsam flachen »Monster« hinüberschielt, nehmen Sie das am besten gar nicht weiter zur Kenntnis, sondern fordern Sie die Aufmerksamkeit Ihres Vierbeiners für andere Aufgaben. Wenn sich das Pferd dauernd ablenken lässt, ist das, was Sie ihm gerade bieten, wohl einfach nicht interessant genug.

Nähern Sie sich der Plane ganz beiläufig, ohne dem Pferd den Eindruck zu vermitteln, sie sei irgendwie wichtiger als der Rest des Platzes. Umrunden Sie das Bodenhindernis in großem Bogen, halten Sie in der Nähe an... Erst, wenn Ihr Vierbeiner so gelassen mitarbeitet wie immer, führen Sie ihn zur Plane hin.

Weil es bei der Konfrontation mit unbekannten Dingen ziemlich wahrscheinlich ist, dass das Pferd versucht, rückwärts auszuweichen, sollten Sie darauf gefasst sein, schnell in die »Dingo«-Position zu wechseln. In der haben Sie die beste Kontrolle über die Hinterhand und damit die besten Voraussetzungen, die Rückwärts-Bewegung in ein Vorwärtstreten zu verwandeln. Wenn Sie das vorher oft genug geübt haben, wird Ihr Schüler der Aufforderung quasi reflexartig folgen.

Abgebrüht und uninteressiert ist nicht das Gleiche

Wenn Sie ein besonders unerschütterliches Exemplar der Gattung Pferd besitzen, marschiert es einfach über die knisternde Folie hinweg und mustert Sie anschließend lediglich mit dem berühmten »Und-das-war-alles?«-Blick. In diesem Fall können Sie sich glücklich schätzen; allerdings sollten Sie sicherstellen, dass sich Ihr Pferd trotzdem in irgendeiner Form für das Ding auf dem Boden interessiert. In den Trailprüfungen der Westernreiter wird nicht nur verlangt, dass der Vierbeiner gelassen und ohne Zögern über die Plane geht, sondern auch, dass er dabei den Kopf tief senkt und den ungewöhnlichen Untergrund mit sichtbarer Aufmerksamkeit betrachtet. Mit gutem Grund: Ein Vierbeiner, der überall durchmarschiert, ohne die Bodenverhältnisse auch nur eines Blickes zu würdigen, ist keine wahre Freude. Gelegentlich sollte das Pferd schon darauf achten, wo es seine Hufe hinsetzt.

■ **Nase tief:** Bess motiviert die Connemara-Stute Coleen, den Kopf zu senken und sich die Plane anzusehen.

Mitdenken fördern

Es geht nicht darum, dem Pferd die Angst vor dieser Plane oder vor Planen im Allgemeinen zu nehmen. Es geht darum, ihm ganz generell bei der Bewältigung seiner Furcht zu helfen, und das funktioniert nur, wenn der Vierbeiner anfängt zu denken. Lassen Sie Ihrem Pferd also alle Zeit der Welt, nicht nur bei der Plane, sondern bei allen Schreck-Hindernissen. Wenn es nur die eine blaue Plane auf dem Reitplatz akzeptiert und die weißen im Gelände weiterhin fürchterlich findet, ist das ein Indiz dafür, dass seine Ausbildung zu schnell und gedankenlos oder mit autoritärem Zwang durchgeführt und der Verstand des Vierbeiners nicht aktiviert wurde. Was Sie am Anfang der Übung an Zeit investieren, bekommen Sie später hundertfach zurück. Gehen Sie daher in kleinen Schritten vor. Führen Sie Ihren Schüler nicht einfach über die Plane, auch dann nicht, wenn er sie willig betritt, sondern halten Sie vor oder spätestens auf dem Bodenhindernis an und fordern Sie das Pferd mit dem vertrauten Signal auf, seinen Kopf zu senken. Zeigt sich der Vierbeiner der Folie gegenüber nervös, stoppen Sie ihn auf jeden Fall schon davor – bevor er von sich aus stehen bleibt. Geben Sie Ihrem Pferd reichlich Gelegenheit, sich mit dem Hindernis auseinander zu setzen: Es darf und soll es betrachten, beschnuppern, mit den Hufen untersuchen. So beginnt es, seinen Verstand zu gebrauchen und zu lernen: »So fühlt sich Plastik an, so knistert es, so kann man darauf stehen«.

Kapitel 6: Schreckgespenster aller Art

■ Hohle Gasse: Machen Sie's Ihrem Pferd zunächst so einfach wie möglich. Zwischen den »Ungeheuern« hat Camargue-Berber-Mix Atreju noch genug Platz.

Streicheln Sie das Pferd in langen, ruhigen Strichen mit Hand oder Gerte, während es sich diese neue Herausforderung vielleicht noch etwas verschreckt ansieht. Halten Sie sanften Kontakt an der Führleine. Das Pferd soll sich nicht allein gelassen fühlen. Verzichten Sie jedoch darauf, pausenlos beruhigend auf es einzureden oder der Plane selbst zu viel Beachtung zu schenken: *Sie* kennen die Folie schließlich und wissen, dass sie nicht der Rede wert ist. Lassen Sie auch Ihren Vierbeiner spüren, dass Sie nicht den geringsten Grund zur Aufregung sehen und sich lediglich ein bisschen über seine Nervosität wundern.

Zeigt das Pferd sehr viel Angst, können Sie die Aufgabe in noch kleinere Schritte zerlegen, indem Sie zunächst eine trichterförmig enger werdende Gasse aus zwei Planen auf den Boden legen. Drapieren Sie die Folien im rechten Winkel zueinander und lassen Sie zwischen den Ecken einen Durchgang von einem Meter Breite frei.

Führen Sie Ihren Schüler so weit in den Trichter hinein oder daran heran, wie er es halbwegs gelassen erträgt. Dann halten Sie das Pferd an, fordern es zum Kopfsenken auf, streichen es mit der Gerte ab, um ihm seinen Körper bewusst zu machen und es zu beruhigen und führen den Vierbeiner dann zwischen den Planen hindurch.

Zunächst wird Ihr vierbeiniger Hasenfuß wahrscheinlich nach dem Motto »Wenn ich schon da durch muss, dann schnell« in voller Fahrt durch die Gasse schießen. Seien Sie darauf gefasst, mitzurennen, ohne Ihren Vierbeiner zu behindern: Das Pferd zu bremsen, ist in dieser Situation erstens schwierig und zweitens kontraproduktiv. Schließlich tut es ja, was Sie von ihm verlangt haben – soll es zur Strafe dafür, dass es sich überwunden hat, durch die

Leckeres gegen die Angst

Selbst wenn Sie die Belohnung mit Futter normalerweise generell ablehnen, könnten jetzt gut ein paar Leckereien zum Einsatz kommen. Die brauchen Sie nicht aus der Hand zu füttern. Schon auf dem Weg zur Plane oder zu einem anderen entsetzlichen Hindernis können Sie die schwierigen letzten Schritte mit einem Happen aus der Haferschüssel belohnen (natürlich gibt's immer nur einen Bissen, nicht den gesamten Inhalt). Streuen Sie außerdem ein bisschen Hafer, Gerste oder Pferdemüsli direkt auf die Folie. Pellets, Leckerli oder Möhren sind in dieser Situation weniger geeignet. Wenn das ohnehin schon aufgeregte Pferd diese Leckerbissen zu hastig in sich hineinschlingt, kann es leicht eine Schlundverstopfung bekommen.

Kauen hilft dem Pferd, zu atmen und sich zu entspannen. Der Grund dafür ist einfach: Wie bei allen Säugetieren ist das Nervensystem des Pferdes in die Teilsysteme Sympathikus und Para-

sympathikus untergliedert. Sie können nicht gleichzeitig aktiv sein. Der Sympathikus ist zuständig für Flucht, Aggression etc., der Parasympathikus für Fressen, Verdauung, Entspannung, Schlaf. Kaut das Pferd, lassen also ganz automatisch Anspannung und Angst nach.

Das auf der Plane ausgestreute Futter bewirkt noch mehr: Das Pferd wird viel bereitwilliger den Kopf senken; es befasst sich mit dem unvertrauten Untergrund, indem es ihn mit den Lippen betastet. Es hat außerdem einen guten Grund, sich eine Weile auf der Folie aufzuhalten und nicht nur daran zu denken, diesen grässlichen Ort so schnell wie möglich wieder zu verlassen.

Natürlich gibt es eine solche Belohnung nur bei den ersten Übungen. Hat das Pferd seine Angst vor der Plane verloren, muss es auch nichts mehr zu fressen bekommen, wenn es sie überquert; so gigantisch ist diese Leistung nun auch wieder nicht.

Gasse zu gehen, einen Ruck aufs Nasenbein bekommen? In sicherer Entfernung wird der Vierbeiner von selbst das Tempo drosseln. Dann können Sie ihn ohne Stress anhalten und überschwänglich loben. Beim nächsten Mal wird das Pferd schon etwas langsamer durch die Gasse gehen und beim übernächsten Mal noch gelassener sein. Wenn es die Geschichte schließlich überhaupt nicht mehr beunruhigend findet, ist es an der Zeit, die Gasse etwas enger zu legen.

Ändern Sie die Situation ganz allmählich: Irgendwann berühren sich die Ecken der beiden Planen, und das Pferd muss schon einen etwas größeren Schritt machen, um keinen Fuß auf das Raschelzeug setzen zu müssen. Schließlich überlappen sich die Folien so weit, dass der Vierbeiner zwangsläufig drauftreten muss – aber das findet er jetzt wahrscheinlich auch nicht mehr dramatisch.

Das raschelnde Geräusch der Folie erschreckt viele Vierbeiner noch mehr als das eigenartige Aussehen dieses Dings. Es kann deshalb helfen, wenn Sie vor Ihrem Pferd auf die Plane treten und ihm so beweisen, dass dieser seltsame Untergrund nicht gefährlich ist, obwohl er sich komisch anhört. Dieses Unterfangen birgt allerdings gewisse Risiken. Erstens kann es passieren, dass Ihr Pferd entsetzt zurückspringt, sobald es unter Ihren Füßen raschelt. Schon sind Sie in der berühmt-berüchtigten Tauzieh-Position, in der Sie überhaupt nichts mehr ausrichten können. Das könnte ein Helfer verhindern, der sofort von hinten nachtreibt, wenn der Vierbeiner rückwärts drängelt.

Wenn dieser Mensch seine Hilfe aber nicht passend dosiert, sondern zu viel des Guten tut, macht Ihr Vierbeiner womöglich einen beherzten Satz nach vorn, vermutlich dorthin, wo Sie stehen. Das sollte zwar kein Pferd wagen, das weiß, dass Sie der Chef sind, aber im Moment steht der Vierbeiner unter extremem Stress, und Sie müssen's ja nicht darauf ankommen lassen.

Betreten Sie die Plane also am besten nicht *vor*, sondern *neben* dem Pferd: Der Vierbeiner darf zunächst noch durch den Sand schlurfen, nur Sie überqueren die Folie. Vermutlich wird das Pferd bei den ersten derartigen Versuchen ein ungeahntes Talent für Seitengänge unter Beweis stellen, um wenigstens sein Hinterteil möglichst weit von dem Ungeheuer entfernt zu halten. Ignorieren Sie das einfach; ziemlich bald wird es dem Vierbeiner zu dumm, und er tappt friedlich neben Ihnen her, ohne sich an dem Geräusch zu stören. Und über kurz oder lang wird er sich auch auf die Plane wagen, um festzustellen, dass man dort nicht gefressen wird, sondern zu fressen bekommt.

Brücke und Wippe

Sie ahnen es schon: Die Plane war erst der Anfang. In seinem Arbeitsleben als Reitpferd wird sich Ihr Vierbeiner immer wieder mit ungewöhnlichem Untergrund befassen müssen. Er sollte also so früh wie möglich erfahren, dass ihm vom Boden her keine Gefahr droht. Um wirklich umfassend trainieren zu können, müssen Sie sich einiges an Material besorgen. Nicht ganz billig und relativ aufwendig, aber lohnenswert ist der Bau einer Wippe. Sie lässt sich ohne untergelegte Achse auch als Brücke verwenden und ist Gold wert, wenn es darum geht, das Pferd mit hohl klingenden und wackeligem Untergrund vertraut zu machen. Spätestens beim ersten Verladen wird es damit ohnehin konfrontiert (siehe Kapitel 8).

Zunächst bauen Sie die Wippe natürlich ohne Achse auf, also als Brücke. Es gibt verschiedene Möglichkeiten, Ihr Pferd über den am Boden liegenden Holzsteg zu führen: quer drüber, längs drüber, seitwärts nur mit den Vorderbeinen, seitwärts nur mit den Hinterbeinen, rückwärts ... Wenn der Vierbeiner zunächst zögert, gehen Sie vor wie bei der Plane. Etwas auf die Brücke gestreutes Futter ist natürlich erlaubt. Außerdem wählen Sie zunächst den kürzesten Weg über den Steg, nämlich quer drüber. Hier kann das Pferd zur Not auch

> ### KLEINE MATERIALKUNDE
> #### Wippe und Brücke
>
> Vier Meter lang und einen Meter breit sollte der Steg schon sein, außerdem natürlich absolut stabil. Sie brauchen also zweieinhalb bis drei Zentimeter dicke Holzbohlen, die Sie solide miteinander verschrauben müssen. Dann bricht auch ein Ardenner Kaltblut nicht durch. Der Nachteil: Allein können Sie das Ding wahrscheinlich keinen Zentimeter weit von der Stelle bewegen. Bei Nässe sollten Sie die hölzerne Wippe oder Brücke natürlich nicht verwenden, weil die Bohlen glitschig werden.

springen – seien Sie darauf gefasst, damit Sie schnell genug mitkommen. Einen verfressenen Vierbeiner können Sie mit Futter ausbremsen, damit er das nächste Mal langsamer vorgeht, oder Sie nehmen den Vorderhuf und stellen ihn aufs Holz, damit das Pferd versteht, dass es drauftreten und nicht drüberspringen soll. Notfalls lassen Sie Ihr Pferd eben ein paarmal hopsen, bis es merkt, dass es nur seine Energie vergeudet.

Weigert sich das Pferd zunächst kategorisch, das Brett zu betreten, hilft wieder nur Geduld: Stellen Sie den Vierbeiner davor, korrigieren Sie jeden Schritt zurück oder zur Seite sofort und konsequent, fordern Sie das Pferd immer wieder auf, vorwärts zu gehen, und suggerieren Sie ihm dabei, dass Sie endlos viel Zeit haben und durchaus bereit sind, es bis Mitternacht vor dem Steg schmoren zu lassen, wenn es sich nicht überwindet, einen Huf darauf zu setzen.

Wenn das Pferd in aller Ruhe quer über den Steg marschiert, können Sie den längeren Weg in Angriff nehmen. Führen Sie das Tier wieder langsam auf die Brücke zu, halten Sie es davor an, lassen es den Kopf senken und fordern Sie es dann auf, mit den Vorderbeinen auf die Planken zu treten. Dann geht's drüber, zunächst so zügig, dass der Vierbeiner gar keine Gelegenheit hat, seitlich herunterzuspringen. Gerade für sehr ängstliche Pferde ist es hilfreich, Erschreckendes zunächst so schnell wie möglich hinter sich zu bringen. Seien Sie also darauf gefasst und konzentrieren Sie sich darauf, das Pferd anschließend schnell zu bremsen.

Am Tempo können Sie arbeiten, wenn das Pferd das Grundprinzip verstanden hat. Üben Sie mit Ihrem Schüler, Schritt für Schritt über die Brücke zu gehen, immer wieder anzuhalten, zwischendurch ein, zwei Schritte rückwärts zu gehen. Es geht jetzt nicht mehr darum, dass das Pferd die Übung möglichst schnell hinter sich bringt, sondern darum, dass es lernt: Das Gepolter hat nichts zu bedeuten. Die Brücke können Sie ein bisschen schwieriger gestalten, indem Sie alte Autoreifen unter die Holzplanken legen. Erstens muss das Pferd dann eine kleine Stufe hochgehen, um auf den Steg zu gelangen, zweitens schwingt der Boden unter den Hufen des Tieres ein wenig nach. Auch das simuliert die Situation im Pferdehänger.

Ist der Vierbeiner so weit, dass er die Brücke keines zweiten Blickes mehr würdigt, ist die Wippe dran. Die erste Hälfte ist meistens kein Problem. das böse Erwachen kommt, wenn die Konstruktion kippt. Die meisten Pferde verlassen die Wippe daraufhin fluchtartig, wenn Sie Glück haben, nach vorne, wenn Sie Pech haben, zur Seite.

Trotzdem haben Sie einen Vorteil: Das Pferd rechnet beim ersten Mal nicht damit, dass die Wippe kippen wird, Sie dagegen wissen es. Bereiten Sie sich also entsprechend vor. Zunächst reicht eine »kleine« Wippe, das Brett wird also nur auf einen Zaunpfahl und nicht gleich auf einen Baumstamm gelegt. Seien Sie trotzdem darauf gefasst, dass der Vierbeiner

■ **Wegweiser: So eingerahmt, weiß Coleen genau, wo's langgeht.**

losschießt, wenn der Boden unter seinen Hufen nach vorne abkippt. Macht nichts – laufen Sie einfach mit. Auch hier gilt wieder: Am Tempo können Sie später arbeiten. Zunächst geht es nur darum, dass das Pferd *überhaupt* über den Steg geht.

Damit das Pferd nicht seitlich von der Planke springt, engagieren Sie am besten einen Helfer, so dass Sie den Vierbeiner von zwei Seiten führen können. Am besten führt ein Mensch in der Standard-Position, um das Pferd gut verlangsamen zu können, und einer in der »Dingo«- oder »Delfin«-Position, um die Hinterhand unter Kontrolle zu halten. Wenn Sie niemanden haben, der mitmacht, bauen Sie die Wippe am Zaun auf. Dann haben Sie bereits eine Begrenzung zu einer Seite, das ist besser als gar nichts.

An die Feinheiten geht es, wenn die Übung im Groben klappt. Nun führen Sie das Pferd Schritt für Schritt Richtung Wippen-Mitte. Kurz vor der Achse lassen Sie es einen Augenblick stehen, dann soll es einen kleinen Schritt nach vorne machen, schon wieder mit bremsender Tendenz: die Wippe kippt. Hoffentlich steht Ihr Pferd noch drauf. Tut es das, loben Sie es und lassen es einen Moment stehen, damit es das seltsame Ereignis unter seinen Hufen verarbeiten kann. Dann geht's in aller Ruhe weiter.

Wenn Ihr Vierbeiner die Plane und die Wippe für lustige Spielzeuge oder zumindest für harmlose Hindernisse hält, kann ihn wahrscheinlich nicht mehr viel erschüttern, was vom Boden kommt.

Sie können die Themen natürlich beliebig ausbauen und kombinieren: Plane unter der Brücke, Brücke über einer Pfütze, Plane in der Pfütze, Pfütze auf der Plane. Aufblasbare Gummitiere und ähnliche Monster auf dem Boden eigenen sich hervorragend, um die Geisterbahn für Pferdekinder komplett zu machen, damit Ihr Youngster schließlich weder Tod noch Teufel fürchtet.

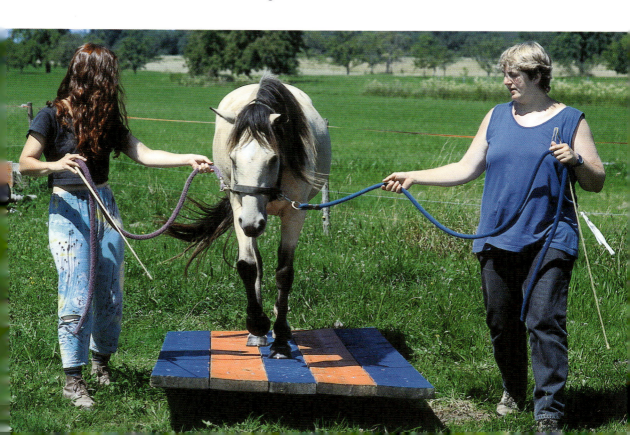

Bodenarbeit – Pferdetraining an der Hand

■ Mutprobe: Mit Planen auf dem Rücken über die Brücke, unter der Plastikgespenster und Gummimonster lauern – Atrèju kann nichts mehr erschüttern.

Kapitel 6: Schreckgespenster aller Art

Spielplatz für Vierbeiner

Ziemlich bald wird das Pferd verstehen, dass ihm außer dem bisschen Kippen nichts weiter passiert. Damit hat es gelernt, worauf es bei der Wippe ankommt. Wenn Sie sich aber schon die Mühe gemacht haben, das Ding zu bauen, können Sie auch noch mehr damit anstellen. Zum Beispiel, indem Sie dem Pferd zeigen, wie es selbst wippen kann: über der Achse ein kleiner Schritt nach vorne, ein kleiner Schritt zurück... Manchen Pferden macht diese Übung richtig Spaß; wenn man solchen vierbeinigen Spielkindern eine Wippe auf die Koppel stellt, befassen sie sich stundenlang damit und lernen auch schnell, durch bloße Verlagerung ihres Körpergewichts zu wippen.

Ist die Wippe lang genug und ausreichend stabil, können Sie sich mit einem anderen Bodenarbeits-Fan zusammentun, auf jedes Ende ein Pferd stellen und die beiden miteinander wippen lassen. Auch das ist für manche Pferde ein Riesenspaß. Falls Ihrem Vierbeiner dieser Sinn für Humor abgeht, bleibt es zumindest eine interessante Körpererfahrung: Wann sonst erlebt ein Pferd schon mal, dass sich der Boden unter seinen Hufen sanft hebt?

Vorsicht, Fußfalle!

Kaum etwas ist für ein Fluchttier entsetzlicher, als irgendwo fixiert zu sein. Beim Anbindetraining hat Ihr Vierbeiner gelernt, mit diesem Problem umzugehen, aber wenn er sich am Halfter anbinden lässt, bedeutet das noch lange nicht, dass er auch die Nerven behält, wenn er mit dem Fuß irgendwo hängenbleibt. Immer wieder verletzten sich Pferde schwer oder tödlich, weil sie panisch versuchen, sich aus einem Strick, einer Kordel, einem Draht zu befreien – koste es, was es wolle! Es ist also kein Fehler, den Vierbeiner auch auf diese Situation vorzubereiten und ihm zu zeigen, wie er damit umgehen kann.

Gut geeignet für die ersten Übungen ist ein weiches, zwei bis drei Meter langes Seil. Stellen Sie sich vor Ihr Pferd, halten Sie beide Enden des Seils in der Hand und legen Sie die Schlaufe in die Fesselbeuge des Vorderbeins. Jetzt können Sie langsam nach vorn ziehen, so dass das Pferd den Huf heben muss, um dem Druck nachzugeben. Wenn es das gelassen und vertrauensvoll tut, ist ein großes Lob und natürlich ein promptes Nachlassen des Drucks fällig.

Reagiert der Vierbeiner dagegen so heftig, dass er Gefahr läuft, sich zu verletzen, lassen Sie einfach ein Ende des Seils los. Die »Fessel« löst sich dann sofort, es kann also gar nichts passieren. Machen Sie ein oder zwei vertraute Übungen, um das Pferd wieder auf den Teppich zu bringen, lassen Sie es den Kopf senken und legen Sie das Seil erneut an.

Je hektischer Ihr Vierbeiner sich zunächst benimmt, desto nötiger hat er diese Übung. Lassen Sie also nicht locker und konfrontieren Sie ihn in aller Ruhe immer wieder damit. Sie können das Bein am Seil auch nach hinten oder leicht zur Seite bewegen oder so, dass Ihr Schüler einen Schritt machen muss, um den Druck wieder abzubauen. Belohnen Sie das Pferd dann sofort und lassen Sie einen Augenblick locker, damit das Pferd erkennen kann, dass sein Verhalten einen praktischen Nutzen hatte. Schieben Sie die Übung immer wieder einmal in Ihr Programm ein, und zwar mit allen vier Beinen. Wenn Ihr Pferd nichts mehr dabei findet, können Sie eine richtige Schlaufe ums Bein legen. Die rutscht nicht so leicht ab wie das schnell lösbare Provisorium. Halten Sie einen Huf eine Weile hoch, »führen« Sie Ihr Pferd an einem am Bein befestigten Seil. Alles mit dem Ziel, dass der Vierbeiner versteht: Die Sache ist weder schlimm noch schmerzhaft. Außerdem sind Sie jederzeit in der Lage, das Pferd zu befreien, und wenn Ihr Vierbeiner das weiß, wird er auch weniger Grund sehen, zu toben, wenn er sich einmal irgendwo verheddert hat. Wenn es ihm nicht selbst gelingt, den Druck abzubauen, wird er warten, bis Sie ihm helfen.

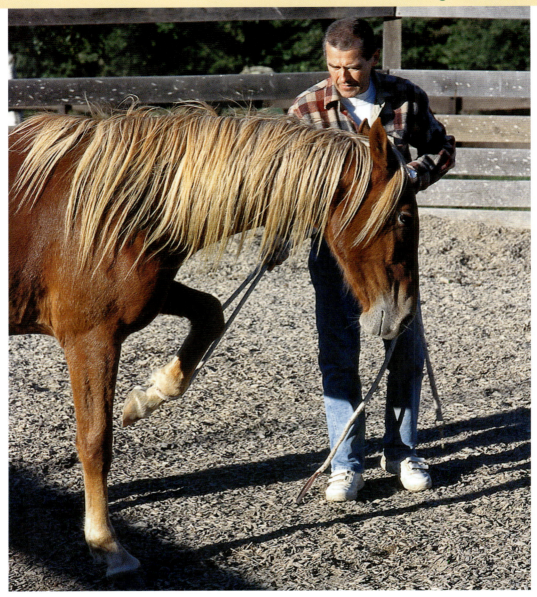

■ **Fußfalle:** Miron denkt über die Fußfessel nach und beschließt, nicht in Panik zu geraten.

Ähnliche Erfahrungen kann das Pferd mit alten Autoreifen machen. Legen Sie die ausgemusterten Pneus (natürlich ohne Felgen) dicht aneinander flach auf den Boden und fordern Ihren Vierbeiner auf, das Reifenfeld zu durchqueren. Zwar kann das Pferd mit den Hufen darin hängen bleiben, aber das ist keine Tragödie. An dem relativ weichen Gummi kann es sich kaum verletzen, und schließlich soll es lernen, in solchen Situationen Ruhe zu bewahren und nicht durch panische Flucht alles noch schlimmer zu machen. Um das Risiko auszuschalten, dass sich die Innenkante des Reifens zwischen Huf und Eisen festklemmt, sollte das Pferd bei den ersten Übungen allerdings unbedingt unbeschlagen sein.

Kapitel 6: Schreckgespenster aller Art

Ein Reifenfeld ist für viele Pferde zunächst ziemlich bedrohlich – machen Sie dem Vierbeiner die Übung also erst einmal so leicht wie möglich. Lassen Sie zunächst eine Gasse frei, durch die das Pferd laufen kann, ohne einen Huf ins Gummirund zu setzen. Dann legen Sie einen einzelnen Reifen in die Gasse, später zwei… Wenn auch das nicht geht, malen Sie zunächst einen Sägemehl-Kreis auf den Boden, legen dann einen Gymnastik-Reifen hin, später einen Fahrradreifen, bis Sie sich zum Autoreifen hochgearbeitet haben.

Lassen Sie Ihren Vierbeiner die seltsamen Gebilde auf dem Boden genau inspizieren, bevor Sie ihn durch den ersten hindurchführen. Hindern Sie ihn auch nicht daran, versuchsweise auf den Rand eines Reifens zu treten, statt in die Mitte.

■ **Reife(n)prüfung: Ein Pneu bleibt an Carinkas Huf hängen. Kein Problem für ein Pferd, das gelernt hat, in solchen Situationen die Nerven zu behalten.**

Viele Pferde setzen brav einen Vorderhuf in das Gummirund, ziehen dann aber das Bein in zu flachem Bogen zurück, so dass der Pneu am Bein hängen bleibt. Das ist kein Grund zur Panik. Lassen Sie das Pferd einfach folgende Erfahrung machen: Zappeln hilft nicht viel, aber wenn es Ihren Anweisungen folgt und sich besonnen bewegt, wird es den Reifen los. Es kann auch einfach abwarten, dann werden Sie es befreien. In beiden Fällen hat es Ihr Vierbeiner geschafft, seinen Fluchtinstinkt zu unterdrücken und mit seiner Angst vernünftig umzugehen. Was wollen Sie mehr?

Will das Pferd den Huf partout nicht in den Reifen setzen, können Sie einen Helfer hinzuziehen, der den Pferdefuß aufhebt und nach vorne in den Pneu stellt. Damit das Pferd nicht gleich wieder zurückzieht, müssen Sie es sofort geradeaus anführen – und loben, loben, loben!

Sie haben mal wieder keinen Helfer zur Hand? Dann müssen Sie die fortgeschrittene Variante probieren: Motivieren Sie Ihren Vierbeiner in der »Dingo«-Position, einen Schritt nach vorne zu tun. Hat er den Vorderhuf in der Luft, bremsen Sie durch ein deutliches Rückwärts-Zupfen an der Führkette. Jetzt stellt das Pferd (hoffentlich) den Huf im Reifen ab. Wenn nicht, wiederholen Sie die Übung einfach, bis das Pferd doch im Reifen steht, wenn auch eher zufällig.

Hat das Pferd sowohl einen als auch zwei oder drei Reifen in der Gasse gut gemeistert, wird es auch ein ganzes Feld bewältigen. Und wenn Sie es schaffen, Ihr Pferd ohne seitliche Begrenzung durch vier hintereinander liegende Reifen zu führen, ohne dass es ausschert, haben Sie Lorbeeren verdient!

Gruseliges am ganzen Körper

Vermeintliche Monster am Boden und niederträchtige Fußfallen erträgt Ihr Pferd schon ganz gut? Dann ist es an der Zeit, sich nach oben vorzuarbeiten. Schließlich können auch *auf* dem Pferd seltsame Dinge passieren. Ihr Schüler soll deshalb unvertraute Materialien und Farben und überraschende Berührungen am ganzen Körper akzeptieren lernen.

Nehmen Sie sich also eine Plastiktüte, am besten eine von der böse knisternden Sorte, lassen Sie das Pferd zunächst daran schnuppern und berühren es dann überall damit. Binden Sie Ihren Vierbeiner dabei *nicht* an! Am besten, Sie haben einen Helfer, der das Pferd festhält und ihm ab und zu einen Bissen aus der Haferschüssel genehmigt. Wenn nicht, muss es allein funktionieren; eine entsprechende Grunderziehung des Pferdes vorausgesetzt, ist das nur selten ein Problem. Dass es sich nicht einfach losreißen und davonrennen darf, sollte es inzwischen wirklich verinnerlicht haben. Rechnen Sie aber trotzdem immer mit allem.

Vielleicht fängt Ihr Pferd an zu zappeln, vielleicht beginnt es, um Sie herumzukreisen, um dem Monster auszuweichen. Ignorieren Sie solche Reaktionen einfach und machen Sie in aller Ruhe weiter: Eine Hand hält das Pferd am Halfter und zupft notfalls den Kopf zur Seite, so dass die Flucht nach vorne unmöglich wird und nur die Hinterhand ausbrechen kann, die andere hält die Tüte und berührt das Pferd damit. Reden Sie freundlich mit ihm, und sobald es auch nur einen Augenblick still steht, loben Sie es ausgiebig und bieten ihm einen Leckerbissen an: Kauen beruhigt die Nerven.

Um Hinterhand und Beine zu berühren, können Sie die Tüte am Ende der Gerte befestigen. Das ist bei den ersten Versuchen ohnehin am sichersten: Wenn das Pferd beschließt, nach dem vermeintlichen Angreifer zu treten, trifft es wenigstens nicht Sie. Umso leichter wird es Ihnen fallen, entsprechende Abwehrreaktionen einfach zu übergehen. Das Pferd dafür zu bestrafen, würde überhaupt nichts bringen; allenfalls würde Ihr Vierbeiner sich in seinem Misstrauen gegenüber dem knisternden Scheusal bestätigt fühlen. Viel überzeugender ist es, wenn Sie souveräne Gelassenheit vermitteln und dem Pferd gleichzeitig zeigen, dass es durch seine Gegenwehr das vermutliche Ungeheuer nicht loswird – was auch überhaupt nicht nötig ist, weil das Ding ihm ja nichts Schreckliches antut.

Ziemlich schnell wird der Vierbeiner begreifen, dass Zappeln ihm nichts bringt und dass Sie von ihm wollen, dass er stehen bleibt. Das Unterrichtsziel ist erreicht, wenn sich Ihr Pferd, ohne sich zu rühren und ohne sich erkennbar aufzuregen oder zu verspannen, überall mit fremdartigen Dingen berühren lässt. Jetzt ist der Zeitpunkt für die nächste Anforderung gekommen: den Flattervorhang.

KLEINE MATERIALKUNDE
Der Flattervorhang

Diese »Gardine des Schreckens« besteht aus Müllsack-Streifen, Baustellen-Absperrbändern oder einem ausrangierten Fliegenvorhang. Befestigen können Sie das Ding zwischen zwei mit Dachlatten höher gebauten Sprungständern, in der Scheunentür, zwischen zwei Bäumen oder wo auch immer. Hauptsache, der Vorhang hängt hoch genug, dass Ihr Pferd ihn nicht mit dem Kopf abreißen kann, ist schön bunt, raschelt ein bisschen und flattert im Wind. Da soll Ihr Pferd durch? Genau.

Ihr Vierbeiner muss etwas tun, was ihm zunächst nicht leicht fallen dürfte, nämlich gegen eine optische Begrenzung laufen. Das ist schon der erste Lernerfolg: Wenn Sie sagen, dass man da durchgehen kann, dann geht das offenbar auch, selbst wenn's eigentlich nicht so aussieht. Am besten gehen Sie vor wie bei der Plane. Tun Sie zunächst so, als sei das neue Hindernis überhaupt nicht vorhanden. Beschäftigen Sie sich und Ihr Pferd mit anderen, vertrauten Aufgaben und nähern sich dabei eher beiläufig dem Flattervorhang. Die ersten Versuche fallen dem Pferd am leichtesten, wenn der Vorhang »offen« ist, wenn also jemand die Plastikstreifen zur Seite hält, damit das Pferd nicht gegen eine »Wand« laufen muss.

Das weitere Vorgehen unterscheidet sich nicht wesentlich von dem an den anderen Hindernissen: Auch hier ist ein Helfer zunächst viel wert, um den Vierbeiner von beiden Seiten führen zu können, und auch hier tun Sie sich leichter, wenn Sie das Hindernis zunächst am Zaun aufbauen. Ansonsten gilt wieder: Lassen Sie das Pferd sich die Sache in Ruhe ansehen, erlauben Sie ihm, stehen zu bleiben, aber keinesfalls, rückwärts zu drängen, zeigen Sie ihm, dass die Angelegenheit nicht weiter tragisch ist, indem Sie selbst durch den Vorhang gehen. Je gründlicher Ihr Pferd gelernt hat, sich von Ihnen überall hinführen zu lassen, desto bereitwilliger wird es Ihnen auch jetzt folgen.

Übrigens kann auch hier ein abgeklärter vierbeiniger Lehrer eine große Hilfe sein: Wenn ein Artgenosse den Vorhang durchquert, ohne gefressen zu werden, schöpft auch der Neuling Mut.

Wie bei der Wippe klappt die erste Hälfte oft ziemlich gut, aber dann wird's noch einmal erschreckend, nämlich wenn die Flatterbänder Rücken und Flanken berühren und das Pferd den Vorhang als Schatten *über* sich sieht, der Urängste vor dem Raubtier im Nacken weckt. Seien Sie darauf gefasst, dass Ihr Vierbeiner auf halbem Wege die Nerven verliert und plötzlich loszustürmen versucht, und reagieren Sie darauf, indem Sie einfach mitlaufen und das Pferd erst bremsen, wenn das Hindernis hinter ihm liegt. Hat das Pferd erst einmal begriffen, dass ihm auch dieses Ungetüm nichts tut, wird es mehr Gelassenheit an den Tag legen und besser auf Sie hören, ob Sie es nun unter dem Flattervorhang anhalten oder es rückwärts oder im Trab hindurchschicken.

■ **Bissfest: Coleen befasst sich intensiv mit dem Flattervorhang.**

Schocktherapie für Fortgeschrittene

Wenn der Flattervorhang Ihren Vierbeiner nicht mehr in Angst und Schrecken versetzt, sind die nächsten Manöver wahrscheinlich auch nicht besonders schwierig: Wickeln Sie das Pferd in Planen ein, legen Sie ein Seil um seinen Körper, lassen Sie Tücher und Planen gegen seine Flanken schlagen, lehren Sie es, mit klappernden Dosen gefüllte Plastiksäcke und Planen hinter sich herzuschleifen.

Führen Sie es durch eine enge Gasse, die links und rechts von Wänden aus Planen begrenzt wird, und lassen Sie es unter einer Plane durchtauchen, die etwa in Höhe seines Widerrists aufgehängt ist. Beides sind gute Vorübungen fürs Verladen: Das Pferd lernt, flatternde Begrenzungen seitlich und über sich zu akzeptieren. Konfrontieren Sie es immer wieder mit eigentümlichen und beunruhigenden Dingen jeder Art, bis es sich sicher ist, dass es in Ihrer Nähe keine Monster gibt.

Sie können Ihren gesamten Übungsplatz mit kleinen Überraschungen garnieren, etwa mit Planen, einem dudelnden Radio, flatternden Fahnen oder Luftballons – es sollte Ihren Vierbeier kalt lassen, wenn die Dinger platzen. Nichts davon sollte Ihr Pferd jetzt noch aus der Fassung bringen. Und wenn irgendwann das erste Turnier ansteht, kennt Ihr Vierbeiner den ganzen Trubel schon und kann sich ganz auf seine Aufgabe konzentrieren.

Im Straßenverkehr

Spätestens jetzt können Sie auch die Verkehrserziehung Ihres Vierbeiners in Angriff nehmen. Wenn Ihr Pferd von der Koppel aus eine Straße beobachten konnte, oder ein Feld, auf dem Traktoren unterwegs waren, haben Sie es damit wahrscheinlich nicht besonders schwer. Weichen Sie solchen Begegnungen nicht aus, sondern suchen Sie sie. Machen Sie einen Spaziergang an die nächste Straße und lassen Sie Ihr Pferd die Autos besichtigen. Bitten Sie den Bauern von nebenan, seinen Traktor ein paar Minuten mit laufendem Motor stehen zu lassen, so dass Sie das Gerät mit Ihrem Vierbeiner umrunden und vielleicht sogar einen Apfel von der Motorhaube füttern können.

Besonders beängstigend sind für Pferde Dinge, die sich ihm schnell von hinten nähern, also auch Autos. Diese Situation können Sie am besten trainieren, wenn Sie an einer Straße spazieren gehen. Am besten suchen Sie sich zunächst eine, an der ein Weg entlang führt. Dann müssen Sie nicht gleich an den Fahr-

Kapitel 6: Schreckgespenster aller Art

bahnrand, sondern können zunächst in sicherem Abstand bleiben und die Anforderungen an Ihren Vierbeiner allmählich steigern.

Einem jungen Pferd hilft auch hier ein erfahrener Artgenosse, sich im Verkehr sicher zu fühlen. Wenn Sie also jemanden kennen, der ein absolut straßensicheres Pferd sein Eigen nennt, bitten Sie ihn, mit Ihnen und Ihrem Schüler spazieren zu gehen.

Mit der Zeit können Sie die Verkehrs-Dosis erhöhen, die Ihr Pferd ertragen muss, von der Kreisstraße bis zur Autobahnbrücke. Geführt wird das Pferd dabei immer am rechten Straßenrand. So schreibt es die Straßenverkehrsordnung vor: Pferde werden behandelt wie Fahrzeuge und dürfen deshalb auch nicht auf den Fuß- oder Radweg. Am besten führen Sie von links, dann sind Sie zwischen dem Tier und den fahrenden Autos und können besser verhindern, dass das Pferd aus irgendeinem Grund auf die Straße drängelt. Autofahrer können Sie auf Abstand halten, indem Sie die Gerte waagrecht in die Fahrbahn strecken.

Nicht nur Autos, Traktoren und Laster, auch hektisch klingelnde Radfahrer, neonbunte Jogger, Fußgänger nebst mehr oder weniger gut erzogenen Hunden und Spaziergänger mit so eigentümlichen Gegenständen wie Regenschirmen oder Kinderwagen sollte Ihr Vierbeiner kennen und ertragen lernen. Vielleicht gibt's ja in der Nähe ein Naherholungsgebiet, das Sie besuchen können, damit Ihr Pferd solche Absonderlichkeiten in aller Ruhe betrachten kann. Wenn nicht, müssen Sie eben einen Familienausflug zum Stall organisieren und die liebe Verwandtschaft bitten, Ihr Pferd mit all diesen seltsamen Dingen zu konfrontieren.

Immer mit der Ruhe

Das Schrecktraining muss natürlich in kleinen Schritten und wohl dosiert geschehen. Kein Mensch kann jeden Tag über seinen Schatten springen, Ihr Pferd kann es auch nicht. Bauen Sie das Nerventraining in das tägliche Übungsprogramm ein und steigern Sie die Anforderungen nur ganz langsam. Schließlich wollen Sie dem Pferd die Angst *nehmen* und ihm keine einjagen. Ihr Schüler muss immer das Gefühl behalten, dass alles, was Sie von ihm wollen, leicht zu schaffen ist. Nur so funktioniert Lernen.

Parcours für starke Nerven

Wie belastbar ist Ihr Pferd? Nach abgeschlossenem Nerventraining können Sie das in einem Parcours testen. Entscheidend ist die aufmerksame Gelassenheit, mit der Ihr Vierbeiner die Hindernisse bewältigt. So könnte die Pferde-Geisterbahn aussehen:

- *Pferd und Mensch durchqueren nebeneinander ein Cavaletti-Viereck, das mit aufgeblasenen Luftballons gefüllt ist. Wenn ein paar davon platzen, macht das nichts – Hauptsache, der Vierbeiner bleibt cool.*
- *Das Pferd wird durch ein Reifenfeld geführt, das links und rechts von Stangen begrenzt ist.*
- *Das Pferd soll mit seinen Vorderbeinen einen Gymnastikball durch ein Stangen-L kicken.*
- *Jetzt geht's durch den Flattervorhang, und zwar in verschärfter Form: Unter der Plastikgardine liegt eine Plane.*
- *Das Pferd überquert die Wippe. Dabei tritt es sich das hohe Ende selbst herunter, wird in der Mitte direkt nach dem Kippen angehalten und einen Schritt rückwärtsgerichtet (es wippt also noch einmal), bevor es das Hindernis im Schritt vorwärts verlässt.*
- *Der Mensch nimmt einen mit Dosen gefüllten Plastiksack und schleift ihn an einer kurzen Schnur etwa zehn Meter weit hinter sich her. Das Pferd soll unbeeindruckt von dem Getöse mitkommen.*
- *Für so viel Mut gibt's eine Belohnung – die muss sich der Vierbeiner allerdings bei einem Trecker abholen, der mit laufendem Motor parkt.*

Kapitel 7: Step by Step: Die Entdeckung der Langsamkeit

KAPITEL 7

Step by Step: Die Entdeckung der Langsamkeit

Bodenarbeit und Körpergefühl

Das verlorene Körpergefühl

Die wenigsten Pferde dürfen auch nur annähernd so aufwachsen, wie es die Natur für sie vorgesehen hat. Eine wirklich artgerechte Aufzucht müsste etwa so aussehen: Das Pferd wächst in einer Herde mit Artgenossen jeden Alters heran, auf einem viele hundert Hektar großen Areal, das die verschiedensten Geländestrukturen von der Ebene bis zum Steilhang bietet. Die einzigen Tribute an die Zivilisation: Zufütterung im Winter, regelmäßige Hufpflege und Gesundheitsvorsorge durch Impfungen und Parasitenbekämpfung. Wahrscheinlich hat Ihr Pferd keine derartige Aufzucht genossen. Mit viel Glück ist es auf einer Fohlenweide groß geworden, aber auch die war wahrscheinlich viel kleiner und ebener als das eben genannte Optimum. Immerhin hatte es dort die Möglichkeit, eine robuste Gesundheit und ein einigermaßen normales Sozialverhalten zu entwickeln, jederzeit sein Bewegungsbedürfnis auszuleben und seinen heranwachsenden Körper zu trainieren.

Vielleicht hat es aber auch die meiste Zeit seines bisherigen Lebens auf einem viel zu kleinen, viel zu ordentlichen Auslauf zugebracht, oder gar in den engen vier Wänden eines Stalles. Wie hätte das Pferd unter diesen Umständen Kraft, Ausdauer und Trittsicherheit

TTEAM und Feldenkrais

Die amerikanische Pferdeexpertin Linda Tellington-Jones geht davon aus, dass – neben einer fehlenden Grunderziehung – körperliche Probleme die häufigste Ursache für Schwierigkeiten im Umgang mit Pferden sind. Und dass sich diese Schwierigkeiten beheben lassen, wenn das Pferd seinen Körper neu spürt und lernt, ihn auf andere, bewusstere Art und Weise einzusetzen.

Die Ideen des Wissenschaftlers Dr. Moshe Feldenkrais bilden die Basis für Linda Tellington-Jones' inzwischen international anerkanntes TTEAM-System. Die Feldenkrais-Lehre besagt, dass das Gehirn nur ein bestimmtes Repertoire an Bewegungsmustern abrufbar speichert und von sich aus keine neuen Muster sucht. Gleichzeitig aber kann schon die einmalige Ausführung einer anderen, nicht-gewohnheitsmäßigen Bewegung ausreichen, um diese dauerhaft im Gehirn abzuspeichern und abrufbar zu machen. Indem man den Körper also eine neue, nicht-gewohnheitsmäßige Bewegung ausführen lässt oder ihn mit einer nicht-gewohnheitsmäßigen Berührung stimuliert, wird ein neues Muster programmiert. Dadurch wiederum werden weitere Gehirnzellen aktiviert, Lernfähigkeit und Bewusstheit gesteigert.

Bei der TTEAM-Methode geschieht das zum einen durch die sogenannten Tellington-Touches – entspannende und stimulierende Berührungen des Pferdekörpers sowie Übungen, bei denen einzelne Körperteile des Pferdes auf nicht-gewohnheitsmäßige Art bewegt werden –, zum anderen durch eine Bodenarbeit, bei der Koordination und Feinabstimmung die entscheidende Rolle spielen.

Im TTEAM-System wird mit verschiedenen Bodenhindernissen gearbeitet, die dem Tier kaum körperliche Anstrengung, dafür aber ein hohes Maß an Konzentration abverlangen. Das Fluchttier Pferd begreift dabei, dass es die gestellte Aufgabe am besten langsam bewältigen kann. Das Lauftier, das sich normalerweise rein instinktiv bewegt, beginnt, darüber nachzudenken, was es tun muss. Es lernt, seinen Körper bewusst einzusetzen. Welche Fortschritte das für die Selbstwahrnehmung und die Lernfähigkeit des Tieres bedeutet, liegt auf der Hand.

Der Körper: Terra incognita?

Stellen Sie sich Ihren Körper als Landkarte vor: Da gibt es Stellen, die Sie gut kennen, und »weiße Flecken«, die Ihnen kaum vertraut sind und die Sie sich erst erschließen müssen. Warum soll es Ihrem Vierbeiner anders gehen?

lernen und üben sollen? Eine »unglückliche Kindheit« ist jedoch nicht der einzige Grund für körperliche Schwierigkeiten. Anatomische Probleme, eine frühere Verletzung, eine komplizierte Psyche kommen ebenso in Frage, und manchmal lässt sich die Ursache beim besten Willen nicht ergründen.

Die wenigsten Pferde haben ein optimales Körpergefühl. Viele Vierbeiner wissen nicht genau, wo ihr Körper anfängt und wo er aufhört. Sie bewegen sich nicht mit der Geschmeidigkeit und Eleganz, zu der sie eigentlich fähig sind, sondern steif und ungelenk; sie neigen zum Stolpern, stoßen häufig irgendwo an und verletzen sich unnötig oft. Damit nicht genug: Bei vielen »schwierigen« Pferden bringt eine gezielte Untersuchung massive Verspannungen an den Tag, die den Tieren ständig Schmerzen bereiten.

Mit Stangen, Reifen und Tonnen ...

Schritt für Schritt: Das Labyrinth

Auf den ersten Blick sieht es ganz einfach aus, aber das Labyrinth hat seine Tücken. Es besteht aus zunächst sechs drei bis vier Meter langen Stangen. Sie werden so auf den Boden gelegt, dass das Pferd sich im Slalom-Kurs hindurchwinden muss. Dabei hat es zwei Haarnadelkurven auf engem Raum zu bewältigen.

Machen Sie es Ihrem Pferd zunächst nicht allzu schwer. Die Gassen sollten etwa einen Meter breit sein. Enger legen können Sie die Stangen später, wenn Ihr Vierbeiner das Grundprinzip begriffen hat. Dann können Sie das Labyrinth auch mit zusätzlichen Stangen erweitern.

Die Hinterhand soll in der Spur bleiben, das Pferd muss sich also biegen. Manövriert es sich starr und steif wie ein Motorrad durch die Kurven, schert zwangsläufig die Hinterhand aus und tritt über die äußere Begrenzung. Was für einen Zweibeiner ein Kinderspiel ist, gerät für den Vierbeiner zur echten Herausforderung. Im Labyrinth ist Präzision gefragt, und genau deshalb lernt das Pferd dabei so viel – vorausgesetzt, Sie legen Wert auf die Feinheiten. Beobachten Sie genau, wie es die Kurven meistert, finden Sie heraus, welche Hilfen und welche Führpositionen in der jeweiligen Phase passend sind, welches Tempo am geeignetsten ist, wann und wo Stopps angebracht sind. Nur so hat die Arbeit einen Sinn. Gedankenloses Wiederholen der Übung nach dem Motto »Hauptsache, es stößt nirgends an« führt bei Ihrem Pferd allenfalls zu dem Schluss, dass es anscheinend egal ist, *wie* es die Aufgabe bewältigt.

Doch es ist überhaupt nicht egal, und das müssen Sie Ihrem Schüler auch vermitteln. Sie müssen Ihrem Pferd beistehen, wenn es sich fragt: »Wie setze ich meine Hufe in dieser engen Wendung? Wie balanciere ich mich aus? Wie kann ich die Figur, die ich da sehe, meistern?« Wenn Sie Wert auf die Details legen, wird es auch Ihr Pferd tun.

Hektische Tiere begreifen im Labyrinth vor allem eins: Auf die Schnelle geht hier überhaupt nichts, in der Ruhe liegt die Kraft. Eher träge Charaktere werden wacher; sie benötigen ihre ganze Konzentration, um die Aufgabe zu bewältigen. Der Vierbeiner muss genau hinsehen, er muss sich darüber klar werden, wo seine Hinterbeine gerade sind, und er ist dabei oft genug auf Ihre Hilfe angewiesen. Das Pferd muss sich mit der Aufgabe *befassen*, es muss

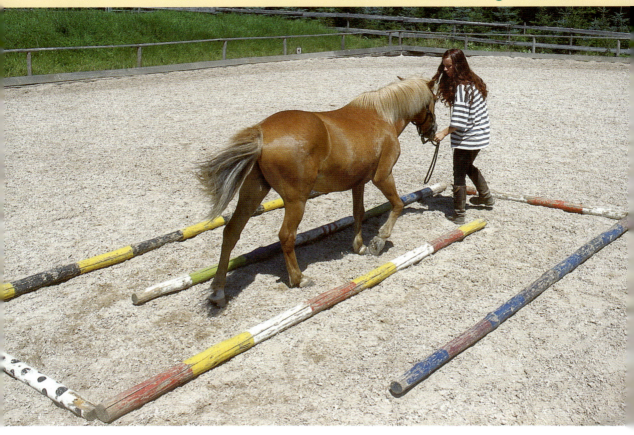

■ **Labyrinth: Kurz vor Erreichen der Spitzkehre wechselt Bess die Führposition ...**

mitdenken, und es muss auf feine Signale sensibel und besonnen reagieren. Um das Labyrinth zu bewältigen, sind kleine, exakt dosierte Bewegungen notwendig: Ein neues, nichtgewohnheitsmäßiges Muster wird ins Pferdegehirn eingespeist.

Am besten nehmen Sie das Labyrinth zunächst in der Standard-Führposition in Angriff. Natürlich können Sie jederzeit in die »Dingo«-Position wechseln oder sich vor Ihr Pferd stellen, um ihm bei so diffizilen Manövern wie ansatzweisen Vor- oder Hinterhand-Wendungen zu helfen. Aber das sollte eigentlich erst notwendig werden, wenn Sie das Labyrinth enger gelegt haben. Sie haben es leichter, wenn Sie dafür sorgen, dass Sie in der ersten Kurve an der Außenseite des Pferdes laufen. So können Sie die Hinterhand besser am Ausscheren hindern. Probieren Sie gar nicht erst, sich partout mit dem Pferd zusammen in die enge Gasse zu zwängen. Setzen Sie Ihre eigenen Füße ganz pragmatisch dahin, wo es gerade passt, so dass Ihr Vierbeiner innerhalb des Labyrinths genug Platz für seine Hufe hat.

Vor der ersten Spitzkehre halten Sie das Pferd an und fordern es auf, den Kopf zu senken und sich die Stangen-Konstellation am Boden genauer anzusehen. Streichen Sie Ihren Schüler überall mit der Gerte ab, vor allem an der Hinterhand und an den Beinen, damit er sich der Grenzen seines Körpers bewusst wird. Und weiter geht's. Je langsamer Sie die erste Kurve bewältigen, desto besser. Machen Sie selbst sehr ruhige, kleine Schritte, dann

■ ... und begrenzt in der Kurve die Hinterhand mit der Gerte.

wird das Pferd Sie nachahmen. Das dicke Ende der Gerte ragt ein Stück aus Ihrer Hand heraus nach vorne, als optische Begrenzung an der Außenseite der Biegung und als »Wegweiser« für das Tier. Das dünne Ende kann jederzeit nach hinten geführt werden, um durch ein Antippen die Hinterhand nach außen zu begrenzen und so dafür zu sorgen, dass sie in der Spur bleibt. Sie müssen also aus den Augenwinkeln beobachten, was die Hinterbeine tun.

Es ist kein Drama, wenn das Pferd auf eine Stange oder darüber tritt. Sie brauchen es nicht dafür zu tadeln, mit ziemlicher Sicherheit ist ihm der Lapsus ohnehin unangenehm. Klopfen Sie mit dem Gertenknauf auf den entsprechenden Huf, um die Aufmerksamkeit des Pferdes dorthin zu lenken, korrigieren Sie den Fehler in aller Ruhe und versuchen Sie, noch langsamer und dosierter zu arbeiten.

Manche Pferde bleiben mitten im Labyrinth einfach ratlos stehen. In diesem Fall können Sie Ihrem Schüler auf die Sprünge helfen, indem Sie das Bein antippen, das er als Nächstes bewegen muss. Auch ein schöner Lerneffekt: Ihr Pferd erkennt, dass Sie ihm im Zweifelsfall schon aus der Patsche helfen werden und dass Sie den Überblick behalten, auch wenn das Pferd ihn verloren hat. Außerdem wird das Vertrauen in die Gerte als freundliches Hilfsmittel gefestigt.

Die erste Kurve ist geschafft – Zeit für eine kurze Pause auf der Geraden, damit Ihr Pferd über die bewältigte Aufgabe nachdenken und sich auf die nächste vorbereiten kann. Die zweite Biegung wird schwieriger: Jetzt befinden Sie sich an der Innenseite des Pferdes und haben deshalb weniger Möglichkeiten, die Hinterhand am Ausbrechen zu hindern. Andererseits ist das eine gute Gelegenheit zur Selbstkontrolle, denn jetzt ist es umso wichtiger, dass Sie Ihre Signale sehr präzise geben. Jeder Fehler rächt sich prompt. Wenn Sie den Kopf des Vierbeiners einfach herumziehen, wird die Hinterhand zwangsläufig nach außen klappen. Das Gleiche passiert, wenn Sie die Gerte zu wenig wegweisend nach vorne und zu sehr in Richtung Hinterhand halten.

Versuchen Sie, möglichst wenig oder gar nicht am Führstrick zu zupfen und das Pferd allein durch Ihre Körpersprache in die Biegung zu führen. Bewegen Sie sich sehr langsam, damit auch Ihr Pferd sich *bewusst* bewegen kann und nicht einfach irgendwie um die Kurve schießt. Wenn es trotzdem nicht so richtig klappt, wechseln Sie einfach die Seite. Wenn Sie mit Führkette arbeiten, müssen Sie diese natürlich umschnallen, oder Sie wählen eine Verschnallung, die das Arbeiten von beiden Seiten ermöglicht (siehe Kapitel 2).

Wenn das Pferd begriffen hat, worauf es beim Labyrinth ankommt, können Sie das Ganze verfeinern, indem Sie vor ihm gehen, das Gesicht dem Vierbeiner zugewandt. Dadurch wirken Sie zusätzlich bremsend, was bei dieser Übung kein Fehler ist. Drängelt der Vierbeiner dennoch nach vorne, helfen ein Tippen mit der Gerte an die Brust und ein Zupfen am Führstrick, notfalls die bremsend erhobene Hand. Zum Antreiben tippen Sie mit der Gerte auf die Kruppe wie bei der »Dingo«-Position und zupfen leicht am Strick nach vorne.

Diesmal kommt es weniger auf die Biegung an als auf die differenzierte Bewegung von Vor- und Hinterhand. Sie können das Labyrinth dafür ruhig ein wenig enger legen. Dann werden Elemente einer Vor- oder Hinterhandwendung notwendig, damit das Pferd unfallfrei um die Kurve kommt. Ihr Pferd muss jetzt sehr konzentriert mitarbeiten, und Sie müssen Ihre Zeichen sehr genau dosieren: Jedes Zuviel führt zwangsläufig dazu, dass der Vierbeiner übers Ziel hinausschießt. Wenn das passiert, korrigieren Sie ihn in aller Ruhe, indem Sie ihn den überflüssigen Schritt zurück machen lassen.

Streichen Sie das Pferd immer wieder mit der Gerte ab, besonders an den Beinen, um ihm seinen Körper bewusster zu machen. Geben Sie ihm Gelegenheit, den Hals zu biegen und selbst zu sehen, wie der Stangensalat um seine Hinterbeine herum aussieht. Das Pferd soll aktiv an der Lösung der Aufgabe mitarbeiten, und das geht nur, wenn es sich dafür interessiert.

Als dritte Variante können Sie und Ihr Pferd das Labyrinth auch »zwischen zwei Händen« meistern. Arbeiten Sie zunächst in der »Dingo«-Position, also mit der Führhand nah am Pferdekopf, bevor Sie zur nächsten Schwierigkeitsstufe übergehen. Nun führen Sie auf den geraden Strecken in der »Delfin«-Position, in der Sie das Pferd ähnlich dirigieren wie an einer kurzen Longe. Jetzt muss Ihr Schüler sehr selbstständig arbeiten – Sie sind schließlich ein ganzes Stück von ihm entfernt.

Für die Haarnadelkurven im Labyrinth taugt die »Delfin«-Position nicht. Greifen Sie für die Wendungen um in eine andere TTEAM-Führposition: Führ- und Gertenhand werden gewechselt; Sie halten also, wenn Sie links vom Pferd stehen, die jetzt kürzer gefasste Führleine in der Rechten und die Gerte in der Linken. Die Spitze der Gerte weist nach vorne und zeigt dem Pferd den Weg. Nach der Kurve geht's weiter in der »Delfin«-Position.

Wenn das gut klappt, können Sie sich schon etwas darauf einbilden: Es ist der Beweis, dass Ihr Pferd selbstständig mitarbeitet, gleichzeitig sehr präzise auf Ihre Signale achtet und seinen Körper ziemlich gut beherrscht. Jetzt dürfte es eigentlich kein Problem mehr sein, die Führ-Seite zu wechseln und alles noch einmal von rechts zu machen…

Hoch das Bein:
Mikado, Grill und Stern

Interessanterweise bereitet das Überwinden von Bodenricks oder Cavaletti vielen Pferden im Schritt deutlich mehr Probleme als im Trab. Der Grund liegt auf der Hand: Der Trab ist ein Zweitakt, je ein Vorder- und Hinterbein bewegen sich gleichzeitig nach vorne. Das Hinterbein schwingt also bei passenden Abständen fast automatisch über die Stange, während das Vorderbein bereits das nächste Hindernis überwindet. Das Pferd muss den Fuß nur etwas höher heben als sonst.

Der Schritt dagegen ist ein Viertakt, die Hinterbeine bewegen sich zeitlich versetzt zu den Vorderbeinen. Während das Pferd den Vorderhuf konzentriert über eine Stange setzt, vergisst es leicht, dass sich unter seinem Bauch ja auch noch ein Hindernis befindet: Der Hinterhuf, der erst einen Augenblick später vorschwingt, schlägt an.

Das macht die langsame Arbeit mit Bodenricks in verschiedenen Konstellationen so lehrreich. Das Pferd muss mehr Aufmerksamkeit auf seine Hinterhand lenken, es muss *wissen*, was dort gerade los ist. Je größer das Stangen-Durcheinander auf dem Boden ist, je mehr die Abstände und Höhen variieren, desto höher sind die Anforderungen.

Für den Anfang sollten Sie die Aufgabe so einfach wie möglich gestalten: Legen Sie die Stangen in etwa 80 Zentimeter Abstand und führen Sie das Pferd in aller Ruhe darüber, mit dem Ziel, dass es den Kopf senkt und sich die Sache ansieht. Notfalls können Sie nachhelfen, indem Sie das bekannte Signal für »Nase tief« geben und den eigenen Körper nach vorne neigen.

Wenn Sie die Übung noch einfacher gestalten wollen, wählen Sie anfangs 160 Zentimeter Abstand. Das Pferd muss dann nur bei jedem zweiten Schritt über eine Stange steigen und hat dadurch mehr Zeit, seine Schrittlänge den Gegebenheiten anzupassen. Und Sie können besser kontrollieren, ob die Standard-Schrittlänge Ihres Pferdes tatsächlich bei 80 Zentimetern liegt. Wenn nicht, müssen Sie die Abstände eben vergrößern oder verkleinern.

Später wird's schwieriger: Nun passen Sie die Stangenabstände nicht mehr der Schrittlänge des Pferdes an, sondern verlangen, dass das Tier sich nach Ihren Vorgaben richtet. Legen Sie die Stangen in unregelmäßigen Abständen auf den Boden, so dass Ihr Schüler unterschiedlich große Schritte machen muss. Das fordert einen Vierbeiner schon ziemlich; zum Beispiel kann es nötig sein, dass ein Vorderbein einen weiten Schritt macht, während das Hinterbein nur Platz für eine kleine Bewegung hat.

> ### »Alle neune!« gilt nicht
>
> *Lassen Sie Ihr Pferd auf keinen Fall nach dem Motto »Augen zu und durch« irgendwie über die Stangen panzern. Abgesehen davon, dass der Lerneffekt gleich Null ist, könnten sowohl die Stangen als auch die Pferdebeine Ihnen dieses Manöver übel nehmen.*

Wenn Ihr Vierbeiner mit den Hufen anschlägt, lösen Sie das Problem garantiert nicht durch mehr Tempo. Im Gegenteil. Halten Sie das Pferd an, fordern Sie es auf, sich die Situation noch mal genau anzusehen – gerne, indem es den Kopf nach hinten dreht und guckt, was da unter seinem Bauch los ist. Helfen Sie ihm, indem Sie seinen Körper noch einmal abstreichen und dann das Bein antippen, das es als Nächstes bewegen muss. Bleiben Sie freundlich, auch wenn Ihnen der Vierbeiner gerade ziemlich begriffsstutzig erscheint. Mit Sicherheit *will* das Pferd seine Sache gut machen, aber die Aufgabe ist für einen Vierbeiner nun mal schwieriger, als der Zweibeiner ahnen

Bodenarbeit – Pferdetraining an der Hand

kann. Frustrieren Sie das Pferd nicht, indem Sie es überfordern, motivieren Sie es lieber durch ein dickes Lob, sobald es auch nur einen Teil seiner Aufgabe gut gemacht hat.

Ganz allmählich können Sie Ihrem Schüler mehr zumuten. Wer sagt denn, dass die Stangen parallel zueinander liegen müssen? Ein fortgeschrittener Vierbeiner bewältigt auch ein Stangen-Mikado, in dem das Holz kreuz und quer liegt. Wenn Sie später mal durch dichtes Unterholz reiten müssen, ist Ihr Pferd bestens vorbereitet.

Jetzt können Sie auch mit variablen Stangen-Höhen arbeiten. Relativ einfach ist der »Grill«, eine Reihe parallel liegender Stangen, deren Enden zum Beispiel auf Vierkanthölzern ruhen.

■ **Carinka bewältigt den Stangensalat. Der gestreckte Arm hält die drängelnde Stute auf Abstand, die Gerte weist den Weg und hindert das Pferd gleichzeitig als optische Barriere daran, das Hindernis allzu stürmisch zu verlassen.**

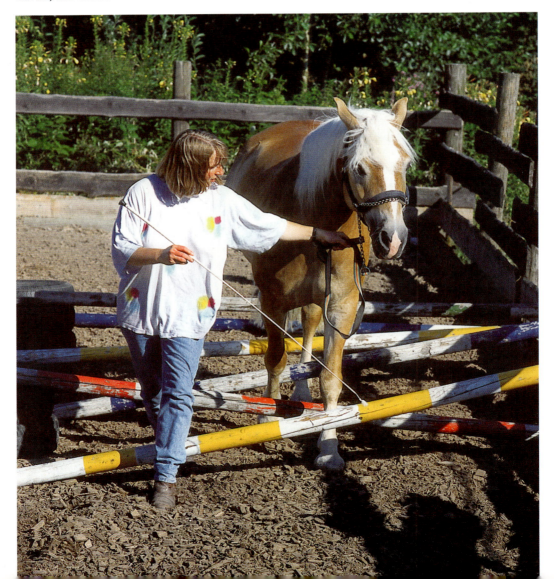

Kapitel 7: Step by Step: Die Entdeckung der Langsamkeit

Das Pferd muss einfach seine Füße etwas höher heben und sollte sich dabei tunlichst an die Tatsache erinnern, dass es auch Hinterbeine hat.

Diffiziler wird das Ganze, wenn die Sache keinem klaren Prinzip mehr folgt: Eine Stange liegt hoch, die nächste am Boden, die dritte auf mittlerer Höhe, andere Ricks sind nur auf einer Seite erhöht. Es ist wirklich erstaunlich, was man mit ein paar Reifen, Strohballen und Eimern alles anrichten kann… Wenn dann noch die Abstände unregelmäßig sind, muss sich das Pferd schon ziemlich konzentrieren; es kann nicht einfach mit dem Hinterbein ungefähr das Gleiche tun wie zuvor mit dem Vorderbein. Möglicherweise muss es vorne einen kleinen und hinten einen großen Schritt tun, oder vorne einen flachen und hinten einen hohen Schritt.

Bislang haben Sie Ihr Pferd mehr oder weniger geradeaus durch die Hindernisse manövriert. In einer Biegung wird die Aufgabe noch einmal schwieriger; das äußere Beinpaar hat einen längeren Weg als das innere. Trainieren lässt

■ **Voll bei der Sache:** Mit gesenktem Kopf lässt sich Lasse von Inga durch den Stern lotsen.

sich das im »Stern« oder »Fächer«. Sie brauchen drei bis sieben Stangen, je vier Meter lang. Das eine Ende legen Sie auf einen Turm aus zwei Reifen oder auf einem Strohballen, das andere auf den Boden, so dass ein Fächer entsteht. Diesen Halbkreis zu bewältigen, wird umso schwieriger, je weiter innen das Pferd gehen muss: Dort sind die Lücken zwischen den Stangen kleiner, die Stangen liegen höher, außerdem kommt eine enge Biegung dazu. Ihr Pferd muss sich also in sehr kleinen, hohen Schritte auf einer engen Volte bewegen – das ist garantiert nicht gewohnheitsmäßig.

Anfangs sollten Sie natürlich weiter außen üben, das ist knifflig genug. Am besten gehen Sie ganz an der Außenseite des Sterns, das Pferd innen neben sich. Wenn Sie es andersherum machen, müssen Sie sich vermutlich dermaßen darauf konzentrieren, selbst durch den Stangensalat zu staksen, dass Sie nicht mehr auf Ihren Vierbeiner achten können. Außerdem können Sie das Pferd von der Außenseite aus besser »auf Linie« halten. Sie werden sich wundern, wie schwer das ist: Der Halbkreis, auf dem es sich eigentlich bewegen sollte, mutiert zur Kartoffel, und ehe Sie sich's versehen, hat Ihr Pferd den Stern verlassen und dabei nur drei der sieben Stangen überschritten …

Schuld daran sind, wie so oft, Sie selbst: Offenbar hatten Sie selbst keine klare Vorstellung davon, wie die Sache aussehen sollte. Ehe Sie ungeduldig werden, gehen Sie einfach noch mal einen Schritt zurück: Reduzieren Sie den Stern auf zwei oder drei Stangen, schauen Sie sich das Hindernis noch einmal in Ruhe an, markieren Sie im Geiste an jeder einzelnen Stange die Stelle, an der Ihr Pferd sie überschreiten soll (das geht besonders gut bei gestreiften Stangen), und nehmen Sie das Hindernis erneut in Angriff.

Kombinationen für Könner

Die Standard-Lektionen der TTEAM-Bodenarbeit haben Sie mit Anstand hinter sich gebracht? Jetzt können Sie kombinieren und

Rückwärts um die Ecke

- Zuerst ist eine 45 bis 60°-Wendung um die Vorhand nötig, um die Hinterhand um die Kurve zu bringen. 90° sind zu viel, denn dann würde die Kruppe zu weit herumkommen und die Innenseite des engen L zerstören. Angenommen, die Hinterhand soll nach links. Um das zu erreichen, stellen Sie den Pferdekopf nach rechts. Das Pferd wird mit der Hinterhand zur Seite treten, um sich wieder gerade zu machen. Anfangs können Sie mit einem Gertentipper am rechten Pferdeknie nachhelfen, später sollten Sie die Bewegungsrichtung allein über die Kopfstellung beeinflussen können. Um die Bewegung der Hinterhand nach links zu stoppen, stellen Sie den Pferdekopf wieder gerade oder, wenn das nicht reicht, einen Augenblick lang nach links. Unterstützend wirkt das Stimmkommando für »Halt«.
- Jetzt müssen Sie das Pferd wahrscheinlich einen Schritt rückwärtsrichten, damit die Vorhand Platz hat, einen oder zwei Schritte nach außen zu treten, um in der neuen Bewegungsrichtung vor der Hinterhand zu landen. Am einfachsten bringen Sie die Vorhand dorthin, indem Sie den Pferdekopf am gestreckten Arm nach außen (also nach rechts) »schieben«, indem Sie impulsartig mit Ihren Fingerknöcheln an den Unterkiefer des Pferdes drücken wie beim Seitwärtsgehen.
- Geschafft – jetzt geht's wieder geradeaus rückwärts, raus aus dem L.

Kapitel 7: Step by Step: Die Entdeckung der Langsamkeit

dabei auch andere Manöver einbeziehen, die Ihr Pferd bereits gelernt hat. Zum Beispiel Rückwärtsrichten: nicht mehr nur geradeaus, sondern um die Ecke, durch eine L-förmig gelegte Gasse aus Stangen. Auch für diese Übung stellen Sie sich zunächst am besten vor Ihren Schüler. Führen Sie Ihren Vierbeiner erst einmal langsam vorwärts durch das L und sorgen Sie dafür, dass er sich die Sache auch genau ansieht. Kurz vor dem Ende der L-Gasse halten Sie an und geben die Signale zum Zurücktreten. So lange es geradeaus geht, sollte das relativ einfach sein – heikel wird es erst in der Biegung.

Es liegt an Ihnen, den Vierbeiner aus dem Rückwärtsgang punktgenau anzuhalten: Bei einem eng gelegten L hat das Pferd nicht genug Platz für eine lupenreine Vorhandwendung, es wird also eine Kombination aus Vor- und Hinterhandwendung machen müssen und braucht daher Raum in beide erforderlichen Richtungen. Es muss also in der Mitte der Gasse stoppen, nicht an ihrem linken oder rechten Rand. Damit das funktioniert, müssen Sie selbst eine

> ### Auswendig lernen gilt nicht!
>
> *Viele kooperative Pferde neigen dazu, das L und ähnliche Übungen bald »auswendig« zu gehen und nicht mehr auf die Hilfen zu warten. Das ist nicht Sinn der Sache, zumal die meisten Pferde dabei doch irgendwann Flüchtigkeitsfehler machen, besonders, wenn die Stangen eng gelegt sind. Halten Sie Ihren Vierbeiner während der Übung also immer wieder an, damit Ihr Schüler lernt, auf Ihre Signale zu warten.*
> *Bevor es langweilig wird, lassen Sie sich was Neues einfallen: rückwärts durchs U, rückwärts durchs Z, rückwärts durchs Labyrinth – Ihrer Fantasie sind kaum Grenzen gesetzt.*

■ **Hilfestellung:** Bess lässt die Gerte über die Kruppe gleiten, um Vascos Hinterhand einen Schritt nach rechts zu dirigieren. Ein derart enges und noch dazu hochgelegtes L rückwärts zu durchschreiten, ist eine knifflige Sache.

■ **Verschärft: Konzentriert arbeitet Lasse mit, um die zusätzlichen Hindernisse im Labyrinth zu bewältigen. Barbara geht vor ihm und wendet ihm die Körperfront zu, um ihm optimal helfen zu können.**

sehr genaue Vorstellung davon haben, wie sich der Vierbeiner bewegen muss.

Auch hier gilt: Arbeiten Sie nie zu viel rückwärts, das bringt Pferde nur auf dumme Gedanken. Trotzdem können Sie diese Übung in jede Bodenarbeits-Stunde einflechten und mit der Zeit beliebig ausbauen. Ziemlich schnell wird das Pferd es schaffen, das L auch rückwärts flüssig zu durchschreiten, ohne zwischendrin anzuhalten.

Noch mehr Möglichkeiten bieten das L und ähnliche Muster, wenn Sie das Pferd seitwärts über die Stangen treten lassen. Um im Krebsgang um die Ecke zu kommen, muss der Vierbeiner – je nach Position – eine Viertel Vor- oder Hinterhandwendung machen.

Kapitel 7: Step by Step: Die Entdeckung der Langsamkeit

Das Körperband: Das ist dein Körper, Pferd

Viele Pferde nehmen ihre Hinterhand schlecht wahr; die Folgen sind heftige Reaktionen auf Gertentipps, Einklemmen des Schweifes, Koordinationsstörungen bei der bewussten Bewegung der Hinterbeine. Solchen Pferden hilft das von Linda Tellington-Jones erfundene Körperband. Binden Sie zwei elastische Bandagen aneinander (eine wird nicht reichen) und legen dem Pferd das weiche Band in Form einer Acht an: Vom Widerrist um die Hinterhand, wo es in der Mulde zwischen Sitzbeinhöcker und Sprunggelenk zu liegen kommt, von dort aus über den Widerrist um die Brust und wieder zum Rücken, wo die Enden so verknotet werden, dass die Bandage unter leichter Spannung steht. Dieses Körperband erschreckt manche Pferde zunächst, aber sie gewöhnen sich schnell daran. Durch die stetige, sanfte Berührung wird sich das Pferd seiner Hinterhand bewusster. Es kann das Körperband bei der Bodenarbeit und auch beim Reiten tragen.

■ **Eingewickelt: Die elastische Bandage hilft dem Pferd, seine Hinterhand zu spüren.**

Und schließlich können Sie auch das Thema »Stangensalat« beliebig variieren. Zum Beispiel, indem Sie das Labyrinth mit zusätzlichen Hindernissen wie Reifen, einer kleinen Tonne oder quer liegenden Stangen garnieren. Ihr Vierbeiner muss dann nicht nur zusehen, wie er sich um die Spitzkehren manövriert, sondern auch, wie er sich um die Tonne windet, ohne dabei die Stangengasse zu verlassen oder wie er das Loch in der Mitte des Reifens nutzt, um doch noch Platz für das Hinterbein zu finden.

Die Bodenhindernisse vom Labyrinth bis zum L sind übrigens auch unter dem Sattel eine reizvolle Sache. Ob von oben oder vom Boden: Aus jeder erfolgreich bewältigten Aufgabe wird Ihr Vierbeiner mit mehr Vertrauen in seine eigenen Fähigkeiten hervorgehen und dadurch spielerisch zu mehr Losgelassenheit, Geschmeidigkeit und Trittsicherheit finden. Ein Stück des verlorenen Körpergefühls kehrt zurück.

Bei der Arbeit mit dem Körperband erlebt das Pferd ungewohnte Berührungen passiv. Es kann sich aber auch aktiv mit zunächst fremdartigen Gefühlen auseinandersetzen, zum Beispiel, indem Sie es mit einem Gymnastikball konfrontieren. Lassen Sie sich Zeit, es mit dem unheimlichen Gegenstand vertraut zu machen, bis es duldet, dass Sie den Ball sanft gegen seine Beine rollen lassen. Wahrscheinlich erwacht irgendwann seine Neugier und es beginnt den Ball mit Hufen und Maul zu untersuchen und damit zu spielen.

■ **Ballgefühl: Dagur untersucht, wie sich der fremdartige Gegenstand anfühlt.**

Parcours für Körperbewusste

- Nach dem Wettbewerb in Sachen Nervenstärke ist einer in Sachen Körperbewusstsein an der Reihe. Das Mensch-Pferd-Team soll die Aufgaben harmonisch, aufmerksam und konzentriert bewältigen. So könnte der Parcours aussehen:
- Vorwärts ins Stangen-U, seitwärts durch die kurze Seite, rückwärts heraus.
- Ohne anzustoßen, muss das Pferd durchs Labyrinth, obwohl als Zusatz-Aufgabe Reifen und Eimer im Weg liegen und stehen.
- In gleichmäßigen Schritten geht's über den Grill mit lose liegenden Stangen (Abstand etwa 80 Zentimeter).
- In der »Delfin«-Position wird das Pferd durch den Stangenfächer geschickt.
- Grill Nummer zwei – diesmal sind die Stangen unterschiedlich hoch und die Abstände verschieden.
- Im »Mikado« sind die Stangen eher wahllos verstreut. Der Vierbeiner muss trotzdem hindurch, ohne irgendwo anzuecken.
- Das Pferd wird angehalten und soll brav still stehen, während der Mensch einen Gymnastikball in Form einer Acht um seine Vorderbeine, unter dem Bauch hindurch und um die Hinterbeine rollt (Vorsicht: Bleiben Sie unbedingt außerhalb der Reichweite der Hufe, wenn Sie sich nicht ganz sicher sind, ob Ihr Pferd mitspielen wird).

Kapitel 8: Verlade dich selbst, Pferd

KAPITEL 8

Verlade dich selbst, Pferd

Lassen Sie Ihrem Pferd den Vortritt: Der einfache Weg in den Hänger

Über kaum ein Thema streiten sich Mensch und Pferd so häufig, so ausdauernd und so erbittert wie übers Verladen. Und nirgendwo rächen sich Erziehungsfehler so vernichtend wie vor der Rampe des Pferdetransporters – oder, je nach Blickwinkel, dem Tor zur Hölle.

Die meisten Grundlagen, die Sie und Ihr Pferd brauchen, um den unseligen Streit ums Verladen ein für allemal zu begraben, haben Sie bereits gelegt, wenn Sie sich bis hierhin vorgearbeitet haben. Haben Sie aber nicht? Sie stehen vor dem Problem, dass Sie einen weitgehend unvorbereiteten und vermutlich auch ungezogenen Vierbeiner von jetzt auf gleich in den Transporter nötigen müssen? Auch da gibt's Mittel und Wege. Wie Sie improvisieren können, wenn Sie ohne große Vorbereitung verladen müssen, erfahren Sie allerdings erst am Schluss dieses Kapitels. Zunächst geht's ums Optimum: um gut vorbereitetes und damit stressfreies Verladen. Dafür brauchen Sie Zeit. Die zu investieren, lohnt sich übrigens auch nach einem mehr oder weniger geglückten Notfall-Verlade-Manöver: Danach sind künftige Transport-Aktionen nämlich kein Problem mehr.

Die allermeisten Pferdebesitzer *wollen* mit ihren Pferden mobil sein, und oft genug *müssen* die Pferde möglichst schnell irgendwo hingebracht werden, wo sie zu Fuß nicht hinkämen, etwa in die Tierklinik.

Mensch oder Pferd: Wer geht vor?

Ob ein Pferd widerspruchslos in den Transporter geht – und zwar jederzeit und nicht nur, wenn ihm gerade danach ist –, hat vor allem mit zwei Dingen zu tun: Vertrauen und Gehorsam. Beides gibt's nicht geschenkt, aber beides können Sie sich erarbeiten und haben es wahrscheinlich zu großen Teilen schon getan.

Als Pferd im Hänger

Ein bisschen Verständnis für Pferde mit Hänger-Phobie ist durchaus angebracht. Kein Pferd findet die Fahrt in der scheppernden Kiste besonders angenehm, und jeder, der mal hinten drin mitgefahren ist, kann das nachvollziehen. Selbst bei bester Stoßdämpfung und vorsichtigster Fahrweise rumpelt der Anhänger fürchterlich. Davon abgesehen ist das Pferd nicht in der Lage, zu begreifen, was mit ihm passiert. Da steht der arme Vierbeiner nun in einer dunklen Kiste und ist einem Gefühl ausgesetzt, das seine wilden Vorfahren allenfalls bei Erdbeben erlebt haben. Er kann nicht fliehen, er ist vermutlich mutterseelenallein, er sieht durch die halb offene Heckklappe und durch das milchige Frontfenster huschende Lichter und Bewegungen, die er nicht einordnen kann, und wenn er dieses furchterregende Verlies endlich verlassen darf, muss er feststellen, dass er sich an einem meist völlig fremden und nicht unbedingt angenehmen Ort befindet.

Grundlagen, die für's Verladen sitzen müssen:

- Ihr Pferd läuft brav neben und hinter Ihnen her.
- Es lässt sich zwischen zwei Händen führen.
- Es kennt und befolgt die verschiedenen Gertensignale.
- Es lässt sich vorwärts, rückwärts und seitwärts dirigieren.
- Es überquert unerschrocken polternde Planken und wippende Bohlen.
- Es läuft unter dem Flattervorhang und unter der Plane hindurch.
- Es marschiert gelassen durch enge Gassen.

Damit haben Sie die beste Basis der Welt. Nur durch eine Lektion können Sie die Grundlagen noch ergänzen: durch das Vorschicken.

Es gibt zwei Möglichkeiten, ein Pferd in den Hänger zu komplimentieren: Entweder indem man ihm vorausgeht, oder indem man es hineinschickt, selbst draußen bleibt und einfach Stange und Klappe hinter ihm schließt.

Während in Europa in der Regel Variante eins mit mehr oder großem Erfolg praktiziert wird, arbeiten die allermeisten Westerntrainer mit der zweiten Methode. Viele amerikanische Ausbilder lehnen es generell ab, ein Pferd in den Transporter zu führen, indem sie ihm vorauslaufen. Sie haben gute Gründe dafür: Bekanntlich ist die Einwirkung, die man auf ein hinter sich gehendes Pferd hat, eher gering; man ist auf den guten Willen des Vierbeiners angewiesen, der beim Verladen gelegentlich fehlt. Und bekanntlich provoziert man leicht ein aussichtsloses Tauziehen, wenn das Pferd in dieser Situation die Bremse zieht und den Rückwärtsgang einlegt.

Vielleicht folgt Ihr Pferd Ihnen ja willig, wenn Sie die dunkle Kiste betreten. Herzlichen Glückwunsch: Die Grunderziehung sitzt offenbar. Aber dann besteht immer noch die Gefahr, dass es sich sagt: »Wenn ich schon da rein muss, dann schnell!« Das gilt ganz besonders, wenn hinter ihm ein Helfer steht, der ihm Druck macht und sich dabei in der Dosis vergreift. Und schon passiert, was nie passieren darf: Ihr Schüler vergisst alle Manieren und springt in den Hänger. Da steht er nun. Auf Ihnen. Es gibt Schöneres.

Bei einem Pferd mit einer entsprechend fundierten Grunderziehung passiert das natürlich eher selten. Es spricht also wenig gegen diese Verlade-Methode, wenn sie denn klappt. Trotzdem hat Variante zwei unbestreitbare Vorteile: Es ist einfach praktisch, wenn der Vierbeiner sich selbst verlädt. Das gilt besonders dann, wenn Sie keinen Helfer zur Hand haben, der bei Bedarf nachtreibt und die Stange hinter dem Tier schließt, wenn es drin ist. Anbinden dürfen Sie das Pferd im Hänger ohnehin erst dann, wenn hinter ihm alle Schotten dicht sind. Erst dann hat es keine Möglichkeit mehr, rückwärts zu drängeln und dem Menschen, der gerade den Führstrick durch den Anbindering fädelt, die Hand zu quetschen, oder sich selbst die Knochen zu brechen, weil es, bereits angebunden, wieder aus dem Hänger herauszulaufen versucht, mit den Hinterbeinen seitlich von der Rampe rutscht, vorn im Halfter festhängt, stürzt, sich verkeilt …

Schwören Sie lieber gleich drei heilige Eide, grundsätzlich erst die Stange hinter dem Pferdepo zu schließen, bevor Sie das Tier anbinden. Schwören Sie bei dieser Gelegenheit auch gleich, nie die Rampe hochzuklappen, bevor die hintere Stange eingehängt ist. Dabei kann es sonst nämlich passieren, dass das zurückspringende Pferd Sie unter der Klappe begräbt.

Noch eine Führposition: Vorschicken

Wenn Sie ein Pferd wollen, das sich selbst verlädt, müssen Sie sich und Ihren Vierbeiner mit einer weiteren Führposition vertraut machen: Das Pferd soll lernen, an Ihnen vorbei geradeaus vorwärts zu gehen, sich also *vorschicken* zu lassen. Diese Führposition lässt sich gut aus der »Delfin«-Position entwickeln. Bevor Sie sich ans Verladen machen, sollten Sie dieses Manöver so lange »trocken« üben, bis es auch im Schlaf sitzt.

Wenn Sie hinter dem Pferd gehen, wirken Sie zwar stark treibend, haben aber so gut wie keine Kontrolle mehr über die Richtung, in die sich das Pferd bewegt. Das ist allerdings nicht weiter schlimm, denn wenn der Vierbeiner sich erst einmal in einer Gasse befindet, beziehungsweise mit dem Kopf bereits im Hänger steckt, hat er diesbezüglich ohnehin keine große Auswahl mehr. Hauptsache, das Tier geht allein in die Gasse hinein. Damit das funktioniert, muss das Vorwärts-Antreten als

Reaktion auf den Gerten-Tipp auf der Kruppe so gut sitzen, dass es zum bedingten Reflex geworden ist. Nur dann klappt die Sache auch unter erschwerten Bedingungen. Jetzt zeigt sich, ob Sie genug geübt haben.

Trainieren Sie das Vorschicken auf jeden Fall auf einem umzäunten Platz. Führen Sie das Pferd in der »Delfin«-Position und lassen Sie sich selbst allmählich zurückfallen. Vermutlich wird Ihr Vierbeiner verwirrt sein eigenes Tempo zurücknehmen und versuchen, seine Schulter wieder auf Höhe der Ihren zu bringen, oder er wird eine Volte um Sie herum laufen.

Beides ist nett von Ihrem Pferd: Es versucht ganz einfach herauszufinden, was das nun wieder soll. Aber beides ist im Moment nicht gefragt. Das müssen Sie Ihrem Schüler ebenso freundlich wie bestimmt klar machen.

Vorwärts schicken können Sie den Vierbeiner mit dem vertrauten Gerten-Tipp auf die Kruppe. Um das Pferd geradezurichten, tippen Sie an Widerrist, Genick und Nüster. Außerdem kann es jetzt sinnvoll sein, Führ- und Gertenhand zu wechseln. Wenn Sie links hinter dem Pferd stehen, nehmen Sie also den Strick in die Rechte und die Gerte in die Linke. Die Gerte deutet nach vorne in die Richtung, in die das Pferd gehen soll. So ist sie zugleich Wegweiser und begrenzende Wand zur Linken des Vierbeiners. Das Pferd bekommt also eine klare Vorstellung davon, dass es geradeaus gehen soll.

Um wieder auf Höhe seines Halses zu kommen, stoppen Sie Ihren Vierbeiner mit einem Stimmsignal und einem vibrierenden Impuls am Führstrick. Mehr dürfen Sie nicht tun, sonst würden Sie den Kopf nach links herumziehen, und das Pferd müsste die Gerade verlassen.

Jede Tendenz weg von der Geraden korrigieren Sie freundlich mit der Gerte als deutliche optische Barriere an der Seite des Pferdes oder mit den »Delfin«-Tipps (siehe Seite 72). Ihr Pferd soll in dieser Führposition keine Biegungen laufen, das wäre zu schwierig und

ist auch nicht nötig. Konzentrieren Sie sich beim Üben also ganz aufs Geradeausgehen.

Sie müssen das Pferd nicht lange voraus laufen lassen. Ein paar Schritte reichen völlig, bevor Sie wieder zu ihm aufschließen. Wichtig ist nicht so sehr das Vorauslaufen an sich, sondern die Einleitung, also das Vorschicken. Das ist es, was Sie später beim Verladen brauchen.

Verladen als Trockenübung

Wenn Sie Ihr Pferd wirklich optimal vorbereiten wollen, gehen Sie jetzt noch nicht zum Hänger, sondern vertiefen das Thema »Vorschicken« in weiteren Trockenübungen. Die Zeit, die Sie dafür investieren, bekommen Sie wahrscheinlich zehnfach zurück. Schicken Sie das Pferd über die Brücke, über die Wippe, über die Plane. All das kennt es ja schon, wenn Sie *neben* ihm gehen; jetzt lernt es, diese Hindernisse auch gehorsam zu bewältigen, wenn Sie sich *hinter* ihm befinden.

Bauen Sie auch einmal eine Gasse mit Planen-Wänden und vielleicht auch mit »Dach« für Ihr Pferd auf, diesmal als Sackgasse. Nirgends können Sie die Verlade-Aktion authentischer üben. Im Grunde sind all diese Hindernisse ja nichts Neues für den Vierbeiner, so dass die Lektionen weitgehend stressfrei ablaufen können.

Trotzdem ist es schon ziemlich mutig von Ihrem Pferd, allein in diese düstere Kulisse zu marschieren. Weil Sie wahrscheinlich nicht wollen, dass es rückwärts wieder herausschießt, bevor Sie es ihm erlauben, lohnt es sich, vorn in der Sackgasse einen Helfer mit Belohnung zu platzieren – oder zumindest eine Futterschüssel mit ein paar Körnern drin.

Sie stehen jetzt hinter Ihrem Pferd, das rückwärts wieder aus der Gasse herauskommen soll. Die ersten Male dirigiert am besten ein im Tunnel wartender Helfer den Vierbeiner mit den vertrauten Signalen rückwärts, damit Sie ihn draußen wieder übernehmen können.

Oder Sie quetschen sich mit in die Gasse und tun es selbst. Aber über kurz oder lang soll der Vierbeiner nicht nur allein hineingehen, sondern auch selbstständig wieder herauskommen, und zwar auf jeden Fall rückwärts. Vielleicht ist die Übungsgasse breit genug zum Umdrehen, aber in den meisten Pferdetransportern ist es entschieden zu eng dafür; lassen Sie es Ihren Vierbeiner also gar nicht erst versuchen.

Bevor Sie das Pferd wieder »aussteigen« lassen, soll es erst eine Weile ruhig in der Gasse stehen.

Geben Sie ihm also deutlich das Stimmsignal für »Halt«, streichen Sie die Hinterhand mit der Gerte ab, um das Tier dort eine »Begrenzung« spüren zu lassen, und fordern es bei Bedarf mit einem Gertentipp auf die Kruppe auf, wieder einen Schritt nach vorne zu machen. Steht es brav still, loben Sie es überschwänglich. Jetzt darf es wieder herauskommen.

Noch haben Sie ja das Ende des Führseils in der Hand. Sie können also mit dem Strick, wenn er an der linken Seite des Pferdes zu Ihnen führt, ein Umdrehen nach rechts verhindern. Die Wendung nach links vermeiden Sie, wie beim Vorwärts auch, mit der als optische Barriere verwendeten Gerte, die Sie in den Tunnel hineinzeigen lassen.

Außerdem hat das Pferd die Gasse jetzt schon ein paarmal mit Hilfe der vertrauten, von vorne gegebenen Signale rückwärts verlassen, es weiß also, worum es geht. Höchstwahrscheinlich kommt es anstandslos rückwärts heraus, sobald Sie ganz vorsichtig am Strick zupfen und das bekannte Stimmkommando geben, etwa »zuuu-rück«. Damit der Vierbeiner nicht stürmt, lassen Sie ihn Schritt für Schritt aus der Gasse treten und dabei immer wieder anhalten.

Um die Sache perfekt zu machen, können Sie das Ganze auch noch ohne Führseil üben. Dazu legen Sie den Strick über den Pferdehals und fassen ihn nur so lange dicht am Halfter an, bis der Pferdekopf im Hänger verschwindet. Dann können Sie loslassen – Ihr Pferd kann ohnehin nur noch geradeaus gehen.

Diese Bewegungsfreiheit brauchen Sie auch später beim Verladen: Sie wollen das Seil ja nicht festhalten müssen, bis der Vierbeiner komplett im Transporter verschwunden ist, schließlich brauchen Sie zwei freie Hände, um alles dicht zu machen.

Wenn der Strick lose über dem Hals liegt, können Sie ihn auch mit einem Griff wieder schnappen, wenn das Pferd rückwärts aussteigt. Während der Fahrt hat das Seil dort natürlich nichts zu suchen, dann wird der Vierbeiner damit angebunden.

Rein in den Transporter!

Es wird ernst ...

Nach all der gründlichen Vorbereitung kann kaum noch etwas schief gehen. Das Pferd ist mit allem vertraut, was es im Hänger erwartet: Es fürchtet weder rumpelnden noch wippenden Untergrund, es geht furchtlos allein in dunkle Höhlen aus flatternden Planen und es weiß, wie es langsam und vorsichtig rückwärts wieder aussteigen kann. Es hat die Grenzen seines Körpers kennen gelernt und kann deshalb abschätzen, dass es in die Transportbox passt.

Sie haben also überhaupt keinen Grund, Aufhebens wegen des Verladens zu machen. Behandeln Sie das Training mit Hänger einfach als eine weitere von vielen Aufgaben, dann wird Ihr Pferd nicht aufgeregter sein als bei irgendeiner anderen Lektion.

Wenn Sie selbst keinen Hänger besitzen, lohnt es sich, für ein paar Tage einen auszuleihen. Stellen Sie ihn gut gesichert (also auf jeden Fall an ein Zugfahrzeug angehängt) auf den Reitplatz oder eine umzäunte Wiese, wo Sie in aller Ruhe mit Ihrem Pferd arbeiten können.

Klarmachen zum Einsteigen

Gestalten Sie das Innere des Transporters so einladend wie möglich; Sie müssen Ihrem Schüler die Sache ja nicht schwerer machen als notwendig. Öffnen Sie die vordere Einstiegsluke, damit mehr Licht in den Hänger fällt, streuen Sie Späne auf den Boden, um die polternden Geräusche zu dämpfen, klappen Sie bei den ersten Verlade-Aktionen die Trennwand im Zweier-Hänger zur Seite, damit das Pferd mehr Platz zum Einsteigen hat, deponieren Sie ein paar Körner im Transporter, die sich der Vierbeiner schnappen kann, wenn er drin ist. Wenn Sie das Gespann bergab parken können, tun Sie es: Dann ist die Rampe fast eben.

Beziehen Sie den Anhänger ganz beiläufig in die normale Bodenarbeit mit ein: Schicken Sie den Vierbeiner in der »Delfin«-Position quer über die heruntergeklappte Rampe, üben Sie neben dem Transporter das Vorschicken, Halten, Rückwärtstreten, umrunden Sie das Gespann in verschiedenen Führpositionen, damit Ihr Vierbeiner sich die Sache in Ruhe anschauen kann, streichen Sie das Pferd zwischendurch immer wieder mit der Gerte ab, um ihm die Grenzen seines Körpers bewusst zu machen.

Jetzt haben Sie alle Voraussetzungen geschaffen, damit Ihr Pferd anstandslos einsteigt. Natürlich kann es trotzdem passieren, dass es sich im letzten Moment anders entscheidet und seitlich von der Rampe hüpft. Um der-

Die Sicherheitsleine

Es gibt eine zusätzliche Sicherung, die einfach zu installieren ist. Legen Sie im Hänger ein fünf Meter langes Seil folgendermaßen bereit: Der (stabile) Karabinerhaken liegt auf der Rampe, von dort aus führt der Strick in den Hänger, um die vordere Stange herum und wieder zurück neben den Karabiner. Steht das Pferd auf der Rampe, halten Sie es an, haken den Karabiner im Halfter ein und nehmen das andere Ende des Seils in die behandschuhte Hand, so dass es leicht durchhängt. Auch beim Nachfassen des Stricks müssen Sie darauf achten, dass kein Druck entsteht, so lange das Pferd keinen aufbaut. Zerrt das Tier jedoch zurück, können Sie ihm mit diesem Seil auch dann noch zupfende Vorwärtsimpulse geben, wenn der Kopf bereits im Transporter ist. Gleichzeitig kann das Pferd nicht mehr so leicht zur Seite ausbrechen.

Ausnahmsweise: Tauziehen mit Köpfchen

Möglichkeit Nummer zwei: Im Hänger steht ein Helfer, der das Ende eines zweifach um die Bruststange gewickelten Seils hält. Durch das Umwickeln der Stange entsteht ein Flaschenzug-Effekt. Der Helfer braucht also gar nicht mehr besonders viel Kraft, um gegenzuhalten, wenn das Pferd zurückzieht. Gleichzeitig aber kann er im Ernstfall die Spannung sofort lockern, so dass typische Anbinde-Unfälle wie Steigen und Überschlagen fast ausgeschlossen sind.

Wann immer das Pferd einen Schritt nach vorne macht, fasst der Helfer (mit Handschuhen!) im Hänger das Seil nach. Er kann das entweder nur so weit tun, bis das Seil wieder ganz leicht durchhängt, und das Nachtreiben den Menschen überlassen, die direkt am Pferd stehen. Er kann aber auch Druck aufbauen, den das Pferd nur loswird, indem es einen weiteren Schritt macht. Beide Methoden können zum Erfolg führen, welche besser funktioniert, müssen Sie ausprobieren. Es hängt stark vom Charakter des Pferdes ab.

Sitzt das eigenständige Einsteigen in den Hänger erst einmal, brauchen Sie diese Sicherung wahrscheinlich nicht mehr, für den Anfang kann sie jedoch sehr nützlich sein.

Kapitel 8: Verlade dich selbst, Pferd

artige Ideen im Keim zu ersticken, bauen Sie lieber vor: Die beste Ausbildung ist die, die keine Lücke lässt.

Sie haben also alle menschenmöglichen Vorbereitungen getroffen, damit das Pferd brav in den Hänger marschiert. Jetzt müssen Sie es nur noch hineinschicken: Legen Sie den Strick auf den Hals, lassen Sie den Pferdekopf los, sobald er im Hänger verschwindet, fassen Sie das Sicherungs-Seil nach und halten Sie die Gerte als vorwärts treibendes und nach hinten begrenzendes Hilfsmittel einsatzbereit. Ein Stimmkommando für »Stopp« und die begrenzende Gerte sagen dem Pferd, dass es nicht gleich wieder aussteigen soll. Ein weiteres Argument ist das Futter im Hänger.

Natürlich sollten Sie jetzt nicht gleich die Kiste zumachen und eine Zehn-Stunden-Fahrt unternehmen. Besser ist es, Sie machen mit dem Hänger-Training ebenso gemächlich weiter, wie Sie angefangen haben. Lassen Sie Ihr Pferd in Ruhe die Belohnung fressen, fordern Sie es dann auf, rückwärts auszusteigen, loben Sie den vierbeinigen Helden und machen am

■ **Beziehen Sie den Transporter zunächst in die Bodenarbeit ein, indem Sie das Pferd über die Rampe schicken.**

■ **Rein mit ihm: In der »Dingo«-Position wird Picco auf den Hänger zugeführt. Noch besser wäre es, wenn das Ende des Führstricks bereits auf dem Hals läge ...**

■ **... gehorsam betritt das Pferd die Rampe, die Führposition wird stärker treibend nach hinten verlagert, ...**

■ **... und die Gerte gibt einen leicht schiebenden Impuls an der Rückseite der Hinterhand.**

Erste Spazierfahrten

Nach zwei oder drei Tagen können Sie Ihren Schüler eine Runde um den Block fahren. Vorsichtig, versteht sich, vor allem in den Kurven und beim Bremsen - wie immer, wenn lebende Fracht im Anhänger ist. Besonders die ersten paar hundert Meter sollten Sie so langsam fahren, als hätten Sie rohe Eier zu transportieren, damit sich das Pferd an die Situation gewöhnen und sich neu ausbalancieren kann.

nächsten Tag weiter. Zum Beispiel damit, dass Sie ihn mehrmals ein- und aussteigen lassen und auch mal ein paar Minuten lang Heckstange und Klappe schließen. Mit einem Heunetz lässt es sich bald auch länger im Transporter aushalten, und das Kauen entspannt.

Wenn's ohne Training klappen muss ...

Die eben geschilderte Verlade-Methode ist relativ einfach, sie funktioniert ausgesprochen zuverlässig und ohne großen Stress für Pferd und Mensch. Das Geheimnis liegt in der gründlichen Vorbereitung – und genau das ist auch der Haken: Die Methode braucht Zeit, die Sie wahrscheinlich trotz aller hehren Vorsätze nicht immer haben, wenn Sie verladen. Vielleicht wollen oder müssen Sie einen soeben gekauften Vierbeiner möglichst bald abholen und haben keine Möglichkeit, ihn vorher tage- oder wochenlang auf den Transporter vorzubereiten, oder ein noch unerzogenes Jungpferd muss in die Klinik.

Verlieren Sie gerade in dieser Situation bloß nicht die Nerven und die Geduld. Tun Sie so, als hätten Sie alle Zeit der Welt, dann geht es auf jeden Fall schneller, als wenn Sie hektisch werden. Wer die Beherrschung verliert, wirkt nicht mehr souverän, und einem unsouveränen Zweibeiner vertraut kein Pferd.

Irgendwann wird das Pferd schon in den Anhänger gehen – je ruhiger alle Beteiligten bleiben, desto eher. Verbannen Sie möglichst alle Zaungäste vom Tatort und behalten Sie nur Helfer, die gelassen bleiben und wissen, was sie tun. Einen von dieser Sorte sollten Sie auf jeden Fall haben, drei wären das Optimum.

Eine durchdachte Vorbereitung ist das Wichtigste, also tun Sie, was in der Kürze der Zeit machbar ist: Sorgen Sie für ein gut passendes, stabiles Halfter, legen Sie dem Pferd eine Führkette an (oder zwei, wenn Sie einen geeigneten Helfer haben, der auf der anderen Seite des Pferdekopfes mitgeht). Ein guter, robuster Strick sollte bereits am Anbindering im Hänger befestigt sein, so dass Sie nur noch den Karabiner ins Halfter haken müssen, wenn das Pferd drin ist. Legen Sie ein Ersatz-Führseil bereit, außerdem eine Longe, aus der Sie bei Bedarf ein »Komm-mit« basteln können, also eine Schlaufe, die um die Hinterhand führt. Tragen Sie unbedingt Handschuhe; es ist wirklich nicht nötig, dass ein panischer Wildling Ihnen die Haut von den Handflächen reißt.

Stellen Sie den Hänger so auf, dass möglichst kein Weg daran vorbeiführt, zum Beispiel indem Sie den Transporter mit dem Einstieg direkt ans Tor einer Stallgasse manövrieren. Wenn das nicht möglich ist, stellen Sie mit Hilfe von Strohballen oder Sprungständern optische Barrieren auf. Mit solchen »Mauern« können Sie auch die Rampe links und rechts begrenzen, damit das Pferd nicht herunterspringt.

Gestalten Sie das Hänger-Innere so gemütlich wie möglich: Öffnen Sie die Frontluke, damit vorn Licht hineinfällt, streuen Sie Sägespäne

■ **Fehlstart: Stellt sich das Pferd vor oder auf der Rampe quer, richten Sie es konsequent und prompt gerade. In diesem Fall wäre eine Vorhandwendung nach links fällig, bevor Sie weitermachen. Am besten führen Sie ein unerfahrenes Pferd von vornherein zu zweit.**

Wenn's schnell gehen muss: Vorbereitung für das Ad-hoc-Verladen

Nehmen Sie sich wenigstens die Zeit für eine Minimal-Vorbereitung des unerfahrenen oder problematischen Pferdes, bevor Sie es auf den Hänger zuführen:

- Bewegen Sie es dazu, den Kopf zu senken und dem Druck des Halfters im Genick nachzugeben.
- Streichen Sie es mit der Gerte ab, damit es die Furcht davor verliert und sich der Grenzen seines Körpers bewusst wird.
- Üben Sie eine Viertel-Vorhandwendung, um das Pferd vor dem Hänger immer wieder gerade richten zu können.
- Machen Sie abseits des Hängers einige grundsätzliche Führübungen: Antreten als Reaktion auf einen Gertentipp auf der Kruppe, Anhalten als Reaktion auf das körpersprachliche Signal und ein Zupfen an der Führkette.

auf Rampe und Boden, klappen Sie die Trennwand beiseite, damit der Einstieg breiter ist, deponieren Sie – wenn Sie genug Helfer haben – vorn im Hänger einen Lockvogel, der mit einer Haferschüssel raschelt.

Es kann auch helfen, zuerst einen verladefrommen guten Freund des Vierbeiners in den Zweier-Hänger zu stellen, in der Hoffnung, dass der Anfänger vertrauensvoll zu seinem Kumpel hineinmarschiert. Das sollten Sie aber nur dann tun, wenn Sie diesen Gefährten auch als Beifahrer mitnehmen können. Andernfalls ist die Panik des Hänger-Neulings mit Sicherheit umso größer, wenn der Freund wieder ausgeladen wird.

Führen Sie das Pferd in aller Ruhe auf den Transporter zu, am besten zu zweit, mit zwei Führketten und zwei Gerten, damit Sie den Vierbeiner einrahmen und ein Ausweichen der Hinterhand vermeiden können.

Natürlich darf das Pferd jederzeit stehen bleiben und in aller Ruhe gucken, wo es hingehen soll. Aber wenn es sich bewegt, dann gefälligst in die richtige Richtung, nämlich auf den Hänger zu.

Abdrehen oder rückwärts ausweichen soll es nicht. Das Abdriften lässt sich relativ problemlos mit Hilfe der Führkette verhindern, besonders, wenn man zu zweit führt.

Dem Rückwärtsdrängeln begegnen Sie am besten mit zupfenden, *nicht* ziehenden Vorwärtsimpulsen am Halfter, mit Gerten-Tippern auf der Kruppe und indem Sie die Hinterhand beständig mit der Gerte abstreichen, um dem

> **Nicht mit Anlauf!**
>
> *Einer der häufigsten (und dümmsten) Fehler beim Verladen ist folgender: Der Mensch führt sein Pferd auf den Hänger zu, das Pferd zögert, bleibt stehen oder geht rückwärts – woraufhin der Mensch das Tier auf eine Volte führt und dann erneut Anlauf nimmt. Mit dem Ergebnis, dass der Vierbeiner, der beim ersten Versuch fünf Meter vor dem Hänger geparkt hat, nun schon acht Meter davor die Notbremse zieht.*
>
> *Auf diese Weise kreiseln Ross und Reiter systematisch vom Hänger weg. Es ist absolut kontraproduktiv, das Pferd von der Aufgabe fort zu führen: Was soll der Vierbeiner dabei lernen? Außerdem ist es für das Tier nun wirklich nicht anstrengend, in den Transporter zu steigen. Das wird es wohl noch ohne Anlauf schaffen.*

Pferd zu vermitteln, dass hinter ihm eine Begrenzung ist.

Tut es doch einen Schritt zurück, ignorieren Sie das einfach – passiert ist passiert. Aber treiben Sie es durch Touchieren der Hinterhand *sofort* wieder nach vorne.

Was tun gegen Rückwärtsdrängeln?

Ein Schrittchen zurück ist keine Tragödie, aber verhindern Sie auf jeden Fall, dass der Vierbeiner vor dem Hänger systematisch rückwärts rennt. Stehenbleiben und gucken ist erlaubt, vom Hänger wegdrängeln ist völlig ausgeschlossen.

Es gibt mehrere Methoden, das Rückwärtsdrängeln zu unterbinden, zu jeder aber gehört das Treiben von hinten.

Oft reicht es schon, wenn das Pferd von links und rechts jeweils in der »Dingo«-Position geführt wird. Beide Menschen stehen hinter dem Pferdeauge und wirken damit vorwärts treibend. Das setzt natürlich voraus, dass Sie das Pferd zuvor kurz mit dieser Führposition vertraut gemacht haben: Es muss wissen, dass es auf Gertentipper, Stimmkommando und vibrierendes Vorwärtszupfen an der Kette losgehen soll, und zwar, *bevor* der Mensch den ersten Schritt macht. Funktioniert das nicht, gerät der Zweibeiner schnell vor das Pferdeauge, wo er erstens keine Kontrolle über die Hinterhand mehr hat und zweitens körpersprachlich bremsend wirkt.

Eine sanfte, völlig ungefährliche und oft überraschend wirkungsvolle Methode, das Rückwärtsdrängeln zu verhindern, kann das Anlegen eines Körperbandes sein (siehe S. 133): Die weich um die Hinterhand gelegte Bandage reicht manchmal schon aus, um den Rückwärts-Gedanken im Pferdekopf in einen Vorwärts-Gedanken zu verwandeln.

Hilft das nicht, müssen Sie schwerere Geschütze auffahren: Wenn das Pferd trotz allem heftig zurückzerrt, lassen Sie sich gar nicht erst auf ein Tauziehen ein, sondern legen dem Vierbeiner sofort ein »Komm-mit« an: Eine Longe oder ein Seil wird auf etwa 1 bis 1,20 Meter Höhe rechts am Hänger befestigt, und zwar mit einem stabilen, aber leicht lösbaren Knoten und *nicht* mit dem Karabinerhaken: Der könnte brechen und Ihnen dann um die Ohren fliegen. Das Seil wird dann um den Pferdepo geführt, wo es in der Kuhle zwischen Sitzbeinhöcker und Sprunggelenk zu liegen kommt, und endet in der behandschuhten Hand eines Helfers links vom Pferd. Wenn Sie zwei Helfer haben, nehmen Sie am besten auch zwei Longen, die sich am Pferdepo kreuzen. Vorsicht: Manche Pferde reagieren hysterisch auf die Berührung an der Hinterhand; legen Sie das Seil also sehr vorsichtig an und stellen Sie sich dabei nie direkt hinter das Tier.

Das »Komm-mit« soll den Vierbeiner vor allem am Zurückdrängeln hindern. Es ist nicht dazu da, das Ross in den Hänger zu hieven; um hineinzugehen, hat es seine Beine, und es ist nur eine Frage der Zeit, wann es sie benutzt.

Kapitel 8: Verlade dich selbst, Pferd

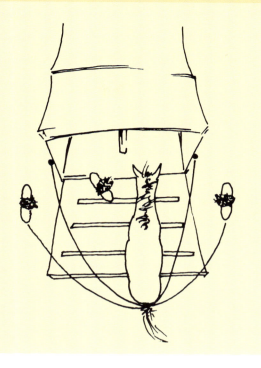

■ Verladen mit einfachem oder doppeltem »Komm-mit«: Eine Longe wird am Hänger befestigt, und läuft um die Hinterhand des Pferdes in die (behandschuhte) Hand eines Helfers auf der anderen Seite. Der Helfer kann das Pferd damit am Rückwärtsdrängeln hindern und ihm Vorwärts-Impulse an der Hinterhand geben, ohne selbst in Gefahr zu geraten. Noch besser geht's mit zwei Helfern und zwei Longen, die sich hinter dem Pferd kreuzen.

Es ist also wichtig, dass die Helfer nicht Tauziehen spielen, sondern mit Impulsen arbeiten, das Seil zwar annehmen, vor allem aber immer wieder nachgeben. Besonders wichtig ist dieses Lockerlassen der Longe, wenn das Pferd die Rückwärts-Tendenz aufgibt. Prompt soll die Belohnung erfolgen: Ein Augenblick Ruhe, Lob und Kopfsenken, bevor der nächste Vorwärts-Impuls gegeben wird; zunächst durch die Körpersprache, einen Gertentipper auf die Kruppe und ein Zupfen am Halfter, dann erst durch einen sanften Zug am »Komm-mit«, der wieder nachlassen muss, bevor das Pferd Gelegenheit hat, sich dagegen zu stemmen und sich mit seinem vollen Gewicht ins Seil zu setzen. Das »Komm-mit« kann noch durch eine Sicherheitsleine unterstützt werden (siehe S. 142).

Bei manchen Tieren funktioniert es noch besser, wenn zwei kräftige Helfer das Pferd mit einer Hindernisstange in den Hänger »schieben«. Auch in diesem Fall gilt: Zu einer echten Kraftprobe darf es dabei nicht kommen. Wenn sich das Pferd auf die Stange setzt, bricht diese wahrscheinlich, wenn nicht vorher schon einer der Helfer schlapp gemacht hat. Auch die Stange ist vor allem eine Barriere gegen Rückwärtsdrängeln und wird nur impulsartig vorwärts treibend eingesetzt.

Überhaupt sollten Sie dem Pferd das Rückwärtsgehen so unangenehm wie möglich machen. Zum Beispiel kann ein Helfer, wenn das Pferd rückwärts auszuweichen droht, hinter ihm schnell ein paar (natürlich felgenlose) Autoreifen auf den Boden legen. Dort hinterrücks hineinzulaufen, ist für den Vierbeiner ungefährlich, aber scheußlich; er straft sich damit selbst und wird vermutlich vor lauter Schreck wieder einen Satz nach vorne machen.

Vorwärts, aber wie?

Sie haben jetzt ein reichhaltiges Instrumentarium zur Hand, um zu verhindern, dass der Vierbeiner rückwärts ausweicht – aber wie kriegen Sie ihn vorwärts? Dazu brauchen Sie vor allem eins: Geduld. Egal, wie sehr es eilt, der Blick auf die Uhr ist tabu. Jedes bisschen Hektik verlängert die Aktion nur.

Wenn das Pferd vor dem Transporter in Schreckstarre verfällt – eine Reaktion, zu der es kommen kann, wenn ihm die Flucht nicht möglich scheint –, lenken Sie seine Aufmerksamkeit wieder auf seinen Körper: Bewegen Sie seinen Hals ruhig und so weit wie möglich nach rechts und links hin und her. So können

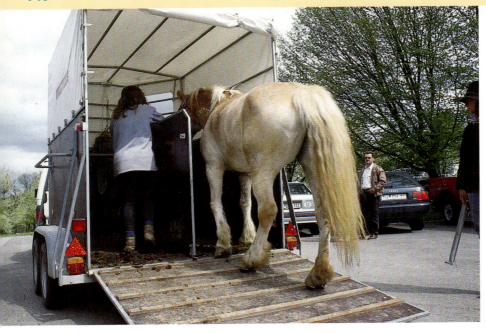

■ **Abschließen, bitte:** Ist das Pferd im Transporter, wird sofort die Heckstange geschlossen. Am besten steht ein Helfer bereit, um das prompt zu tun.

Sie die Starre lösen. Funktioniert das nicht, nehmen Sie den Kopf so weit zu einer Seite, dass das Tier einen Schritt machen *muss*, um nicht umzufallen.

Ärgern Sie sich nicht über Ihren erstarrten Vierbeiner und hören Sie vor allem nicht auf das fachkundige Publikum am Rande, das Ihnen empfiehlt, dem »sturen Bock« mal ordentlich den Frack zu versohlen. Dieses »Einfrieren« ist ein Indiz für extremen Stress. Das Pferd ist in höchster Alarmbereitschaft. Ein bisschen Entspannung wird ihm gut tun: Kopf senken, Tellington-Touches an den Ohren (hier befinden sich auch Akupressur-Punkte, die Sie stimulieren können, um das Tier zu beruhigen), ein Bissen Hafer aus der Schüssel, damit das Pferd kaut. Dann kann es in Ruhe weitergehen. Vielleicht können Sie ein Pferdebein hochheben, es ein Stück nach vorne setzen und dann mit dem Hinterbein das Gleiche tun.

Egal, was Sie sonst von Futter als Lockmittel halten – wenn es darum geht, ein unerfahrenes oder ängstliches Pferd ohne ausreichende Vorbereitung in den Hänger zu bringen, heiligt der Zweck die Mittel. Greifen Sie also hemmungslos zur Haferschüssel. Kauen beruhigt die Nerven. Ein weiterer Vorteil: Auch der ängstlichste und unerfahrenste Helfer ist in der Lage, Sie beim Locken mit der Haferschüssel zu unterstützen. Er muss nichts weiter tun, als den Napf kurz vor der Pferdenase tief zu halten und mit dem Inhalt zu rascheln. Kaum ein Pferd kann diesem Geräusch lange widerstehen.

Bringen Sie das Pferd vor den Hänger, am besten zu zweit in der beidseitigen »Dingo«-Position. Von dem Moment an, in dem es stehen bleibt, wird es mit der Haferschüssel vor der Nase gelockt. Der Gertentipp auf der Kruppe ist eine weitere Motivation, vorwärts zu gehen. Sobald sich das Tier überwunden hat, bekommt es einen Happen Hafer – *mehr nicht!* Bevor es den nächsten Bissen kriegt, muss es erst wieder einen Schritt machen.

Wenn nötig, belohnen Sie jeden einzelnen Schritt mit ein paar Körnern. Gleichzeitig aber müssen Sie dem Pferd unmissverständlich klar machen, dass es nur eine Richtung gibt, nämlich vorwärts. Jeder Schritt zur Seite oder zurück wird sofort und streng korrigiert, indem Sie darauf bestehen, dass der Vierbeiner prompt und auf dem allerkürzesten Weg – und der führt *nicht* über eine Volte – wieder an den Platz zurückkehrt, den er soeben verlassen hat.

Stehen bleiben darf das Pferd natürlich, bis es schwarz wird. Wichtig dabei ist, dass sämtliche Zweibeiner den Eindruck vermitteln, als hätten sie bis Mitternacht Zeit. Lassen Sie sich einen Kaffee bringen, rauchen Sie eine Zigarette, essen Sie einen Apfel – wenn Ihr Vierbeiner eine Pause einlegt, zeigen Sie ihm ruhig, dass Sie die Wartezeit sinnvoller verbringen können als er. Das hält kein Pferd lange aus.

Schritt für Schritt werden Sie das Pferd auf diese Weise in den Anhänger bekommen. Steht es endlich drin, wird *sofort* die Stange hinter dem Pferdepo geschlossen; sie liegt griffbereit oder wird prompt angereicht. Das Pferd darf *auf keinen Fall* Gelegenheit bekommen, aus Angst vor der eigenen Courage plötzlich rückwärts wieder aus dem Hänger zu schießen.

Das Anbinden hat jetzt Zeit. Zumal Sie ohnehin noch nicht losfahren: Egal, mit welcher Methode Sie das unerfahrene und zunächst zögernde oder sich gar sträubende Pferd in den Hänger gebracht haben – steht es erst mal drin, wird es ein bisschen mit Hafer gefüttert und dann *sofort* (eventuell immer noch fressend) wieder ausgeladen. Damit sichern Sie den Erfolg.

Dann geht's gleich wieder hinein. Wenn das Verladen beim zweiten Mal nicht deutlich einfacher ist, haben Sie etwas Entscheidendes falsch gemacht. In diesem Fall brauchen Sie und Ihr Pferd professionelle Hilfe. Weil aller guten Dinge drei sind, verladen Sie noch ein drittes Mal, bevor Sie losfahren.

Verzweifeln Sie nicht, auch nicht, wenn das Verladen drei Stunden dauert. Das ist allemal besser, als eine Gewaltaktion vom Zaun zu brechen, bei der das Pferd allenfalls lernt, wie es sich zur Wehr setzen kann, und am Ende doch nicht im Hänger steht. Beweisen Sie dem Vierbeiner lieber, dass Sie den längeren Atem und die besseren Argumente haben. Und trösten Sie sich mit dem Gedanken, dass dieses Pferd beim nächsten Mal viel besser in den Hänger gehen wird. Weil es dann darauf vorbereitet ist.

Geduldsspiel mit Härtefällen

Ein kleiner Trost für alle, die es bisher trotz aller Tipps, Möglichkeiten und Methoden nicht geschafft haben, ihr Pferd in den Hänger zu kriegen, oder für die, deren Pferd zwar willig einsteigt, aber beim Fahren Platzangst bekommt: Auch das lässt sich korrigieren. Aber nur mit viel Zeit und Geduld.

Setzen Sie sich an einem schönen Tag mit einem Buch, Kaffee, Kuchen und Kraftfutter auf die Rampe. Das Pferd nehmen Sie mit einem langen Strick ans Halfter. Sie machen es sich gemütlich, das Pferd darf um den Hänger herumalbern, Gras fressen und in der Nähe des Hängers tun, wonach ihm sonst der Sinn steht.

Irgendwann locken Sie es mit Futter. Geben Sie ihm einen Bissen, wenn es zum Beispiel vor der Rampe steht, und nehmen die Schüssel dann einfach wieder weg. Irgendwann stellen Sie das Futter auf die Rampe und warten, bis es den ersten Schritt dahin tut. Und wenn es Stunden dauert – irgendwann wird es auf die Rampe kommen. Genug für heute, am nächsten Schönwetter-Sonntag geht's weiter.

Gewöhnen Sie Ihr Pferd auf diese Weise ganz allmählich daran, dass es sein Kraftfutter im Hänger bekommt. So belegt es den Transporter nach und nach mit positiven Erfahrungen.

Lassen Sie sich trotzdem noch viele Wochen Zeit, bevor Sie das Platzangst-Pferd oder den Vierbeiner mit dem Unfall-Trauma fahren. Und wenn, dann zunächst nur ein paar Meter im ersten Gang.

Kapitel 9: Gymnastik für Fortgeschrittene

KAPITEL 9

Gymnastik für Fortgeschrittene

Schulterherein, Travers, Renvers und mehr vom Boden aus

Lektionen – nein danke?

Schulterherein, Travers, Renvers: Vor ein paar Jahren noch waren das für die meisten Freizeitreiter böhmische Dörfer. Das hat sich mit der Renaissance des klassisch-barocken Ausbildungssystems auf der Basis der Lehre von François Robichon de la Guérinière geändert. In diesem System spielen, anders als in der sogenannten englischen Reitweise, die Seitengänge schon in einem frühen Ausbildungsstadium eine entscheidende Rolle.

Ihre segensreiche Wirkung entfalten Seitengänge auch beim Western-, Gang- oder Geländepferd: Beweglichkeit, Geschmeidigkeit und Gleichgewicht werden verbessert, durch die Biegung wird die Muskulatur gedehnt, die Hinterhand wird aktiviert, weit unter den Körper zu treten, und der Vierbeiner lernt, auf feine Signale zu reagieren.

Manchmal lebenswichtig: Seitengänge

Die Seitengänge lehren das Pferd den Schenkelgehorsam, der gerade in kritischen Situationen so wichtig ist: Scheut Ihr Pferd vor einem Gespenst am rechten Straßenrand, brauchen Sie es nicht nach rechts zu stellen und riskieren, dass es über die linke Schulter ausbricht und in den nächstbesten Lastwagen rennt. Sie tun vielmehr das Gegenteil: Sie stellen das (schenkelgehorsame) Pferd nach links, bringen mit dem linken Schenkel die Hinterhand nach rechts und reiten einfach schulterhereinartig an dem Monster vorbei. Schon ist der entgegenkommende Laster kein Problem mehr.

Und noch einen Vorteil haben die Seitengänge, der vor allem für Gangpferde-Reiter interessant sein dürfte: Sie sind eine todsichere Methode, einen notorischen Passgänger in Richtung Viertakt, also in Schritt oder Tölt, zu bringen.

Von »hohlen« und »natürlich schiefen« Pferden: Über die Seitengänge zur Geraderichtung

Wer die Seitengänge nicht beherrscht, kann auch nicht geradeaus reiten. Eine absurde These? Nur auf den ersten Blick.

Erst wenn das Pferd die seitwärts treibenden Hilfen kennt und annimmt, erst wenn Sie die volle Kontrolle über die Position von Vor- und Hinterhand haben, sind Sie in der Lage, die natürliche Schiefe zu korrigieren. Und erst wenn Sie spüren, wie sich ein gebogenes Pferd anfühlt, werden Sie auch fühlen, wann es gerade ist.

Außerdem sind die Seitengänge Gymnastik pur für den Vierbeiner, besonders in die Richtung, in die sie ihm schwerer fallen: Die Übungen dehnen die Muskulatur auf der Seite, auf der sie sonst immer zusammengezogen ist, und entwickeln Kraft zur Muskelkontraktion auf jener Seite, auf der normalerweise Dehnung vorherrscht. Das Pferd wird also durch die gymnastizierenden Seitengänge überhaupt erst in die Lage versetzt, beide Körperseiten gleichmäßig zu belasten.

Jedes Pferd ist von Natur aus schief, so wie jeder Mensch entweder als Rechts- oder als Linkshänder geboren wird. Bei den einen ist die Ungeschicklichkeit auf einer Seite stärker ausgeprägt, bei den anderen weniger, aber das Phänomen an sich zeigt sich immer.

Die Geraderichtung ist deshalb erstes Ziel jeder Reiterei; schon um vorzeitigen Verschleiß durch einseitige Belastung zu verhindern. Schließlich verschlimmert sich diese Einseitigkeit beständig, wenn nichts dagegen getan

Kapitel 9: Gymnastik für Fortgeschrittene

■ Die Seitengänge verbessern Beweglichkeit und Geschmeidigkeit eines Pferdes enorm. Barbara mit ihrer Norwegerin Thirza beweist es täglich aufs Neue.

wird. Außerdem macht sie das Pferd steif: Es fällt ihm immer schwerer, das Bewegungsmuster zu verlassen, auf das sich die gesamte Muskulatur eingerichtet hat.

Die meisten Menschen sind Rechtshänder, und die meisten Pferde sind links »hohl«: Das Pferd ist in sich nach links gebogen. Selbst, wenn es geradeaus geht, scheint es ein bisschen nach links zu schauen. Die Muskulatur auf der linken Körperseite verkürzt sich dadurch, die auf der rechten Körperseite wird gedehnt. Damit wird beiden Muskulatursystemen das ausgewogene Wechselspiel aus Kontraktion und Dehnung erschwert.

Das linke Hinterbein hat meist weniger Kraft, denn es hat die Tendenz, links neben den Körperschwerpunkt zu treten statt direkt darunter – besonders, wenn es anstrengend wird. Das Pferd geht also mehr oder weniger stark traversartig nach links. Oft können Sie das sogar deutlich an den Hufspuren erkennen, die das Tier hinterlässt, wenn es vermeintlich geradeaus gegangen ist: Die Abdrücke der Hinterhufe sind nach links versetzt.

Es fällt dem links hohlen Pferd schwer, sich nach rechts zu biegen: Die fast schon überdehnte Muskulatur auf dieser Seite kann sich kaum noch ausreichend zusammenziehen, und die Muskelstränge links sind zu verkürzt, um sich noch richtig dehnen zu können. Der Versuch, Rechtsstellung zu erarbeiten, gerät gelegentlich zum Kraftakt, und das Pferd versucht entweder, sich durch eine Art Flaschendrehung aus der Biegung zu retten, indem es mit der Hinterhand ausschert, oder es kämpft darum, sich wieder nach links zu biegen, auch wenn es nach rechts geht.

Mit Seitengängen kann dieses Phänomen gezielt angegangen werden, und diese können Sie an der Hand viel leichter erarbeiten als unter dem Sattel. Auch als weniger begnadeter Reiter sind Sie in der Lage, Ihr Pferd am Boden weit auszubilden. Wenn Sie dann später aufsteigen, weiß Ihr Pferd längst, worum es geht.

Sie dürfen also durchaus an Travers und Renvers denken. Aber vorher sollten Sie vielleicht doch noch für ein paar Grundlagen sorgen ...

> ### *Maßarbeit: Das erste Auftrensen*
>
> *Wenn Sie es mit einem Anfänger zu tun haben, der bisher noch kein Gebiss im Maul hatte, ist es jetzt an der Zeit, ihn daran zu gewöhnen. Das Mundstück der Wahl ist für den Anfang immer die Trense. Natürlich soll Ihr Vierbeiner nicht gleich beim ersten Aufzäumen schlechte Erfahrungen machen, weil ihm das viel zu tief hängende Metall schmerzhaft gegen die Zähne schlägt oder weil das zu hoch sitzende Gebiss die Lefzen einklemmt. Um sich und Ihrem Pferd langwierige Anpass-Aktionen zu ersparen, nehmen Sie schon vor dem ersten Auftrensen mit einem Band Maß übers Genick von Maulwinkel zu Maulwinkel und stellen Sie den Genickriemen des Kopfstücks passend ein. Dann sind nur noch kleine Korrekturen notwendig. Das ist für das Pferd wesentlich angenehmer, als ein schlecht passendes Kopfstück angezogen zu bekommen, das dann erst mit viel Gezerre und Gezupfe zurecht geschnallt wird.*

Mit Gebiss und Zügel: Auftrensen

Ihr Pferd kennt die Trense schon? Umso besser. Dann müssen Sie nur noch dafür sorgen, dass es fein darauf reagiert. Ein paar vorbereitende Übungen sind in jedem Fall angebracht.

Das Kopfsenken beherrscht Ihr Pferd inzwischen hoffentlich perfekt. So sollten Sie auch bei einem Reitelefanten kein großes Problem mit dem Auftrensen haben, das im Wesentlichen genauso abläuft wie das Aufhalftern.

Einem Neuling machen Sie das Gebiss am besten schmackhaft, indem Sie es mit Honig einschmieren. Dann wird der Vierbeiner das Mundstück gern annehmen und gar nicht auf die dumme Idee kommen, störrisch die Zähne zusammenzubeißen. Natürlich lässt sich das Maul leicht aufzwingen, wenn Sie einen Finger in den Mundwinkel schieben, aber freiwillig ist es schließlich für beide Beteiligten angenehmer. Außerdem kaut das Pferd ganz automatisch, wenn es den Honig ablutscht, und kauen soll es ja, wenn es die Trense im Maul hat.

Gestalten Sie den Übergang vom Halfter zum Gebiss so fließend und beiläufig wie möglich, etwa, indem Sie Ihrem Schüler ein paar Wochen lang den Trensenzaum einfach unters Halfter ziehen, wenn Sie mit ihm arbeiten: Die Einwirkung geschieht nach wie vor am Halfter, aber das Gebiss ist schon mal da.

Wenn Sie anfangen, mit den Zügeln einzuwirken, können Sie diese zunächst in die seitlichen Ringe des Stall- oder Reithalfters *und* in die Trensenringe einschnallen. Der Druck verteilt sich dann gleichmäßig auf Gebiss und Nasenbein, das neue Signal geht zunächst mit einem vertrauten Zeichen einher.

Vom Kauen und Nachgeben

Setzen Sie die Zügel schon bei der Arbeit an der Hand so ein, wie Sie es später auch beim Reiten tun werden, nämlich vom Pferdekopf aus nach hinten wirkend. Um den Vierbeiner mit dieser neuen Art von Signalen vertraut zu machen, lehren Sie ihn zunächst, auf den Impuls im Maul auf zweierlei Art zu reagieren: durch Kauen und durch Nachgeben.
Stellen Sie sich vor oder neben Ihr Pferd. Greifen Sie in die Trensenringe, spielen Sie mit dem Gebiss. Eine Hand bleibt immer ruhig, die andere »massiert« das Maul mit dem Mundstück. Versuchen Sie so, das Pferd zum Kauen zu bewegen. Kauen regt den Speichelfluss an, damit werden zum einen Verspannungen und Blockaden im Genick- und Ganaschenbereich gelöst, zum anderen »schmiert« das Pferd mit seinem Speichel das Mundstück, das dadurch angenehmer im Maul liegt.
Auf die richtige Idee bringen Sie Ihren Vierbeiner, indem Sie ihn zunächst veranlassen, das Maul zu öffnen, zum Beispiel indem Sie das Mundstück auf der einen Seite behutsam nach vorn und auf der anderen Seite vorsichtig nach hinten gegen die Laden drücken. Achtung: Mit festgezurrtem Sperrriemen kann das Pferd der Aufforderung zum Maulöffnen natürlich beim besten Willen nicht folgen. Wenn Sie einen Nasenriemen verwenden, achten Sie darauf, dass er das Pferd tatsächlich nur am Sperren, nicht aber am Kauen hindert.
Erfolgt die gewünschte Reaktion, macht der Vierbeiner also brav das Maul auf, geben Sie sofort nach und loben Sie Ihren Schüler. Die Stimme und ein Kraulen sollten dafür reichen; in dieser Phase bringt es nicht viel, mit Leckerli zu schummeln. Schließlich soll das Pferd kauen, weil es aufs Gebiss reagiert, und nicht, weil es frisst. Fressen kann Ihr Vierbeiner schon, das müssen Sie ihm nicht beibringen.
Manche Pferde verstehen nicht gleich, was das Ganze soll. Sie versteifen verschreckt die Maulpartie oder beißen wütend auf dem Mundstück herum. Ärgern Sie sich nicht darüber, sondern helfen Sie dem Neuling, sich zu entspannen, etwa durch eine sanfte Maulmassage und Tellington-Touches.
Nach dem Abkauen, das Sie dem Pferd sein Leben lang immer wieder ins Gedächtnis rufen können, kommt das seitliche Nachgeben. Am besten stellen Sie sich zunächst vor den Kopf, damit das Tier nicht aus einem Missverständnis heraus anfängt, Sie zu umkreisen.
Greifen Sie den Zügel direkt hinter dem Trensenring und ziehen Sie sanft nach hinten und seitlich vom Pferd weg. Der Seitwärts-Impuls hilft einem jungen Pferd, das Signal zu verstehen: Wenn Sie nicht nur zurück, sondern auch vom Pferd weg ziehen, wird auf der anderen Seite des Mauls der Trensenring gegen die Maulspalte gedrückt. Eine D-Ring- oder Knebeltrense verstärkt diesen Effekt noch. Fast automatisch wird das Pferd dem Druck weichen, also dem Zug nachgeben und seinen Kopf in die gewünschte Richtung bewegen. Wenn es auch nur einen Ansatz in diese Richtung macht, geben Sie sofort nach und loben Sie den gelehrigen Schüler überschwänglich.
Falls Ihr Pferd dagegen den gesamten Hals-Genick-Bereich fest macht und schreckensstarr stehen bleibt oder dagegenzieht, helfen Sie ihm zunächst, sich zu entspannen. Fordern Sie ihn auf, den Kopf zu senken und abzukauen, und bauen Sie dann erneut Druck auf. Geben Sie immer wieder nach, auch, wenn der Vierbeiner das nicht tut, damit keine Tauzieh-Situation entstehen kann. Öffnen und schließen Sie die Zügelfaust, als würden Sie einen Schwamm ausdrücken. Probieren Sie, noch mehr seitlich und noch weniger nach hinten zu zupfen. Wenn gar nichts geht, greifen Sie mit der anderen Hand ums Nasenbein und führen den Kopf behutsam in die Biegung.
Schnell wird Ihr Vierbeiner das Grundprinzip begriffen haben. Jetzt können Sie mehr Biegung verlangen und gleichzeitig die Zügelhilfe nach und nach immer weniger seitlich und mehr nach hinten wirken lassen. Als Reaktion auf

beständiges Annehmen und Nachgeben sollte das Pferd den Kopf mit der Zeit bereitwillig so weit in beide Richtungen biegen, dass es mit der Nase seinen Rumpf berührt. Sie können ihm dabei helfen, indem Sie mit der freien Hand gegen die Mitte des Halses drücken und den Vierbeiner auf diese Weise auffordern, sich um Ihre Hand herum zu biegen. Erzwingen Sie aber nichts – vielleicht hat Ihr Pferd Verspannungen, die ihm diese Bewegung schwer machen. Verlangen Sie ganz behutsam immer ein bisschen mehr; Sie können die Biegung über mehrere Tage hinweg beständig ausbauen.

Zunächst versucht der Vierbeiner vielleicht, mit der Hinterhand einen Ausfallschritt zu machen, um sein Gleichgewicht zu halten. Das verhindern Sie am einfachsten und effektivsten, indem Sie das Pferd parallel zu einem Zaun stellen, der die Hinterhand begrenzt.

Diese extreme Halsbiegung – südamerikanische Pferdeausbilder nennen die Übung »Flexen« und würden nie darauf verzichten – lehrt das Pferd zum einen Nachgiebigkeit, zum anderen dehnt sie die Muskulatur an der jeweils äußeren Halsseite, wenn Sie das Pferd 20 bis 30 Sekunden in der starken Biegung verharren lassen, bevor es den Hals wieder gerade richten darf. Bald wird das Flexen ohne helfende Hand in der Halsmitte und ohne den begrenzenden Zaun funktionieren: Das Pferd hat verstanden, dass es dem Zügel seitlich nachgeben soll, und zwar so weit, wie der Mensch es verlangt. Manche Pferde finden diese Bewegung übrigens richtig angenehm und probieren sie auch auf dem Auslauf immer wieder aus. Freuen Sie sich darüber: Sie haben Ihrem Pferd etwas gezeigt, das ihm gut tut.

Und wieder anhalten – aber korrekt

Ihr Pferd hat gelernt, dem Druck der Trense auf die Laden in beide Richtungen nachzugeben; nun muss es noch das neue Signal zum Anhalten kennen lernen. Den Impuls auf der Nase, den Gertentipp an der Brust und das Stimmkommando kennt es ja schon. All diese Signale treten jetzt mehr und mehr in den Hintergrund, ein freundliches Öffnen und Schließen der Zügelfaust wird in den Vordergrund gerückt.

Führen Sie also einfach wie gewohnt ein paar Schritt-Halt-Übergänge, nur dass Sie statt des Zupfens am Führstrick die Zügelfaust schließen, die beide Zügel direkt unter dem Pferdekinn hält. Am besten lassen Sie die Zügel geteilt in die Hand laufen, so dass Sie differenzierter einwirken können. Zum Beispiel könnte, wenn Sie links vom Pferd stehen, der linke Zügel zwischen Daumen und Zeigefinger gehalten werden und der rechte zwischen Ring- und kleinem Finger. So genügt eine leichte Drehung der Hand, um nur einen der beiden Zügel wirken zu lassen. Die Zügelenden lassen Sie am besten auf dem Pferdehals liegen, dort sind sie nicht im Weg.

Nach jedem Halt lassen Sie Ihren Schüler den Kopf senken und abkauen. So lernt er von Anfang an, sich vertrauensvoll an den Zügel heranzustrecken und nicht den Kopf hochzureißen oder den Hals steif zu machen.

Bemühen Sie sich, die bekannten Hilfen zum Anhalten mehr und mehr durch den Impuls am Zügel zu ersetzen. Natürlich ist das Stimmsignal ein Pferdeleben lang erlaubt, aber drosseln Sie mit der Zeit die Lautstärke so sehr, dass nur noch Sie und Ihr Pferd es hören können.

Wenn das Anhalten soweit klappt, können Sie es perfektionieren. Dazu führen Sie das Pferd am besten in der »Dingo«-Position: Wenn Sie links vom Pferd gehen, halten Sie die Zügel direkt hinter dem Pferdemaul in der Linken und die Gerte in der Rechten. Es geht mal wieder um die Kontrolle über die Hinterhand. Jetzt kommt es darauf an, dass der Vierbeiner geschlossen steht, also beide Vorderhufe und beide Hinterhufe nebeneinander stellt. Im Optimalfall stehen die Hinterhufe genau unter den Hüfthöckern. Bei den meisten Pferden klappt das geschlossene Stehen vorn ganz gut, aber ein Hinterbein – meist das »faulere«, denn schließlich gibt's auch bei Pferden Links- und Rechtshänder – bleibt immer hinten herausgestreckt. Nehmen Sie das nicht hin. Schließlich wollen Sie, dass Ihr Pferd alle Körperteile möglichst gleichmäßig belastet. Es ist also höchste Zeit, gegen die berühmte natürliche Schiefe anzugehen.

Fordern Sie Ihren Vierbeiner direkt nach dem Anhalten auf, den zu weit hinten geparkten Huf nach vorn neben den anderen zu setzen. Am besten geht das, indem Sie das entsprechende Bein abstreichen und dann mit der Gerte auf die Kruppe über dem »faulen« Bein tippen. Tun Sie das beharrlich, bis wenigstens ein Ansatz der richtigen Reaktion kommt, und loben Sie deutlich, sobald das Pferd den Huf auch nur einen Millimeter bewegt.

Ihr Schüler ist auf Ihre prompte lobende Bestätigung angewiesen, denn wahrscheinlich weiß er zunächst nicht so genau, was Sie eigentlich von ihm wollen, und bietet ratlos verschiedene Elemente aus seinem Repertoire an. Zuerst wird er vielleicht versuchen, nach vorne anzutreten. Aber Sie halten ja die Zügel, um das sofort zu unterbinden: Die Vorhand bleibt bitteschön am Platz. Versucht der Vierbeiner, rückwärts oder seitwärts zu treten, manövrieren Sie ihn ebenso prompt wie freundlich wieder an den Ausgangsort zurück.

Wahrscheinlich wird Ihr Pferd zunächst eher zufällig als absichtlich das Erwünschte tun, aber das »warum« spielt im Moment keine Rolle: Hauptsache, Sie machen dem Vierbeiner deutlich, dass sein Verhalten richtig war. Dann wird es sehr bald als Reaktion auf ein Signal abrufbar.

Vielleicht zieht Ihr Schüler brav den herausgestellten Huf unter den Körper, stellt ihn aber nur auf die Zehenspitze, als würde er dösen. In der gegenwärtigen Situation hat das mehr mit Unsicherheit als mit Schläfrigkeit zu tun. Streichen Sie das Bein ab und tippen Sie erneut auf die Kruppe, bis der Huf richtig am Boden steht, und loben Sie dann, was das Zeug hält!

Gewöhnen Sie sich an, Ihr Pferd immer und grundsätzlich geschlossen hinzustellen, wenn Sie es angehalten haben. So wird ein Automatismus daraus. Sehr bald reichen schon ein Stimmkommando – etwa »ordentlich!« – und die auf die Kruppe gelegte Gerte, und das Pferd setzt den herausgestellten Fuß unter den Körper.

Die »Bergziege«

Damit haben Sie die Grundlage für die Übung »Bergziege« gelegt Jetzt geht es darum, Hinter- und Vorderbeine so nah zueinander zu bringen, als müsse das Pferd auf einem Gipfel balancieren. Das wölbt den Rücken auf, schult das Gleichgewichtsgefühl des Pferdes und dehnt und kräftigt Muskeln und Bänder, besonders das Nackenband, das für das Tragen des Reitergewichts so wichtig ist.

Stellen Sie sich eine auf die Spitze gestellte Pyramide vor: Sie ist leicht aus dem Gleichgewicht zu bringen, und ähnlich anfällig ist die Balance des Pferdes, wenn es auf einer kleinen Fläche steht. Ein Umstand, den Dressurreiter nutzen, indem sie das Pferd versammeln und dann das fragile Gleichgewicht gezielt stören: Mit tief untergesetzter Hinterhand reagiert das Tier schon auf minimale Gewichtsverlagerungen des Reiters. Die Lektion »Bergziege« ist damit nicht nur Gymnastik für den Körper, sondern bereitet das Pferd auch psychisch auf höhere Anforderungen vor und nimmt ihm die Angst vor einer derart instabilen Haltung.

Jetzt kommen Sie mit Gertentippern auf die Kruppe wahrscheinlich nicht mehr aus, und Sie müssen sich auch nicht darauf beschränken. Berühren Sie das geschlossen stehende Pferd mit der Gertenspitze am Sprunggelenk oder knapp darunter, kitzeln, touchieren und klapsen Sie, bis Sie eine Reaktion bekommen. Sobald Ihr Schüler das Bein bewegt, loben Sie: Schnell

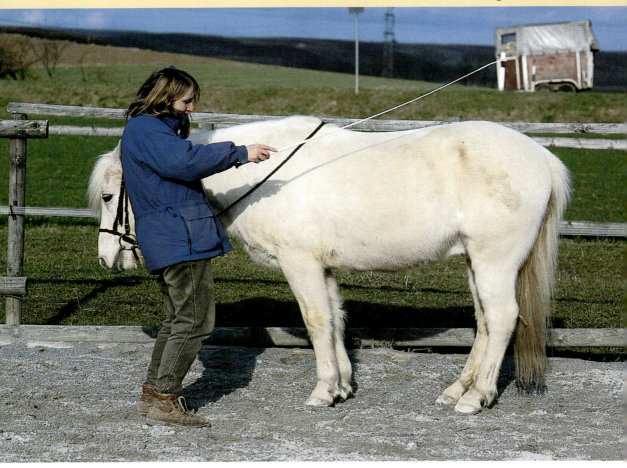

■ **Bergziege:** Mit weit untergesetzter Hinterhand und tiefem Kopf dehnt das Pferd Nackenband und Rückenmuskulatur.

wird das Pferd verstehen, dass es die Hinterbeine auf ein Touchieren hin anzuheben hat. Das »Bein-vorwärts-Setzen« vermitteln Sie dem Vierbeiner, indem Sie die Gerte in einer Mischung aus Touchieren und Abstreichen an der Rückseite des Beins vom Sprunggelenk in Richtung Fesselkopf bewegen, um dem Pferd den Eindruck zu vermitteln, Sie wollten den Fuß mit der Gerte nach vorne schieben.

Fordern Sie das Pferd dabei immer wieder auf, den Kopf zu senken: durch die Hand im Genick, Spielen am Zügel und vielleicht ein Leckerli. Nur so wird das Nackenband optimal gedehnt, und die Übung entfaltet ihren ganzen gymnastizierenden Wert.

Seien Sie auch hierbei mit kleinen Fortschritten zufrieden und loben Sie erwünschte Reaktionen schon im Ansatz. Die meisten Pferde sind körperlich durchaus in der Lage, Hinter- und Vorderbeine so nah zusammenzurücken, dass sie auf einem DIN-A-4-Blatt stehen könnten. Lassen Sie Ihrem Vierbeiner aber ein paar Tage Zeit dafür.

Anlehnung akzeptieren

In nahezu allen Reitweisen wird zumindest in der Grundausbildung mit Anlehnung geritten; das heißt, der Zügel hängt nicht durch, sondern hält Kontakt zum Pferdemaul. Wer sein Pferd nicht nur als Transportmittel verwenden, sondern es auch gymnastizieren will, kann darauf nicht verzichten. Das Gebiss ist nämlich – von den ersten Reitversuchen abgesehen – weniger zum Lenken und Bremsen da, als um die Kopfhaltung in der Bewegung zu beeinflussen und Feinheiten wie Stellung und Biegung zu bestimmen. Ihr Pferd muss also lernen, dass es dem Druck im Maul auch nachgeben kann, indem es seine Kopfhaltung verändert. Und es muss verstehen, dass dieser Druck nicht unbedingt »halt!« bedeutet. Mit diesen Tatsachen können Sie Ihren Vierbeiner übrigens schon konfrontieren, bevor er zum ersten Mal geritten wird.

Am einfachsten geht das, indem Sie Ihr Pferd behutsam mit Ausbindern vertraut machen. Das Gefühl einer Zügelhilfe hat Ihr Vierbeiner ja schon kennen gelernt. Also sollte er nicht gleich die Nerven verlieren, wenn er feststellt, dass er den Hals nicht mehr völlig frei bewegen kann. Aber vielleicht tut er es doch – lassen Sie die Ausbinder zu Beginn der Gewöhnung deshalb so lang, dass das Pferd den Hals noch fast bis zum Boden strecken kann. Dadurch hat das Pferd noch so viel Bewegungsfreiheit, dass es nicht erschrecken wird, wenn es die Begrenzung erreicht. Und wenn es doch zurückzuckt, bringt es seinen Kopf damit automatisch in eine Position, in der es die langen Ausbinder nicht mehr spürt.

Übrigens ist es auch bei der Gewöhnung an die Ausbinder eine gute Idee, diese zunächst in die seitlichen Ringe von Stall- oder Reithalfter *und* in die Trensenringe einzuhaken. Wenn das Pferd das Grundprinzip verstanden hat, darf's der Trensenring allein sein.

Machen Sie ein paar Führübungen mit Ihrem Vierbeiner und fordern Sie ihn dabei auf, den Kopf zu senken und sich an die neue Begrenzung heranzudehnen. Vielleicht schreckt das Pferd zunächst zurück, schüttelt unwillig den Kopf oder bleibt verdutzt stehen. Lassen Sie ihm Zeit, sich mit der Situation vertraut zu machen, und führen Sie es dann wieder an; es soll wissen, dass Vorwärts gefragt ist.

Wenn das Pferd die langen Ausbinder willig und ohne jede Aufregung annimmt, können Sie sie in den nächsten Tagen allmählich verkürzen. Übertreiben Sie's aber nicht: Auf keinen Fall soll der Youngster durch die Ausbinder »in Haltung« gezwungen werden. Die meisten Pferde *können* in diesem Stadium der Ausbildung noch gar nicht längere Zeit schmerzfrei mit senkrechter Nasenlinie und rundem Hals laufen. Bis sie die entsprechende Muskulatur aufgebaut haben, vergeht viel Zeit, und wenn es so weit ist, werden sie keine Hilfszügel mehr brauchen.

Schnallen Sie die Ausbinder also nur so kurz, dass Ihr Schüler den Kopf noch bequem deutlich vor der Senkrechten tragen kann. Es geht nicht darum, das Pferd in eine Form zu pressen, sondern darum, dass der Vierbeiner die Begrenzung durch den Zügel willig akzeptiert

Geht's auch ohne Hilfszügel?

Sie können das Gehen in Anlehnung auch ganz ohne Ausbinder üben, aber das ist wesentlich schwieriger. Denn die Ausbinder bleiben immer gleich lang, weil sie sich mit dem Pferd bewegen. Wenn dagegen der neben dem Pferd stehende Mensch die Zügel hält, müssen seine Hände jede Bewegung des Pferdes ohne Verzögerung begleiten, damit der Zügelkontakt ebenso berechenbar und beständig bleibt wie mit Ausbindern.

Außerdem kommen Sie mit dieser Methode bei einem unerfahrenen Jungpferd schnell in die Verlegenheit, zu wenige Hände zu haben. Eine brauchen Sie, um das Pferd anzuführen, die zweite, um mit der Gerte nachzutreiben, die dritte für den linken und die vierte für den rechten Zügel. Greifen Sie also bei allem berechtigten Misstrauen gegen Hilfszügel lieber doch auf die Ausbinder zurück.

und trotzdem nicht stehen bleibt, sondern vorwärts geht, und zwar in einer entspannten Haltung.

Ausbinder helfen auch, Extremhaltungen zu korrigieren, etwa »Sterngucker«, die ständig den Kopf hochreißen und den Unterhals vor- und dadurch automatisch den Rücken wegdrücken. Aber achten Sie unbedingt darauf, das Pferd nicht einzuengen und dadurch Widerstand und Verspannung zu provozieren oder den jugendlichen Vorwärtsdrang (ein echtes Geschenk) zu bremsen. Verschnallen Sie die Ausbinder also nicht nur lang, sondern auch tief, etwa auf Höhe des Ellenbogens. So wirkt das Gependel der Ausbinder vor allem locker vorwärts-abwärts fragend, so, wie es auch die sensible Reiterhand beim jungen Pferd tut.

Wenn das Pferd die Anlehnung vertrauensvoll akzeptiert, können Sie den Ausbinder wieder weglassen und jetzt tatsächlich ihre eigenen Hände einsetzen. Nun reichen nämlich zwei, weil Sie nicht mehr so viel mit Anführen und Nachtreiben zu tun haben. Ihr Schüler hat ja begriffen, dass der Impuls im Maul nicht zwingend »Stopp« heißt. Führen Sie das Pferd auf Schulterhöhe und halten Sie Ihre beiden Hände bereits dort, wo sie später beim Reiten liegen, nämlich links und rechts des Widerrists. Am besten legen Sie die Hände am Fell an, damit Sie die Bewegungen des Pferdes weich mitmachen können. Üben Sie die Schritt-Halt-Schritt-Übergänge jetzt mit nur noch zwei Hilfen: der Stimme und dem Öffnen und Schließen der Zügelhände.

Noch eine Führposition

Nun geht es an die Führposition, die Sie gleich für die Seitengänge brauchen werden. Einen Namen hat sie nicht, aber sie ist der »Dingo«-Position sehr ähnlich, also im Grunde nichts Neues für Sie und Ihren Vierbeiner.

Sie stellen sich zum Beispiel links neben das Pferd. Die Zügel liegen auf dem Hals. Ihre linke Hand greift nun in den linken Trensenring. Der rechte Zügel führt vom rechten Maulwinkel kurz vor dem Widerrist über den Pferdehals in Ihre rechte Hand, die Sie etwa auf Höhe der Stelle halten, an der später die Kniepausche des Sattels ist.

Die Rechte ist damit leider noch nicht fertig: Sie muss auch noch die Gerte nehmen. Hüten Sie sich, das Pferd mit dieser Hand zu berühren. Halten Sie sie mindestens eine Faustbreit vom Vierbeiner entfernt. Sie erinnern sich an die Sache mit der Individualdistanz? Darauf müssen Sie jetzt gesteigerten Wert legen, damit das Manöver nicht in ein respektloses Gerempel ausartet.

Fassen Sie den über den Hals geführten rechten Zügel so kurz, dass das Pferd den Hals zwar nicht einrollen muss, aber auch nicht mehr in Endlos-Dehnungshaltung gehen kann, stellen Sie also eine Anlehnung her, die Pferd und Ausbilder einigermaßen angenehm ist. Natürlich müssen Sie diese Anlehnung gleichzeitig und in gleichem Maße auch am linken Trensenring aufbauen, sonst müsste sich das Pferd ja im Genick verwerfen.

Das Treiben per Gertentipp auf der Kruppe bedarf jetzt einigen Geschicks: Schließlich halten Sie in der rechte Hand ja nicht nur die Gerte, sondern auch den rechten Zügel. Und es kann nicht Sinn der Sache sein, dem armen Vierbeiner gleichzeitig mit der Gertenhilfe einen Ruck im Maul zu verpassen. Probieren Sie das Anführen in dieser Führposition also lieber ohne Antippen; für ein gut vorbereitetes Pferd sollten Stimmsignal, Vorwärts-Impuls am Trensenring und vielleicht ein sichtbares Heben der Gertenspitze ausreichen. Üben Sie von Anfang an, die Gerte ruhig auf Höhe des Pferdeknies zu halten.

Notfalls müssen Sie einen Helfer bitten, nachzutreiben. Verbieten Sie sich strengstens, das Pferd am Hinterschenkel zu touchieren, damit es vorwärts antritt; die Seiten der Hinterhand sind spätestens jetzt für seitwärts treibende Hilfen reserviert.

Kapitel 9: Gymnastik für Fortgeschrittene

■ So soll's sein: Der Führarm am Trensenring ist gestreckt, die Gertenhand berührt das Pferd nicht, die Ausbilderin geht aufrecht und souverän neben dem Pferd, den Körper in Richtung Ziel gewandt.

Ihre Körperhaltung gleicht im Wesentlichen der in der »Dingo«-Position: ganz leicht dem Pferd zu-, aber im Wesentlichen nach vorn gewandt. Jede Hand führt einen Zügel; Sie können damit also schon ganz ähnliche Signale geben wie später beim Reiten.

Jetzt zahlt sich aus, dass Sie Ihr Pferd gelehrt haben, dem einseitigen Signal am Zügel nachzugeben und den Hals zu biegen, in Anlehnung zu gehen und auf die Kombination von Zügel- und Stimmsignal hin anzuhalten. Sie können es bei der Führarbeit an der Trense mehr und mehr stellen und biegen, das heißt, Sie können einige Elemente der Reitausbildung schon ganz stressfrei am Boden vorwegnehmen. Dabei lernt der Vierbeiner auch gleich das Zusammenspiel von innerem und äußerem Zügel kennen: Der Innere leitet die Biegung ein, der Äußere begrenzt sie.

Üben Sie diese Führposition auf beiden Seiten des Pferdes, lassen Sie es Volten auf der linken und auf der rechten Hand gehen, anhalten und wieder antreten. Wenn das alles gut klappt, ist Ihr Pferd endlich reif für die Seitengänge.

Seitlich übertreten

So ganz fremd ist die Seitwärts-Bewegung Ihrem Schüler ja hoffentlich ohnehin nicht mehr. Wahrscheinlich haben Sie die Sache schon am Halfter gründlich geübt. Jetzt können Sie die Lektion aber erheblich verfeinern, weil Ihnen die Führung an zwei Zügeln erlaubt, nicht nur die Bewegungsrichtung, sondern auch Stellung und Biegung zu bestimmen.

Fangen Sie mit etwas Einfachem an – mit dem seitlichen Übertreten, bei dem das Pferd im Körper fast gerade bleibt und nur im Hals leicht gebogen ist.

Wie immer ist es entscheidend, dass Sie eine präzise Vorstellung von dem haben, was gleich zu tun ist. Gehen Sie also noch mal alles im Geiste durch, bevor Sie anfangen. Am besten gelingt das seitliche Übertreten aus dem Fluss der Bewegung heraus; wenn Sie unterwegs noch mal anhalten müssen, um zu überlegen, machen Sie es sich und dem Pferd nur unnötig schwer.

Am leichtesten haben Sie es, wenn Sie die Übung einleiten, indem Sie das Pferd schräg auf eine Wand oder einen Zaun zu führen, das passiert zum Beispiel ganz automatisch am Ende einer Kehrtvolte. Führen Sie zunächst zwei oder drei normale Kehrtvolten an der Stelle, an der Sie gleich das Seitwärts-Übertreten einleiten wollen. Das Pferd bekommt auf diese Weise schon einmal eine Vorstellung von der Linie, auf der es sich bewegen soll. So wird es wahrscheinlich auch nicht ratlos stehenbleiben, wenn es auf eben dieser Linie seitlich übertreten soll: Zumindest hat es bereits eine Ahnung, in welche Richtung die Reise geht.

Jetzt wird es ernst: Sie führen Ihr Pferd von links auf der linken Hand. Sie sind innen, das Pferd außen. Nun geht's per Kehrtvolte auf die rechte Hand. Im 45°-Winkel führen Sie das Pferd auf den Zaun zu. Die Vorhand erreicht den Hufschlag – aber die Hinterhand soll ihr diesmal nicht dorthin folgen, sondern auf dem zweiten Hufschlag bleiben: Das Pferd soll wie beim Schenkelweichen seitlich übertreten.

Um das zu erreichen, stellen Sie das Pferd mit der linken Hand am Trensenring leicht nach links, also entgegen der Bewegungsrichtung: Es soll sich ja nach rechts bewegen. Das Pferd guckt nun gegen den Zaun, kann also nicht nach vorne wegstürmen. Das ist schon mal gut so.

Der rechte Zügel behält Anlehnung, um die Halsbiegung zu begrenzen. Das ist wichtig, andernfalls passiert es schnell, dass der Vierbeiner nur im Hals gebogen ist, mit dem Rest des Körpers aber einfach geradeaus hinterher marschiert. Das ist nicht Sinn der Sache; es geht jetzt nicht mehr ums Flexen.

Die Hinterhand treiben Sie seitwärts, indem Sie mit der Gertenspitze das Kniegelenk des Pferdes touchieren – mehr oder weniger fein, je nachdem, wie sensibel der Vierbeiner reagiert. Falls mehrere Tipper nötig sind, touchieren Sie unbedingt arhythmisch. Gleichzeitig bewegen Sie den Pferdekopf am *gestreckten* Arm von sich weg, indem Sie mit der Hand am Trensenring vibrieren und, wenn das nicht reicht, die Fingerknöchel impulsartig gegen die Maulpartie ticken.

Reagiert das Pferd überhaupt nicht auf die Gerte, tippen Sie ausnahmsweise tiefer am Bein, unterhalb des Sprunggelenks (dieser Bereich

Kapitel 9: Gymnastik für Fortgeschrittene

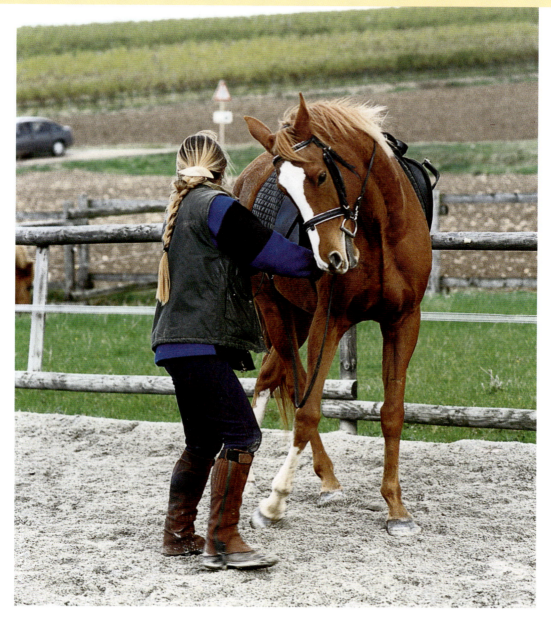

■ **Festgestarrt:** Ein typischer Fehler ist es, sich an der Hinterhand festzugucken – damit wirkt die eigene Körperhaltung nicht mehr souverän, der Pferdekopf kommt fast automatisch in eine überstellte Position, und das Pferd wird sein Gleichgewicht durch eine Vorhandwendung zu retten versuchen.

ist eigentlich für die Übung Hinterbeine-Heben und irgendwann viel später für die Piaffe reserviert). Dort sind die meisten Pferde sensibler. Sehr bald sollte ein Touchieren ohnehin kaum mehr nötig sein; ein gut geschultes Pferd reagiert bereits auf ein leichtes Aufwärts-Schlenkern der ansonsten waagrecht gehaltenen Gerte.

■ Aufrecht und souverän geht die Ausbilderin aufs Ziel zu, und Bèla macht (fast) alles richtig, ist nur noch leicht im Genick verworfen. Das kann die linke Hand am Trensenring durch einen kurzen Aufwärts-Impuls leicht korrigieren.

Bei allem Treiben dürfen Sie nicht den Fehler machen, sich an der Hinterhand festzustarren.
Leichter gesagt als getan, aber es ist wichtig, denn dieses Starren brächte Ihren ganzen Körper in eine ungute, defensive Haltung.

Außerdem würden Sie zu stark seitwärts und zu wenig vorwärts treibend wirken und damit das Pferd geradezu provozieren, die Hinterhand wegzuklappen, ohne die Vorhand mitzunehmen. Das Ergebnis wäre eine Vorhandwendung, kein seitliches Übertreten.

Ein gelegentliches Schielen auf die Hinterbeine ist natürlich erlaubt. Schließlich müssen Sie ja wissen, ob die Beine gut kreuzen und ob die Gerte an der richtigen Stelle touchiert. Aber im Grunde muss Ihr Blick auf das Ziel gerichtet sein, etwa auf das Ende der langen Seite. Das Gleiche gilt für Ihre Körperfront.

Der rechte Zügel begrenzt während des Treibens auch die Seitwärts-Bewegung der Hinterhand. Durch ein kurzes Parieren können Sie verhindern, dass sich Ihr Vierbeiner statt eines Schrittes zur Seite einfach um die Vorderbeine dreht. Dieses Parieren geschieht, indem Sie die Zügelhand ganz leicht nach unten, vor allem aber weiter vom Pferd weg bewegen. Machen Sie sich bewusst, dass dieser über den Hals geführte Zügel höher und damit schärfer wirkt als der andere; dosieren Sie die Hilfe also so fein wie möglich. Vielleicht reicht schon ein kurzes Schließen der Faust.

Wenn trotz allem zunächst eine Vorhandwendung aus dem seitlichen Übertreten wird, ist das kein Unglück, aber ein Grund, alle Hilfen noch einmal kritisch zu prüfen: Sind Sie tatsächlich geradeaus auf das Ziel zu gegangen, oder haben Sie Ihre Füße kreuzend und zu langsam gesetzt? War Ihr linker Arm wirklich gestreckt, oder haben Sie den Pferdekopf damit auf sich zu gezogen?

Geführt wird in dieser Position *immer* am langen Arm – Pferd und Mensch müssen jetzt einen konstanten Abstand zueinander halten, damit beide ihre Balance wahren können, statt aufeinander zu zu torkeln und sich aneinander abzustützen.

Damit Ihr Schüler nicht anfängt, Sie zu umkreisen, muss er vom ersten Schritt an auch die Vorhand seitwärts bewegen. Das ahnt Ihr Pferd hoffentlich schon, weil es ja die Vorübungen am Halfter absolviert hat und auch weiß, in welche Richtung es nach der Kehrtvolte weitergeht. Unterstützen Sie diese Idee, indem Sie sich bei Erreichen der Bande ohne jede Verzögerung weiter aufs Ziel zu bewegen. Wenn Sie dabei genug Präsenz ausstrahlen, bleibt dem Pferd gar nichts anderes übrig, als seitwärts vor Ihnen herzugehen. Notfalls gibt's das bereits erwähnte Ticken mit den Fingerknöcheln am Maul.

Die Seitwärts-Bewegung der Vorhand füllt dem Tier umso leichter, je geringer die Abstellung ist, also der Winkel, in dem das Pferd zum Zaun geht. 45° reichen völlig aus.

Widerstehen Sie unbedingt der Versuchung, das Pferd mit der rechten, der Zügel- und Gertenhand, zu berühren oder gar wegzudrücken. Vielleicht hilft es, wenn Sie sich noch mal folgende Grundsätze ins Gedächtnis rufen: Sie sind der Chef – das heißt, Sie können es sich leisten, mit feinen Zeichen zu arbeiten. Sie bestehen auf Ihrer Individualsphäre. Sie rempeln nicht. Sie haben es nicht nötig, Ihre Körpermasse einzusetzen (und Ihr Pferd sollte nie erfahren, dass Sie keine Chance hätten, wenn Sie es täten).

Das Wichtigste ist einmal mehr Ihre eigene Souveränität. Wenn Sie von der Sache überzeugt sind und auch überzeugend wirken, kann die Lektion gar nicht schief gehen.

So vermitteln Sie dem Pferd Ihre Führungsqualitäten:

- Halten Sie sich gerade.
- Atmen Sie frei und tief.
- Machen Sie große, langsame, entspannte Schritte.
- Halten Sie das Pferd am fast gestreckten Arm auf Abstand.
- Visieren Sie das Ziel an.

Jetzt ist es auf der anderen Hand hoffentlich nur noch halb so schwer, wenngleich Sie nun Gerte und äußeren Zügel in der linken, wahrscheinlich ungeschickteren Hand halten müssen. Die tückischste Klippe haben Sie umschifft, von jetzt an wird's einfacher.

Bodenarbeit – Pferdetraining an der Hand

■ Augen geradeaus: Yvettes Blick und Körperhaltung sind zielgerichtet – Picco kann fast nicht anders, als in sauberem Schulterherein flüssig voranzuschreiten.

Vorbereitungen für das Schulterherein

Sie sind jetzt nicht mehr weit davon entfernt, die schulmäßigen Seitengänge Schulterherein, Travers und Renvers an der Hand einzuüben. Nur ein paar Vorübungen sind noch sinnvoll; im Wesentlichen handelt es sich dabei um Verfeinerungen beim Seitlich-Übertreten. Wenn die Grundlagen sitzen, können Sie zum Beispiel an der Abstellung arbeiten: Nehmen Sie sich einen Winkel vor – 45, 60 oder auch mal nur 30° – und üben Sie, diesen Winkel möglichst über die ganze lange Seite der Bahn präzise einzuhalten. So bekommt die Übung neben dem gymnastischen auch einen pädagogischen Wert: Aus der Zufälligkeit in der Ausführung der Lektion wird Bewusstheit. Bald schon brauchen Sie die Bande vor der Pferdenase nicht mehr als optische Begrenzung: Ihr Schüler hat begriffen, dass es hier nicht um Vorwärtsstürmen geht, er kennt und akzeptiert seitwärts treibende Hilfen.

Wechseln Sie immer wieder zwischen Seitlich-Übertreten und Geradeaus. Jede Lektion hat erst dann Wert, wenn Sie sie auch wieder abstellen können. Ein Pferd, dass begeistert immer weiter seitwärts rennt, ist vielleicht nett und eifrig, aber offenbar nicht wirklich kontrollierbar.

Geraderichten können Sie Ihr Pferd, indem Sie die Vorhand wieder vor die Hinterhand bringen; dies gelingt mit einer Hilfe am äußeren Zügel und gleichzeitig mit einem kurzen Druck-Impuls der Faust am Trensenring gegen die Maulpartie oder den Unterkiefer.

Eine schöne Übung ist auch das Anhalten aus dem Seitengang. Neben dem vertrauten Stimmsignal und einer fließenden Bewegung, mit der Sie etwas mehr vor das Auge des Pferdes treten, hilft ihm dabei eine deutliche Parade am äußeren Zügel, der über den Hals führt und in der Gertenhand gehalten wird. Diese Parade verhindert, dass die Hinterhand weiterläuft, wenn die Vorhand schon gestoppt hat.

Wenn das Pferd brav anhält, aber nicht geschlossen steht, holen Sie das herausgestellte Hinterbein mit einem Abstreichen und dem vertrauten Gertentipp auf der Kruppe unter den Körper. Lassen Sie das Pferd abkauen und den Kopf senken, loben Sie es und fordern es dann auf, wieder seitlich anzutreten. In aller Ruhe, versteht sich: Die gymnastizierende Dehnung der Muskulatur ist besonders effektiv, wenn sie langsam geschieht.

Natürlich kann es trotz einer deutlichen Außenparade passieren, dass der Vierbeiner, statt direkt aus dem Seitengang anzuhalten, noch eine Art Vorhandwendung nachschiebt. Das ist schwer zu verhindern; bei der Handarbeit fehlt Ihnen der verwahrende äußere Schenkel. Das Problem lässt sich aber beheben, wenn Sie die Abstellung verringern. Bei 30° kreuzen die Hinterbeine kaum, haben also auch weniger Tendenz, an den Vorderbeinen vorbei weiter zu laufen. Außerdem können Sie das Pferd auch mit der Hinterhand zur Bande seitlich übertreten lassen. Die Begrenzung macht ein Herumschwenken der Kruppe unmöglich. Hat das Pferd in dieser minimalen Abstellung erst einmal begriffen, was gefragt ist, klappt das Anhalten später auch »auf freier Strecke« bei 45°.

Funktioniert das Anhalten trotz allem nicht so richtig, übertreiben Sie's mit der Parade am äußeren Zügel und helfen Sie mit der Hand am inneren Trensenring noch ein bisschen nach, um den Kopf in Außenstellung zu bringen: Dann wird das Pferd stoppen, um den anstrengenden Seitengang Renvers zu vermeiden.

Merken Sie was? Sie lassen das Pferd mit der Kruppe zur Bande und einer Abstellung zwischen 30 und 45° seitlich übertreten – und diese Übung nennt man... genau: Schulterherein. Sie sind angekommen!

Überall einsetzbar

Sie können das Seitlich-Übertreten überall in der Bahn üben, und zwar mit unterschiedlicher Abstellung. Einen hohen gymnastizierenden Wert hat die Übung zum Beispiel mit 90°-Abstellung auf der Zirkellinie. Die Vorhand geht dabei exakt vor der Hinterhand. Beide müssen stark kreuzen, aber die Hinterbeine haben noch mehr zu tun als die Vorderbeine, denn sie haben den längeren Weg. Es liegt auf der Hand, wie sehr diese Übung neben der Muskulatur auch die Geschmeidigkeit und Bewegungs-Koordination schult.

Natürlich gilt es auch hier, jede Menge Feinheiten zu beachten, damit die Lektion ihren Namen verdient. Das Wichtigste ist die Biegung, die nun durch den ganzen Pferdekörper gehen soll. Sie müssen die Gertenhilfe also sehr präzise dosieren; ein Zuviel an Abstellung bedeutet schnell den Verlust der sogenannten Rippenbiegung.

Bei der 30°-Abstellung, wie sie heute in der dressurmäßigen Sportreiterei verlangt wird, kreuzen die Hinterbeine kaum, sondern laufen schräg versetzt hinter den kreuzenden Vorderbeinen her. Das Pferd bewegt sich »auf drei Hufschlägen«, fußt also mit dem inneren Hinterhuf auf der gleichen Linie auf wie der äußere Vorderhuf. Hier spielt die Biegung die entscheidende Rolle. Diesbezüglich kann das Pferd gut schummeln, indem es einfach nur »Halsherein« macht. Betrügen Sie sich nicht selbst, indem Sie sich mit einem überstellten Hals zufrieden geben. Wenn dieser Fehler auftritt, hat der Außenzügel gefehlt, der die Halsbiegung begrenzt, oder der Führarm war nicht wirklich gestreckt. Wichtiger als ein Kopf, der irgendwie ins Bahninnere hineinragt, ist, was Körper und Beine des Pferdes tun.

In der klassisch-barocken Reitweise nach de la Guérinière ist die 45°-Abstellung gefragt. Dabei läuft das Pferd auf vier Hufschlägen und kreuzt sowohl vorn als auch hinten deutlich. Die Übung wirkt lösend und versammelnd zugleich. Die Anforderungen an die Bewegungskoordination sind damit höher, die Biegung gelegentlich sogar geringer als bei der 30°-Variante. Das Schulterherein mit 45°-Abstellung können Sie ruhig auch mal ganz ohne Biegung üben; besonders sinnvoll ist das auf der hohlen Seite des »natürlich schiefen« Pferdes.

Beide Varianten, 30 und 45°, haben ihren Sinn; wichtig ist vor allem, dass Sie es nicht dem Zufall überlassen, welche davon Sie gerade praktizieren. Wenn Ihr Pferd die Aufgabe sowohl auf drei als auch auf vier Hufschlägen gut gebogen erledigt und wenn Sie die Abstellung exakt bestimmen und verändern können, sind Sie schon ziemlich gut.

Auch hier gilt natürlich: Aller Anfang ist schwer. Die Übung sieht unspektakulär aus, aber die Rippenbiegung ist gerade für kurze, kompakte Pferde schwierig und anstrengend. Seien Sie also geduldig mit Ihrem Schüler, und vor allem bestehen Sie darauf, dass er sich der Anforderung nicht durch Tempo zu entziehen versucht. Wird er zu flott, treten Sie mehr vors Pferdeauge. Ein, zwei Schritte – Halt, drei Schritte, Halt, ein Schritt, Halt – das ist der Weg zum Erfolg.

Travers und Renvers

Wenn Seitlich-Übertreten und Schulterherein problemlos klappen und wenn auch Anhalten und wieder Antreten kein Problem mehr sind, können Sie die nächsten beiden Seitengänge in Angriff nehmen: Travers und Renvers – oder besser Renvers und Travers, denn in dieser Reihenfolge lassen sie sich an der Hand leichter entwickeln.

Renvers ist dem Schulterherein nicht unähnlich, mit dem entscheidenden Unterschied, dass das Pferd in die andere Richtung gebogen ist.

Schulterherein

Beim Schulterherein auf der linken Hand ist das Pferd nach links gebogen – entgegen der Bewegungsrichtung, denn es läuft ja seitwärts nach rechts. Es schaut »über die Schulter hinter sich«.

Renvers

Beim Renvers auf der linken Hand ist das Pferd nach rechts gebogen, also in Bewegungsrichtung. Es schaut in die Richtung, in die es seitwärts läuft.

Kapitel 9: Gymnastik für Fortgeschrittene

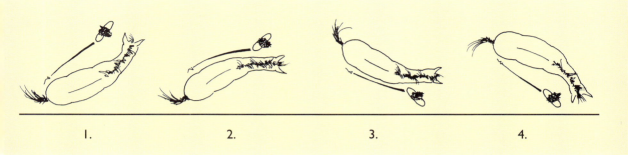

■ 1. Schulterherein; 2. Renvers; 3. Travers; 4. Konter-Schulterherein.

Wie beim Schulterherein bleibt die Kruppe an der Bande, die Schulter befindet sich weiter innen, aber die Biegung ist – bei gleicher Bewegungsrichtung – entgegengesetzt

Ganz schön kompliziert, was? Wenn Sie's noch nicht hundertprozentig verinnerlicht haben, schauen Sie sich noch einmal die Zeichnungen an, lernen Sie's auswendig, probieren Sie's in einem unbeobachteten Moment auf allen Vieren selbst. Nur so bekommen Sie eine präzise Vorstellung von dem, was Sie von Ihrem Pferd wollen – und wenn Sie selbst keinen Plan haben, geht bekanntlich gar nichts. Dagegen machen Sie es Ihrem Schüler viel leichter, das Richtige zu tun, wenn Sie selbst ein glasklares Bild von der Aufgabe im Kopf haben.

Auf geht's: Sie lassen Ihr Pferd an der langen Seite einige Schritte Schulterherein mit 45° Abstellung gehen. Rechte Hand, zum Beispiel. Das Pferd ist also nach rechts gestellt. Dafür sorgen Sie mit der rechten Hand am Trensenring und der linken am über den Hals geführten Zügel.

Jetzt halten Sie Ihr Pferd an. Und stellen es, ohne Ihre eigene Position zu verändern, ganz behutsam um. Das tun Sie, indem Sie den Zug auf den linken Zügel verstärken. Ihre rechte Hand, die den Trensenring hält, schiebt den Pferdekopf mit einer vibrierenden Bewegung und, wenn nötig, mit einem kurzen Knöchel-Druck ein wenig nach links. Sie verlängern den rechten Arm, strecken ihn noch mehr als bisher. Jetzt lassen Sie das Pferd wieder antreten – und fertig ist der Renvers.

So einfach ist's natürlich nur selten. Den meisten Pferden fallen die Seitengänge mit Biegung in Bewegungsrichtung zunächst viel schwerer als Schulterherein. Es kann also alles Mögliche schief gehen, und Sie brauchen viel Geduld.

Wenn die Vorwärts-Tendenz im Renvers verlorengeht, können Sie den Pferdekopf mit einem Impuls am rechten Trensenring nach vorne und damit auch wieder in die gewünschte Stellung zupfen. Vielleicht ist die Abstellung zu extrem, das Pferd hat sich sozusagen verkantet. Dann hat das Zusammenspiel von Zügel- und Gertenhilfe noch nicht so recht geklappt.

Ebenso wie beim Schulterherein ist es wichtig, dass Sie aufrecht gehen und das Ziel anvisieren, nicht die Pferdebeine.

Achten Sie darauf, dass Sie weit genug im Bahninneren bleiben, sonst drängeln Sie Ihr Pferd unbewusst an die Bande, und die Abstellung geht verloren.

Verlangen Sie für den Anfang nicht viel Linksstellung; geben Sie sich zunächst mit einer minimalen Biegung in die Bewegungsrichtung zufrieden. Darauf können Sie aufbauen, wenn das Pferd erst einmal mit dem neuen Bewegungsmuster vertraut ist.

Bodenarbeit – Pferdetraining an der Hand

■ **Geschafft:** Yvette führt Picco im Renvers auf vier Hufschlägen, die Hinterbeine kreuzen deutlich, der Arm ist gestreckt. Würde die Ausbilderin jetzt noch nach vorne schauen, wär's perfekt.

Wenn die Biegung verloren geht, haben Sie zwei Möglichkeiten: Entweder stellen Sie das Pferd im Fluss der Bewegung wieder um, oder Sie halten es an, um erneut die richtige Biegung herzustellen. Was einfacher ist, müssen Sie ausprobieren; es ist von Pferd zu Pferd und natürlich auch von Mensch zu Mensch verschieden. Wenn die Übung auf beiden Händen gut funktioniert, können Sie auch hier wieder an die Feinheiten gehen: Anhalten und Antreten, Renvers durch die Ecke und auf der Volte (Achtung, da muss das Pferd mit der Hinterhand wirklich hart arbeiten), Wechsel zwischen 30 und 45°-Abstellung, fließende Übergänge zwischen Renvers und Schulterherein.
Wenn das Renvers klappt, gibt's das Travers (auch »Kruppeherein« genannt) quasi geschenkt. Denn Travers ist im Prinzip das Gleiche wie Renvers, nur dass sich die Bande auf der anderen Seite des Pferdes befindet: Sie begrenzt die Schulter und nicht die Kruppe. Folglich ist der Unterschied zwischen beiden Lektionen sowieso hinfällig, wenn man sie auf gerader Strecke im Gelände übt, wo es nun mal keine Bande gibt.

Travers und Konter-Schulterherein

Wenn Ihr Vierbeiner also auf der Mittellinie der Bahn schön Renvers geht, brauchen Sie die Übung lediglich an einen Ort zu verlegen, an dem die Schulter des Pferdes von einer Bande begrenzt wird und die Kruppe sich weiter im Bahninneren bewegt. Schon ist aus Renvers Travers geworden. Der einzige Unterschied: In der nächsten Ecke hat beim Travers die Vorhand den weiteren Weg, weil die Hinterhand weiter innen geht. Das ist für das Pferd einfacher als Renvers durch die Ecke – bei

Kapitel 9: Gymnastik für Fortgeschrittene

dieser Übung muss es richtig schuften. Sie können Travers natürlich auch aus dem Konter-Schulterherein entwickeln, also aus dem Schulterherein mit dem Kopf zur Bande; »Schulterheraus«, wenn Sie so wollen. Der Unterschied zwischen Konter-Schulterherein und Schenkelweichen besteht darin, dass Schenkelweichen ohne Biegung ausgeführt wird. Um das Konter-Schulterherein einzuleiten, stehen Sie auf der Außenseite des Pferdes. Die Umstellung funktioniert genauso wie beim Übergang vom Schulterherein zum Renvers.

■ Umgekehrt: Wenn die Bande an der Außenseite ist, wird aus Renvers Travers (Kruppeherein), demonstriert von Bess und Vasco.

Kapitel 10: Lange Leinen: Longe, Langzügel, Doppellonge

KAPITEL 10

Lange Leinen: Longe, Langzügel, Doppellonge

Halten Sie Ihren Vierbeiner auf Distanz

Bisher haben Sie sich bei den Übungen an der Hand immer in umittelbarer Nähe Ihres Pferdes aufgehalten. Auf diese Weise lässt sich der Pferdeschüler viel besser kontrollieren, und Sie können seine Flausen im Keim ersticken. Wenn Sie das bisher geschickt angestellt haben, ist Ihr Vierbeiner vermutlich inzwischen schwer beeindruckt von Ihnen. Er wird keine Rangordnungs-Diskussion mehr vom Zaun brechen, und die Gefahr, dass er Unheil anrichtet, hat sich drastisch reduziert.

Damit haben Sie die beste Basis gelegt, um auch über eine größere Distanz hinweg mit Ihrem Pferd zu kommunizieren und die damit verbundenen Vorteile zu genießen. An der Longe können Sie Ihren Vierbeiner im Trab und Galopp arbeiten, ohne selbst rennen zu müssen, und das Pferd, auf Abstand gebracht, arbeitet selbstständig und findet seine Balance besser. Am Langzügel verfeinern Sie die Reaktion auf Zügel-, Stimm- und Gertenhilfen und stellen eine Situation her, die der beim Reiten schon sehr ähnelt: Sie verlassen das Gesichtsfeld des Pferdes. Es kann sich nicht mehr an Ihrer Körpersprache orientieren, sondern muss auf andere Signale achten. Und von der Langzügel-Arbeit können Sie fließend zum Doppellongen-Training übergehen, das durch die Führung mit zwei Zügeln die Möglichkeiten des Longierens enorm erweitert – oder Sie beginnen mit der Doppellongen-Arbeit und entwickeln daraus das Langzügel-Training.

Wieso eigentlich Longieren?

Dem unbeteiligten Beobachter präsentiert sich das Longentraining oft genug als Inbegriff der Stumpfsinnigkeit: Runde um Runde trabt oder galoppiert ein zunehmend atemloser Vierbeiner um den Menschen herum, und der Betrachter fragt sich zu Recht, was das soll.

Erstmal ablongieren, damit nichts passiert?

Wer sein Pferd im Kreis herumschleudert, bis jeder Bewegungsdrang erloschen ist, damit er sich anschließend gefahrlos draufsetzen kann, hat den Sinn des Longierens nicht begriffen – und den des Reitens auch nicht. Es geht beim Longieren ganz bestimmt nicht darum, das Pferd müde zu machen. Jeder Versuch in diese Richtung ist ohnehin kontraproduktiv; durch das ständige Zirkeltraining baut das Pferd immer mehr Kondition auf, muss also immer länger gescheucht werden, bis es friedlich ist. Davon abgesehen ist es mit Sicherheit nicht gesund, zu viel im Kreis zu laufen. Longieren kann tageweise das Reiten ersetzen, aber bestimmt nicht immer.

Austoben soll sich das Pferd auf der Koppel, das ist für alle Beteiligten angenehmer und ungefährlicher. Das Longieren vor dem Reiten dient einem ganz anderen Zweck: Das junge, verspannte oder schwierige Pferd kann sich ohne Reitergewicht auf dem Rücken besser lösen, die Muskulatur erwärmt sich. Und wenn's doch mal zu einem oder zwei Übermutsbucklern kommt, findet der Vierbeiner anschließend leichter sein Gleichgewicht wieder. Macht das Pferd dagegen einen Satz, wenn ein Reiter auf seinem Rücken sitzt, wird aus einem harmlosen Hopser leicht eine ganze Serie von Bucklern, weil das zusätzliche Gewicht auf dem Rücken die Balance stört.

In Maßen und mit Sinn und Verstand angewandt, ist die Arbeit auf dem Zirkel eine feine Sache. Junge Pferde bauen so schon vor dem Anreiten die Kondition und die Rückenmuskulatur auf, die sie brauchen, um das Gewicht des Menschen problemlos zu tragen. Noch segensreicher ist das Training für verittene Vierbeiner: Während einer Reitpause (die aber *keine* Arbeitspause ist) findet durch gutes

Longieren eine Muskelumbildung statt. Zum Beispiel werden zu stark entwickelte Unterhalsmuskeln auf ein Normalmaß reduziert und die Rückenmuskulatur gekräftigt. Eine derartige körperliche Veränderung macht einem schwierigen Pferd Gehorsam und Entspannung beim Reiten unter Umständen erst möglich.

Gerade der Trab als Gangart mit diagonaler Fußfolge ist für das Pferd eine echte Rückenschule, zumal, wenn es gleichzeitig den Kopf nach vorwärts-abwärts streckt, den Rücken schwingen lässt, das Nackenband dehnt und die Rücken- und Bauchmuskulatur trainiert. Beim Longieren kommt auch noch eine leichte Längsbiegung dazu, also eine Dehnung der Muskelstränge an der jeweiligen Außenseite.

Mit dieser Gymnastik bereitet das Pferd seinen Körper optimal darauf vor, einen Reiter zu tragen. Nicht umsonst steht das Vorwärts-Abwärts am Anfang jeder Reitpferde-Ausbildung. Die Aufrichtung kann erst kommen, wenn Bänder und Muskeln ausreichend darauf vorbereitet sind, sonst trägt das Pferd zwar den Kopf hoch, drückt aber den Rücken nach unten weg und ist dadurch nicht in der Lage, die Hinterhand zum Tragen einzusetzen.

Ganz allmählich können Sie das Pferd an der Longe vom Vorwärts-Abwärts mehr und mehr in Anlehnung und schließlich auch in die Aufrichtung bringen – ohne Reitergewicht, und damit einfacher und schonender fürs Pferd.

Außerdem hilft die Arbeit an der Longe im Kampf gegen die natürliche Schiefe des Pferdes. Spätestens bei den Seitengängen werden Sie festgestellt haben, in welche Richtung sich Ihr Vierbeiner leichter biegen kann, welche Seite »hohl« ist.

Wenn Sie Ihrem Pferd also ermöglichen wollen, seinen Körper optimal einzusetzen und keine Gliedmaße vorzeitig zu verschleißen, nur weil sie die Arbeit für das »faulere« Bein mit übernehmen musste, müssen Sie ein Pferdeleben lang an der Geraderichtung arbeiten. Natürlich ist es sinnvoll, neue Lektionen zunächst auf der »besseren« Hand einzuüben, aber später sollten Sie immer einen kleinen Tick mehr auf der »schlechteren« Seite arbeiten. Nur so hat diese die gleichen Entwicklungschancen.

Die Biegung auf dem großen Zirkel ist mäßig, aber regelmäßig; sie strengt das Pferd nicht übermäßig an, entfaltet aber trotzdem ihre Wirkung. Gerade auf der weniger geschickten Hand.

Kein Schleudergang für Pferde: Longieren

Kappzaum und Hilfszügel: Muss das sein?

Das Kopfstück der Wahl fürs Longieren ist ein Kappzaum. Er ist stabiler und respekteinflößender als ein Halfter und freundlicher als ein Trensenzaum. Durch sein Gewicht gibt der Kappzaum dem Pferd einen zusätzlichen Impuls, den Kopf vorwärts-abwärts zu strecken. Und weil Sie die Longe im mittleren Ring vorne auf der Nase einhaken können, müssen Sie nicht bei jedem Handwechsel umschnallen. Ins Gebiss sollte im Normalfall keine Longe eingehakt werden; die Signale kämen zu indifferent und verschwommen im Pferdemaul an.

Neben Kappzaum, Handschuhen und der etwa acht Meter langen Longe brauchen Sie für die erste Longier-Lektionen eine Longierpeitsche mit langem Schlag. Sparen Sie nicht daran; Billig-Modelle sind fast immer viel zu schwer. Die paar Gramm Gewichtsunterschied zur Edel-Peitsche fallen genau dann auf, wenn man 20 Minuten mit dem Sonderangebot in der Zirkelmitte stand und das Gefühl hat, dass einem gleich der Arm abfällt.

Üben Sie den Umgang mit der Peitsche, bevor Sie sich damit in die Nähe des Pferdes wagen. Es ist gar nicht so einfach, die Schnur mit einer kleinen Bewegung aus dem Handgelenk Richtung Pferd schnellen zu lassen und es dann auch noch an der richtigen Stelle zu treffen.

KLEINE MATERIALKUNDE
Der Kappzaum

Das herkömmliche mitteleuropäische Kappzaum-Modell ist nicht viel mehr als ein im Nasenbereich dick gepolstertes und mit Ringen versehenes Halfter. Damit diese in sich eher instabile Konstruktion nicht durch den seitlichen Zug der Longe verrutscht, muss sie besonders stramm am Pferdekopf verschnallt werden.

Weniger schwammig als die mitteleuropäische Variante wirkt die iberische Serreta, ein mehr oder weniger dick gepolsterter, starrer Eisenbügel, der auf dem Nasenbein liegt. Dadurch entsteht ein deutlicher, fast punktueller Druck an der Außenseite des Kopfes, wenn das Pferd nach außen zieht; für den Vierbeiner ist dies ein leicht verständliches und überzeugendes Argument, schnell nachzugeben.

Natürlich muss diese relativ scharfe Zäumung sensibel gehandhabt werden. Erscheint Ihnen das Nasenstück Ihrer Serreta zu grob, können Sie es entschärfen, indem Sie es mit Latexband umwickeln (gibt's im Sportgeschäft für die Griffe von Tennisschlägern zu kaufen).

Wenn Sie für die ersten Longier-Versuche einen Round Pen nutzen können, dann tun Sie es; das bewahrt Sie und Ihr Pferd vielleicht vor unschönen Missverständnissen. Ist kein solcher Longierplatz vorhanden, können Sie improvisieren, indem Sie die offene Seite Ihres Arbeitszirkels in der Halle oder auf dem Reitplatz begrenzen – und zwar richtig! Bauen Sie eine deutliche optische Barriere aus Hindernissen, Strohballen oder Straßen-Absperrband. Der Aufwand lohnt sich: Je weniger Lücken Sie Ihrem Pferd lassen, desto schneller lernt es die neue Lektion.

Zunächst geht es nur darum, dass der Vierbeiner rhythmisch und taktrein vorwärts-abwärts geht, um Bänder und Muskeln zu trainieren. Für diese erste Ausbildungsstufe brauchen Sie noch keine weiteren Hilfsmittel. Allerdings kann der Gogue-Zügel nützlich sein, wenn Sie es mit einem Vierbeiner zu tun haben, der sich partout nicht dehnen will. Dieser Hilfszügel zeigt dem Pferd auf eine sehr freundliche Art den Weg in die Tiefe.

Sie sollten Ihren Vierbeiner von Anfang an nicht nur mit dem Kappzaum ausstatten, sondern ihm darunter eine Trense anziehen und einen Longiergurt (oder den Sattel) anlegen. Beides brauchen Sie für die Arbeit mit Hilfszügeln jeder Art.

Mit Hilfszügeln geben Sie dem Pferd einen Rahmen vor, in dem es sich bewegen kann, so, wie es später die Reiterhand tut. Das Pferd soll lernen, sich vertrauensvoll an das Gebiss heranzudehnen, die Begrenzung willig zu akzeptieren und weichen Kontakt zu halten.

Setzen Sie die Grenze nicht zu eng; das noch nicht weit ausgebildete Pferd sollte immer die Möglichkeit haben, mit dem Kopf deutlich vor der Senkrechten zu bleiben und sich nach vorne-unten zu strecken, so tief es will. Zunächst geht es nur um Dehnung, dann um Anlehnung. Ein Pferd wird »von hinten nach vorne« ausgebildet: Tritt die Hinterhand gut unter den Körper und schwingt der Rücken, kommt die Haltung irgendwann von selbst.

Kommunikation an der Longe

Sie haben Ihr Pferd hoffentlich nach bestem Wissen und Gewissen vorbereitet. Es kennt die Führposition »Delfin«, es kennt die Gerte, die es auf Distanz hält, und Sie haben es auch schon am zwei bis drei Meter langen Führ-

Kapitel 10: Lange Leinen: Longe, Langzügel, Doppellonge

strick um sich herumgehen und -traben lassen. Sie können per Körpersprache treibend oder bremsend wirken, und Ihr Vierbeiner kann diese Zeichen deuten. Er kennt die Stimmkommandos fürs Antreten, fürs Halten und vielleicht auch schon fürs Antraben.

Damit weiß Ihr Schüler alles, was er zunächst wissen muss. Bei einem derart vorbereiteten Pferd kommen Sie höchstwahrscheinlich sofort ohne Helfer aus, obwohl es nicht schadet, wenn einer greifbar ist.

Vielleicht frischen Sie die Kenntnisse Ihres Schülers noch einmal kurz auf, indem Sie zunächst nur zwei oder drei Meter Longe aus der Hand laufen lassen und die längst vertrauten Übungen in der »Delfin«-Führposition wiederholen.

Vergrößern Sie den Zirkel während der nächsten Runden ganz allmählich, indem Sie weitere Longen-Schlaufen aus der Hand gleiten lassen. Je nachdem, ob das Pferd eilig ist oder unentschlossen stehen bleibt, nehmen Sie eine bremsende oder treibende Position im Zirkel ein. Läuft alles nach Plan, bleiben Sie neutral, also auf Schulterhöhe.

Wenn das Pferd den Abstand nicht von selbst erhöht, zeigen Sie mit der Peitsche nacheinander auf die vier »Delfin«-Punkte (siehe S. 72). Reagiert der Vierbeiner nicht darauf, lassen Sie mit einer kleinen Bewegung aus dem Handgelenk die Peitschenschnur auf das Pferd zuschnellen. Oder Sie bringen die Longe durch ein kurzes Schlenkern mit der Hand in Schwingung, so dass sich der Impuls wellenförmig auf das Pferd zu bewegt; wahrscheinlich wird es versuchen, dieser eigenartigen Schlange auszuweichen, und dadurch automatisch nach außen gehen.

Nützt das alles nichts, drücken Sie einem Helfer die Longe in die Hand und gehen mit der Peitsche etwas näher ans Pferd. So können Sie sich zunächst aufs Nach-außen-Treiben und aufs Nachtreiben konzentrieren.

Ist gerade niemand greifbar, verkürzen Sie die Longe zunächst so weit, dass Sie das Pferd mit der Peitschenspitze berühren können, und laufen Sie innen auf einem kleinen Kreis mit. Damit haben Sie das Pferd schon mal auf der Linie, auf der es laufen soll. Nach ein paar Runden können Sie die Longe wahrscheinlich unauffällig wieder verlängern und sich auf den Zirkelmittelpunkt zurückziehen. Die meisten Pferde versuchen immer an der gleichen Stelle

■ **Klein anfangen: Der Übergang von der Führposition »Delfin« zum Longieren ist nahtlos. Lasse geht schön gestellt am losen Führzügel.**

des Zirkels zur Mitte zu drängeln. In diesem Fall kommen Sie Ihrem Schüler einfach zuvor: Kurz bevor er den »magischen Punkt« erreicht, machen Sie einen energischen, vielleicht sogar stampfenden Schritt auf seine Schulter zu, sagen Sie »raus!« und lassen Sie die Peitschenschnur auf den Vierbeiner zuschnellen.

Lassen Sie zunächst das Pferd das Tempo bestimmen. Hauptsache, es bleibt auf der Zirkellinie. Zieht es nach außen, zerren Sie nicht dagegen, sondern bauen Sie über ein oder zwei Sekunden hinweg Druck auf, um dann sehr plötzlich nachzulassen, etwa durch einen kleinen Schritt nach vorne. Das beschert dem Pferd ein ziemliches Balance-Problem, ungefähr vergleichbar mit dem Gefühl, gemütlich an einer Tür zu lehnen, die sich plötzlich öffnet. Wenn Ihnen das zweimal kurz hintereinander passiert, werden Sie sich so schnell nicht mehr an Türen lümmeln. Ähnlich reagiert Ihr Vierbeiner und lässt das Gezerre.

Kleines Longier-Brevier: Von Haltung und Händen

Wenn aus dem Longieren irgendwann mehr werden soll als der Schleudergang für Pferde, müssen Sie von Anfang an auf die Feinheiten achten. Zum Beispiel auf Ihre Haltung: Stehen Sie aufrecht und selbstbewusst da, nehmen Sie Ihre innere Schulter (also die linke, wenn das Pferd linksherum läuft) ein wenig zurück und die äußere leicht vor. So wirken Sie weniger aggressiv als in einer frontalen Position, und außerdem sanft treibend. Außerdem können Sie den Vierbeiner beständig mit dem Blick begleiten, ohne sich am Widerrist oder den Beinen festzustarren. Und Ihnen wird nicht so schnell schwindelig, weil Sie tendenziell nach vorne und nicht nur zur Seite gucken.

Beide Ellenbogen bleiben entspannt nah am Körper. Der Winkel zwischen Ober- und Unterarm beträgt etwa 90°, die Longenhand ist so ruhig wie möglich. Der Oberkörper ist aufrecht und kippt auch beim Treiben nicht vornüber. Ausladende Bewegungen, etwa aufwendiges Schwungholen mit der Peitsche, wirken nicht besonders souverän. Viel beeindruckender ist es für das Pferd, wenn kleine Gesten zu großen Überraschungen führen; wenn also etwa die Peitschenschnur auf es zuschnellt, obwohl Sie doch nur mit dem Handgelenk gewackelt haben. Das lässt Ihren Vierbeiner glauben, Sie seien durchaus steigerungsfähig, und das ist gut so.

Gewusst wo: Auf den richtigen Standpunkt kommt es an

Die Peitsche zeigt in der *neutralen* Position als verlängerter Zeigefinger auf die Sprunggelenke des Pferdes. Die gedachte Linie von der Peitschenhand zum Sprunggelenk ist exakt so lang wie die Linie von der Longenhand zum Kappzaum; das Dreieck mit den Eckpunkten Sprunggelenk, Longenführer, Kappzaum ist gleichschenklig; Sie stehen also etwa auf Höhe der Sattellage.

Um in eine *treibende* Position zu kommen, müssen Sie sich der Hinterhand des Pferdes nähern, also den Abstand zwischen Peitschenhand und Sprunggelenk verkleinern. Damit verändern Sie das Dreieck. Am elegantesten funktioniert das, wenn das Pferd linksherum läuft, durch einen kleinen Schritt nach rechts. Sobald das Pferd reagiert, gehen Sie wieder in die Zirkelmitte.

Bremsend wirken Sie, wenn Sie dem Pferd in den Weg treten, wobei eine Andeutung reichen sollte: ein kleiner Schritt nach links. Dazu kommt eine Körperdrehung; nun wenden Sie dem auf der linken Hand laufenden Pferd die linke Schulter zu, so dass es den Eindruck bekommt, frontal auf Sie zuzulaufen. Ein Klingeln am Kappzaum mit leicht erhobener Hand gehört ebenfalls dazu. Der Abstand zwischen Kappzaum und Longenhand wird etwas kleiner.

Kapitel 10: Lange Leinen: Longe, Langzügel, Doppellonge

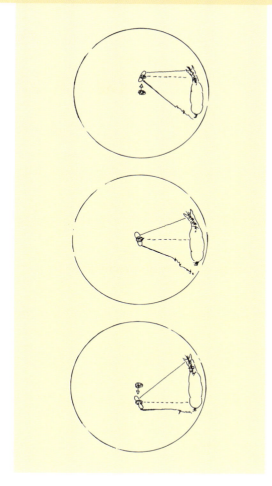

■ **Positionen bei der Longenarbeit:** Macht der Ausbilder einen Schritt nach links, auf den Pferdekopf zu, wirkt er bremsend (der Abstand zum Pferdekopf verkürzt sich), im Zirkelmittelpunkt neutral (der Abstand zum Pferdekopf entspricht dem Abstand zur Hinterhand). Macht der Ausbilder einen Schritt nach rechts, wirkt er treibend (der Abstand zur Hinterhand verkürzt sich).

Leiten Sie jede Anforderung mit einem Stimmkommando ein. Bleibt die Reaktion aus, kommen Körpersprache, Zupfen an der Longe und möglichst überraschende Berührungen mit der Peitschenschnur dazu. Monotonie, etwa durch rhythmisches Schnalzen, ist tödlich. Bleiben Sie interessant für Ihr Pferd!

Wenn die Bremsen versagen: »Notbremsung« an der Longe

Rennt Ihr Schüler trotz aller dezenten Hinweise erschrocken oder auch ganz einfach frech weiter, müssen Sie schwerere Geschütze auffahren. Nehmen Sie die Longe sehr schnell, aber ohne Hektik ein paar Schlaufen kürzer und treten Sie dabei mit mehreren raschen, großen Schritten vor das Pferd. Es müsste jetzt gegen die Wand laufen, wenn es weiter wollte. Zusätzlich bremsend wirkt es, wenn Sie ihm die Peitsche vors Gesicht halten.

Nach diesem abrupten Stopp lassen Sie Ihren Vierbeiner am besten ein paar Sekunden stehen, sprechen freundlich mit ihm und warten, bis er einigermaßen auf den Teppich gekommen ist. Dann lassen Sie ihn wieder antreten und sehr bald erneut anhalten. Wenn das Bremsen mit feinen Hilfen nicht gleich klappt, müssen Sie sich dem Ziel eben auf diesem Weg nähern.

Dehnung und Anlehnung

Bleibt Ihr Schüler brav auf der Zirkellinie, können Sie beginnen, durch Ihre Stimme, Ihre Körpersprache und durch zupfende Impulse an der Longe das Tempo zu beeinflussen. Ihr Pferd soll rhythmisch – also in gleichbleibender Schrittfrequenz – und taktrein traben. Das wird nicht funktionieren, solange es zu eilig läuft, aber wahrscheinlich findet es das optimale Tempo schnell selbst.

Wann immer das Pferd den Hals lang macht, den Kopf senkt und abschnaubt: loben, loben, loben! Versuchen Sie in diesem Moment nicht, das Pferd zu treiben oder anderweitig zu beeinflussen. Der Vierbeiner soll begreifen, dass die Dehnung nicht nur ihm selbst gut tut, sondern auch erwünscht ist. Achten Sie allerdings von Anfang an darauf, dass der Rücken sich dabei leicht aufwölbt. Nur dann kann die Hinterhand fleißig untertreten; Vorwärts-

Abwärts hat nichts mit Auf-der-Vorhand-Latschen zu tun. Im Zweifelsfall müssen Sie nachtreiben, die Vorwärtstendenz aber geschickt durch Körpersprache und Stimme abfangen, damit Ihr Schüler nicht einfach nur Gas gibt.
Schritt-Trab-Übergänge schulen Gehorsam und Reaktion an der Longe. Auch diese Lektion können Sie sehr früh üben. Allerdings erst, wenn die Lösephase vorbei ist; in den ersten zehn Minuten sind vor allem längere, ruhige Reprisen im Trab gefragt.
Wechseln Sie häufig die Hand, um keine Langeweile aufkommen zu lassen und die Belastung der Beine gleichmäßig zu halten. Verkürzen Sie die beim jungen Pferd tief und locker verschnallten Ausbinder oder Schlaufzügel nur ganz allmählich. Dabei darf der innere Zügel zwei bis vier Loch kürzer sein als der äußere, um die Biegung zu unterstützen.
Um die Richtung zu wechseln, halten Sie Ihren Schüler zunächst an. Zwar lernen Pferde relativ schnell, auf Körpersprache und Stimme hin selbstständig umzudrehen, aber wenn Sie Ausbinder umschnallen wollen, müssen Sie ohnehin zum Pferd gehen.

Stoppen Sie Ihren Vierbeiner also mit Stimme und Körpersprache; notfalls halten Sie ihm als optische Begrenzung die Peitsche vors Gesicht. Die ersten Halts fordern Sie am besten, wenn das Pferd gerade einen Zirkelpunkt an der Bande erreicht, dann ist der Vierbeiner nach außen hin begrenzt und kann die Hinterhand nicht wegklappen. Steht das Pferd, klemmen Sie sich die Peitsche mit der Spitze nach hinten unter den Arm und gehen zu Ihrem Schüler, während Sie die Longe unverdreht in größer werdenden Schlaufen aufnehmen. Drehen Sie das Pferd in aller Ruhe um, etwa durch eine Kehrtvolte, führen Sie es in der »Delfin«-Position auf die Zirkellinie und bewegen sich selbst wieder, eine Schlaufe nach der anderen aus der Hand lassend, in die Mitte.
Mehr als 20 Minuten sollte eine Longen-Lektion nicht dauern, aber in dieser Zeit können Sie genug bewirken. Wenn sich das Pferd genügend dehnt, gut einspeichelt, den Rücken schwingen lässt und mit der Hinterhand fleißig untertritt, haben Sie die erste Stufe gemeistert: Die Losgelassenheit ist da. Nun können Sie anfangen, an der Anlehnung zu arbeiten. Nach der Lösephase werden die Ausbinder allmählich verkürzt, allerdings immer nur so weit, wie das Pferd es ohne Angst und Verspannungen akzeptiert. Ist der Vierbeiner nicht locker, geht gar nichts.
Jetzt ist das Nachtreiben extrem wichtig. Schließlich soll das Pferd mit der Hinterhand gut untertreten. Beobachten Sie Ihren Schüler genau: Sieht es plötzlich so aus, als würde Ihr Pferd bergab gehen? Dann ist was faul. Wenn es auf die Vorhand fällt und vor der treibenden Hilfe davonhastet, statt mehr unterzutreten, haben Sie zu früh zu viel verlangt. Beobachten Sie, wie das Pferd aufs Nachtreiben reagiert: Mehr Tempo bedeutet nur selten ein Plus an Schwung und Lockerheit, sondern deutet eher darauf hin, dass sich Ihr Vierbeiner auf die erstbeste Art und Weise rettet, die ihm einfällt: Er rennt vor der Anforderung weg. Wenn das passiert, gehen Sie einfach einen Schritt zurück und fordern den Hinterhand-Einsatz zunächst wieder im Vorwärts-Abwärts.

Longieren über Trabstangen

Hat Ihr Pferd Probleme mit der Dehnung, können Sie ihm Stangen zum Darübertraben sternförmig auf die Zirkellinie legen. Je nach Größe und Raumgriff des Pferdes beträgt der passende Abstand etwa 1,30 bis 1,70 Meter; das müssen Sie im Zweifelsfall ausprobieren. Jedenfalls veranlassen die Stangen Ihren Vierbeiner, den Kopf zu senken und die Beine zu heben. Und selbst ein notorischer Passgänger wird gezwungen, in die diagonale Fußfolge zu wechseln; bei besonders hartnäckigen Exemplaren müssen Sie dafür leider den ganzen Zirkel mit Stangen pflastern. Longieren Sie Ihren Schüler mal weiter innen und dann wieder weiter außen über den Stangenfächer, dann muss er noch aufmerksamer mitarbeiten.

Galopp an der Longe: Ein Thema für sich

Manchen Pferden fällt es extrem schwer, sich auf dem Zirkel auszubalancieren. Ehe Sie Ihren Vierbeiner ohne jede Biegung seinem Gleichgewicht hinterher rennen lassen, verzichten Sie lieber ganz darauf; es gibt andere Möglichkeiten, den Galopp zu verbessern.

Auf jeden Fall sollten Sie mit der dritten Gangart erst anfangen, wenn das Pferd im Schritt und Trab losgelassen, zufrieden und taktrein in Anlehnung geht. Hetzen Sie es auf keinen Fall über den Renntrab in den Galopp. Wenn es Ihre Hilfe nicht versteht und nur den Zweitakt beschleunigt, bremsen Sie das Tempo erst wieder auf ein vernünftiges Maß, überlegen Sie, wie Sie noch deutlicher werden können, und probieren Sie's erneut. Für die ersten Galoppversuche müssen Sie außerdem noch mal eine stabile Begrenzung für den Zirkel bauen, wenn Sie keinen Round Pen haben.

Damit die Sache nicht als Trabrennen endet, muss das Galopp-Kommando sehr deutlich und überraschend kommen, notfalls so, dass der Vierbeiner einen erschrockenen Hopser macht und dadurch in den richtigen Gang findet. Treten Sie schnell und deutlich in die treibende Position, lassen Sie die Peitschenschnur blitzartig auf die Hinterhand zuschnellen und geben Sie ein kräftig-aufmunterndes Stimmkommando.

Damit Ihr Vierbeiner jetzt auch noch richtig anspringt, geben Sie das Kommando am besten dann, wenn er gerade die Bande erreicht. Das macht dem Pferd deutlich, dass der äußere Vorderhuf ohnehin keinen Platz hat, weit auszugreifen; es wird also lieber im Innengalopp anspringen.

Eine übertriebene Innenstellung hilft dagegen überhaupt nicht. Lassen Sie dem Pferd im Moment des Anspringens den Kopf frei: Das innere Vorderbein braucht Platz.

Eine gute Hilfe für punktgenaues Angaloppieren kann ein Cavaletti sein: Der kleine Hopser darüber ist der erste Galoppsprung. Lassen Sie das Pferd in ruhigem Tempo darauf zutraben und geben Sie direkt davor die entsprechenden Kommandos. Energisch! Wenn's geklappt hat, loben Sie natürlich überschwänglich!

Lassen Sie das Pferd zunächst nur ein paar Sprünge galoppieren, parieren Sie dann zum Trab oder zum Halten durch und nehmen Sie die Übung erneut in Angriff.

So wird aus dem Aus-Versehen-über-dem-Cavaletti-Angaloppieren sehr schnell die Reaktion auf ein Stimmkommando. Bald können Sie das Cavaletti durch eine Stange ersetzen und schließlich ganz weglassen.

Aus eins mach zwei: Langzügel und Doppellonge

Fahren vom Boden: Arbeit am Langzügel

Dass sich mit einer Longe mehr anstellen lässt als Longieren, ist bekannt. Zum Beispiel hat sie eine gute Länge für die Arbeit am Langzügel, bei dem der Mensch das Pferd von hinten mit den Zügeln dirigiert. Zur Ausbildung eines Fahrpferdes gehört diese Methode ganz selbstverständlich, aber auch fürs künftige Reitpferd hat sie ihren Sinn: Es kann sich schon mal ohne Gewicht auf dem Rücken daran gewöhnen, wie es ist, mit Zügeln dirigiert zu werden, ohne den Menschen zu sehen. Und beim bereits gerittenen Pferd können Sie ausprobieren, wie es ist, sich auf die Zügelhilfen zu beschränken und wie gut das Pferd mitmacht, wenn Sie außer den Zügeln kaum noch Einwirkungsmöglichkeiten haben.

Ganz so einfach, wie sie zunächst klingt, ist die Langzügelarbeit leider nicht. Sie haben nämlich deutlich weniger Mittel, sich dem Vierbeiner verständlich zu machen, als beim Reiten; schließlich können Sie weder Schenkel noch Gewicht einsetzen.

Die Langzügelarbeit ist deshalb nicht nur gefährlich bei Pferden, die nach der Gerte oder – noch schlimmer – nach dem Menschen schlagen. Sie ist auch ungeeignet für junge Pferde, die erst am Anfang der Ausbildung stehen; hier nehmen Sie besser zunächst die Doppellonge und wechseln gelegentlich unauffällig in die Position hinter dem Pferd.

Um am Langzügel richtig gut zu werden, sollte der Vierbeiner die verlangten Aufgaben bereits unter dem Sattel beherrschen. Dann ist es ein interessanter Versuch, ob's auch mit reduzierten Hilfen klappt.

Eine feinfühlige Zügelführung ist deutlich schwieriger. Schon die Länge der Zügel sorgt für Probleme, sie wirken bereits durch ihr höheres Gewicht. Damit nicht genug: Während Sie beim Reiten jede Bewegung des Pferdes sofort spüren und »mitgenommen werden«, sind Sie bei der Langzügelarbeit für die Bewegung zweier Körper zuständig, die nur durch die Zügel verbunden sind. Viel Feingefühl und eine gute Körperbeherrschung sind gefragt.

Um das Pferdemaul zu schonen, können Sie zunächst mit Halfter üben. Die Trense kommt erst später zum Einsatz, wenn Sie die Sache im Griff haben.

Auf jeden Fall aber können Sie einen Helfer brauchen. Während Sie hinter dem Pferd gehen und üben, Zügelkontakt zu halten, den Körper zu drehen und die Seiten zu wechseln, führt ein der Helfer den Vierbeiner zunächst in der Standardposition (links vom Pferd, Strick in der rechten, Gerte in der linken Hand), geht dann allmählich in die weiter vom Pferd entfernte Position, in der Sie auch die Kurven im Labyrinth bewältigt haben (siehe S. 123), und nimmt dann den Strick in die linke und die Gerte in die rechte Hand und geht in die »Delfin«-Position. Irgendwann löst er die Führkette und begleitet das Pferd nur noch körpersprachlich, um sich schließlich ganz zu verabschieden.

Wenn Sie Ihr Pferd schon seit Wochen mit der Gerte abstreichen, in Plastikplanen wickeln, mit dem »Komm-mit« verladen und es ins Körperband einwickeln, wird es das Gefühl der Zügel an seinen Flanken kaum befremdlich finden. Seien Sie trotzdem vorsichtig: Halten Sie die Zügel zunächst hinter dem Widerrist und arbeiten Sie sich dann langsam nach hinten, um zu sehen, wie das Pferd reagiert. Nimmt es die Sache gelassen, können Sie Position beziehen.

Hierbei haben Sie zwei Möglichkeiten. Entweder stellen Sie sich etwa zwei Meter hinter das Pferd, außerhalb der Reichweite seiner Hufe. Dann haben Sie allerdings wirklich keine Möglichkeit mehr, die Hinterhand zu beeinflussen. Oder Sie positionieren sich direkt am Schweif. Selbst wenn Ihr Schüler nun treten würde, hätte er keinen rechten Schwung, um Ihnen ernsthaft zu schaden. Außerdem stehen Sie natürlich nicht wirklich *hinter* dem Pferd – sonst würden Sie ihm ja bei jedem Schritt in die Hacken treten – sondern auf Tuchfühlung daneben. Die Hände werden breit geführt, eine links, eine rechts von der Kruppe. Eine Hand hält die Gerte, und war so, dass die Spitze senkrecht nach unten zeigt.

Das Antreten ist schon das erste Problem. Wenn Sie Glück haben, marschiert Ihr Pferd auf das Stimmkommando hin artig los. Wenn Sie Pech haben, guckt es Sie nur ratlos an und versucht, sich zu Ihnen umzudrehen. Rührend,

Nur für Fortgeschrittene

Es gibt noch eine andere, elegantere Variante der Zügelführung bei der Langzügel-Arbeit: die Wiener Führung mit eng nebeneinander getragenen Händen, bei der der äußere Zügel über den Rücken läuft. Dieser Zügel wirkt dadurch höher und schärfer, was der Ausbilder immer berücksichtigen muss.

■ **Gleichschritt:** In schöner Haltung trabt Atrèju am Langzügel. Anfänger legen besser die Hände links und rechts an der Kruppe an – es ist nicht einfach, einen beständigen und zugleich sanften Kontakt zum Pferdemaul zu halten, wenn man selber laufen muss.

aber leider grade nicht angesagt. In diesem Fall muss ihr Helfer dem Tier sagen, was Sache ist. Ihr Pferd braucht jetzt einen satten, beständigen Zügelkontakt, der es trotzdem nicht einengt und zwingt, den Hals aufzurollen. Das ist vielleicht die größte Schwierigkeit und gleichzeitig die spannendste Aufgabe bei der Langzügel-Arbeit.

Hängt der Zügel durch, kommen alle Signale zu plötzlich und unvermittelt, als dass sich das Pferd darauf hätte vorbereiten können. Feinfühlige, gut arbeitende Pferde werden durch solche ungewollten Signale extrem gestört. Die Reaktion wird verwirrt und eher zufällig sein. Ist die Anlehnung lückenhaft, verpasst sich das Pferd schon allein durch seine Bewe-

■ **Klar zur Wende:** Die Ausbilderin leitet jede Wendung durch eine Körperdrehung ein.

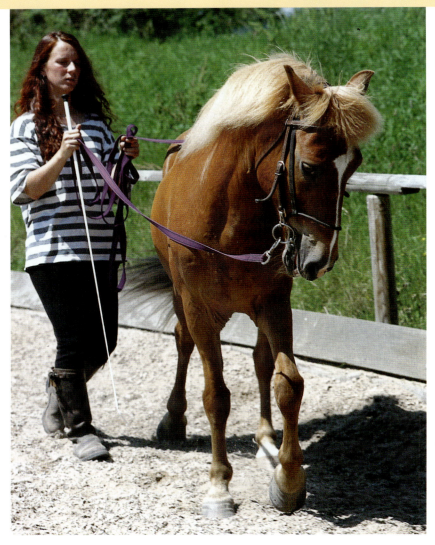

■ **Vasco im Renvers am Langzügel. Bess' Körper und die Gerte sorgen dafür, dass die Kruppe außen bleibt.**

gungen ständig selbst Rucke im Maul, was mit Sicherheit kein angenehmes Gefühl und nicht geeignet ist, das Vertrauen in Gebiss und Zügelhand zu festigen. Nur ein beständiger weicher Kontakt, bei dem Ihre Hand sanft in der Bewegung mitgeht, ist erlaubt. Ein bisschen einfacher wird es, wenn Sie die Hände an der Kruppe anlegen, um sie zu stabilisieren und mit dem Bewegungsfluss des Pferdes in Einklang zu bringen.

Besonders deutlich macht sich ein gestörter Zügelkontakt in den Wendungen bemerkbar. Sie müssen sich dabei unbedingt, wie später beim Reiten, in die neue Richtung drehen. Sonst wird der innere Zügel länger und beginnt zu schlackern. Gleichzeitig können Sie in der Wendung gut erkennen, wie wichtig der äußere Zügel für die Biegung ist. Fehlt diese Begrenzung bei der Langzügel-Arbeit, wird sich das Pferd fast zwangsläufig im Hals überstellen und über die äußere Schulter wegdrängen. Zu ähnlichen Pannen kommt es, wenn Sie sich nicht selbst sehr deutlich in die Richtung drehen, in die es gehen soll. Ihr Pferd *sieht* Sie zwar allenfalls schemenhaft, aber es *spürt* Sie sehr gut.

Was tun also, wenn der Vierbeiner in der Wendung über die äußere Schulter ausbricht und die Volte zur Kartoffel vergrößert? Da hilft nur, geschmeidig hinter dem Pferd die Seite zu wechseln und es mit der freundlich angelegten Gerte und dem eigenen Körper nach außen zu begrenzen. Auch den unauffälligen Positionswechsel hinter dem Pferd von links nach rechts und zurück lernen Sie nur durch Üben. Und wenn das Pferd gar nicht erst abwenden will? Dann tragen Sie im Moment des Abwendens die innere Hand deutlich höher; so wirkt der Zügel deutlich schärfer. Halten Sie außen nur ganz weichen Kontakt bei deutlich tieferer Hand.

Wenn Sie das Gefühl haben, dass der Zügelkontakt für das Pferd angenehm ist und dass die Wendungen gut klappen, können Sie das Ganze auch im Trab probieren, vorausgesetzt, der Vierbeiner hat bereits unter dem Sattel gelernt, im verkürzten Trab zu gehen. Notfalls bitten Sie wieder einen Helfer dazu, der das Pferd führt und verhindert, dass es zu schnell wird.

Kommen Sie selbst nicht ins Rennen – Bewegen Sie sich mit weiten, schnellen Schritten, aber *gehen* Sie, statt zu laufen; nur so bleiben Sie souverän.

Klappt auch der verkürzte Trab, können Sie sich an die Seitengänge wagen, vorausgesetzt natürlich, das Pferd beherrscht sie am kurzen Zügel (siehe Kapitel 9).

Die Stellung der Hinterhand beeinflussen Sie mit Ihren Händen, mit freundlichen Gertentippern, mit einem weichen Anlegen der Gerte, mit dem angedrückten Zügel und mit der Position Ihres Körpers: Natürlich gehen Sie immer auf der Seite, von der Sie die Hinterhand »wegdrücken« wollen; wobei dieses »Drücken« natürlich keine Kraft kosten darf.

Auch bei den Seitengängen steht und fällt der Erfolg mit dem äußeren Zügel. Fehlt er als parierende Begrenzung, wird das Pferd versuchen nach vorne wegzustürmen, um Sie herumzukreiseln, oder mit überbogenem Hals auf die äußere Schulter fallen.

Wenn's ein bisschen mehr sein soll ...

Verfeinern können Sie die Lektionen am Langzügel später. Etwa, indem Sie das Schulterherein gezielt mit einer Volte beenden. Dafür geben Sie an beiden Zügeln nach, treiben zugleich und schauen in die Richtung, in die das Pferd jetzt gehen soll. Funktioniert das alles nicht und das Pferd läuft weiter im Schulterherein, wechseln Sie eben die Seite, um das Seitwärts zu stoppen und ein Vorwärts daraus zu machen.

Die Manöver sind schwierig genug; bauen Sie die Übungen also so einfach wie möglich auf. Beginnen Sie mit Konter-Schulterherein, bevor Sie sich ans Schulterherein wagen. Beenden Sie die Übung am Ende der langen Seite, wenn das Pferd schon von selbst auf die Idee kommt, wieder geradeaus zu gehen.

Doppellonge: Der Einstieg

Das Langzügel-Training lässt sich ganz hervorragend mit der Arbeit an der Doppellonge kombinieren. Den Übergang zur Doppellongen-Arbeit können Sie fließend gestalten. Für die ersten Ansätze genügt der Langzügel nämlich allemal; jetzt gilt: je länger, desto besser. Um vernünftig auf dem Zirkel zu arbeiten, ist er zwar viel zu kurz, aber zur Gewöhnung ist das gerade gut.

Wenn Sie dann tiefer einsteigen wollen, brauchen Sie die passende Ausrüstung: einen Longiergurt und eine »richtige«, etwa 16 Meter lange Doppellonge, am besten mit Rollen, damit alles weich gleitet. Außerdem sollten Sie dann am besten einen Spezial-Kurs besuchen. Das Thema »Doppellonge« füllt eigene Bücher, mehr als eine knappe Einführung kann es deshalb hier nicht geben.

An der Doppellonge läuft das Pferd (meistens) auf dem Zirkel, wie auch an der normalen

■ **Kleiner Kreis:** Für die ersten Übungen reicht die normale Longe, die als Doppellonge verschnallt wird, allerdings läuft der innere Zügel zunächst noch vom Gurt durch den Trensenring zur Hand. So ist das Pferd besser eingerahmt als später, wenn der Zügel vom Trensenring durch den Gurt zur Hand führt.

Longe. Aber es wird wie beim Reiten mit zwei Zügeln geführt. Der äußere läuft um den Pferdepo zur Hand des Longenführers. Korrekterweise führen beide Zügel vom Gebiss aus zunächst durch die Ringe des Longiergurts. Durch diese Umleitung wirkt auch der innere Zügel nicht zur Seite, sondern nach hinten, wie beim Reiten. Aber so weit sind Sie noch nicht: Ihr Vierbeiner hat ja noch gar keinen Gurt an.

Sie stehen also hinter Ihrem Schüler, weil Sie gerade am Langzügel trainiert haben. Jetzt wechseln Sie in die Doppellongen-Position: Treten Sie

Der Gordische Knoten: Umgreifen an der Doppellonge

Wenn Ihre eigene Position sich häufig ändert – und gerade das ist der Witz der Doppellongen-Arbeit –, ist das Umgreifen der Leinen die größte Herausforderung. Wenn Sie links neben dem Pferd stehen, ist der linke Zügel relativ kurz; er führt vom Pferdemaul zu Ihrer linken Hand. Der rechte Zügel nimmt den Umweg um den Pferdepo und misst damit gut zwei Meter mehr. Wenn Sie hinter dem Pferd stehen, sind beide Zügel gleich lang. Rechts neben dem Pferd ist der Rechte kurz und der Linke zwei Meter länger.

Wenn Sie also von der linken Seite des Pferdes auf die Rechte wechseln – oder, was eleganter ist, das Pferd die Seite wechseln lassen –, müssen Sie diese zwei Meter Zügel von der einen Hand in die andere befördern. Währenddessen müssen Sie sich koordiniert bewegen. Und Ihrem Pferd die richtigen Zügelhilfen geben. Und die Peitschenhand wechseln. Und sich nicht in der Longenschlaufe verheddern.
Bei den Doppellongen-Profis sieht das ganz einfach aus.

in einem kleinen Bogen nach vorne neben Ihr Pferd, verkürzen Sie dabei den inneren Zügel und lassen Sie den äußeren länger werden. Führen Sie die äußere Longe nicht gleich um den Po, sondern zunächst über den Rücken, und longieren Sie ein paar Runden auf diese Weise. So können Sie das Pferd mit der Einwirkung des äußeren Zügels bekannt machen, ohne dass es gleich mit dem nächsten Schreck konfrontiert wird.

Streichen Sie die Hinterhand vorsichtig mit der Gerte ab, bevor Sie den äußeren Zügel schließlich über die Kruppe nach unten gleiten lassen. Nicht jedes Pferd duldet es auf Anhieb, wenn sich ein Seil um sein Hinterteil legt.

Stürmt Ihr Pferd trotz aller Vorbereitung los, lassen Sie den äußeren Zügel so locker wie nur möglich und bremsen Sie das Pferd nur am inneren. Alles andere würde die erschreckende Berührung nur verstärken.

Überhaupt kann der äußere Zügel die meiste Zeit durchhängen. Er wirkt schon durch sein Gewicht, und wenn das Pferd auf dem Zirkel läuft, gibt es außerdem bei jedem Schritt selbst einen Impuls mit dem Hinterbein darauf. Versuchen Sie nun, Anlehnung herzustellen, werden die Außenparaden, die sich Ihr Vierbeiner ständig selbst verpasst, unverhältnismäßig stark, es sei denn, Sie sind ein wahrer Könner und in der Lage, jede Bewegung weich mit der Hand zu begleiten. Bis es so weit ist, setzen Sie den Außenzügel nur impulsartig ein. Außerdem ist es einmal mehr eine gute Idee, den Zügel gleichzeitig ins Gebiss *und* ins Reithalfter zu schnallen, um das Pferdemaul zu schonen, bis Ihnen die Zügelführung weich genug gelingt.

Wenn Sie mit dem eher kurzen Langzügel doppellongenartig arbeiten, müssen Sie natürlich mehr laufen als später mit der längeren Doppellonge. Sonst könnten Sie nur auf einem sehr kleinen Zirkel arbeiten; das ist erstens ungesund für die Pferdebeine und zweitens nicht Sinn der Sache.

Das Schöne am Langzügel und an der Doppellonge ist ja, dass Sie die ganze Reitbahn ausnutzen und alle Bahnfiguren einbeziehen können. Machen Sie sich und Ihr Pferd einfach in aller Ruhe mit der neuen Führmethode vertraut, und zwar nicht nur auf dem Zirkel.

Lassen Sie Ihr Pferd an der ganzen langen Seite entlanggehen, indem Sie mitlaufen wie in der Führposition »Delfin«. Später, mit längeren Leinen, reduziert sich die Rennerei für Sie drastisch.

Wechseln Sie immer wieder die eigene Position: Mal neben, dann hinter dem Pferd, um aus dieser Stellung heraus den Vierbeiner per Zügelhilfe zu einem Handwechsel aufzufordern und so ganz von selbst auf die andere Seite zu gelangen.

Und so geht's weiter ...

Sie haben Blut geleckt? Na gut – dann rüsten Sie Ihren Vierbeiner mal richtig aus. Jetzt brauchen Sie eine »echte«, 16 bis 18 Meter lange Doppellonge. Am besten ein Modell, das an jedem Ende etwa 1,50 Meter rundes Seil hat, das gleitet besser durch die Ringe des Longiergurts als das übliche Longen-Material.

Noch besser ist es, wenn das Seil nicht durch die Ringe läuft – dort bleibt es leicht hängen –, sondern über Rollen, die an diesen Ringen eingehakt werden. So gleitet der Zügel optimal, und Ihre Hilfen werden nicht durch die Reibung behindert.

Sie können natürlich improvisieren: Verwenden Sie einfach ein entsprechend langes Seil, das Ihnen gut in der Hand liegt, und führen Sie es durch große Karabiner, die Sie am Longiergurt oder auch an Sattel und Sattelgurt einhaken können.

Besonders für Anfänger sind eine Bogenpeitsche oder eine überlange Gerte leichter zu handhaben als eine normale Longierpeitsche mit Schlag. Dieser Schlag hat nämlich die fatale Angewohnheit, sich elegant um die hintere Longe zu wickeln.

Die Verschnallung der Doppellonge ist eine Wissenschaft für sich. Die Zügel führen jetzt

■ **Von der Rolle:** So lässt sich die Doppellonge auf die jeweils richtige Höhe umleiten und gleitet trotzdem gut.

vom Gebiss zum jeweils passenden Ring am Longiergurt: Wenn Sie Dehnung erarbeiten wollen, eher tief, wenn Sie Aufrichtung möchten, eher hoch. Von dort aus werden sie bei Bedarf über die Umlenkrollen umgeleitet zu einem höheren oder tieferen Ring, damit sie die Hinterhand in der optimalen Position auf Höhe der Kuhle zwischen Sitzbeinhöcker und Sprunggelenk erreichen. Vom Gurt aus führen beide Zügel in die Hand des Longenführers, der innere direkt, der äußere um den Pferdepo herum.

Es gibt bei der Arbeit mit der Doppellonge, anders als an der normalen Longe, keinen Zügel mehr, der *direkt* vom Pferdekopf zur Hand des Longenführers läuft. Der Vierbeiner ist also nach vorne hin nicht mehr auf die gleiche Weise eingerahmt wie bisher. Das verwirrt viele Pferde zunächst sehr.

Die können Sie ausschalten, indem Sie den inneren Zügel zunächst noch ähnlich führen wie bisher, also nicht *vom Trensenring durch den Gurt* zu Ihrer Hand, sondern *vom Gurt durch den Trensenring* in die Hand. Das Ende des inneren

■ **Runde Sache:** Die hintere Longe hängt locker und wirkt nur durch ihr Gewicht ein, Dagur trabt locker und sucht zufrieden die Anlehnung.

Kapitel 10: Lange Leinen: Longe, Langzügel, Doppellonge

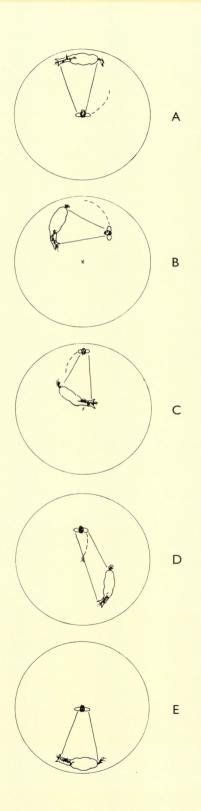

Zügels wird also vorerst nicht im Trensenring eingehakt, sondern am Longiergurt.

Das Pferd hat damit die gewohnte optische Wahrnehmung der Longe, und auch die Zügelimpulse wirken zunächst noch nicht so sehr nach hinten gerichtet.

Zur Gewöhnung ist das optimal, auf Dauer aber natürlich ziemlich unpraktisch. Denn die schönsten Seiten der Doppellongen-Arbeit, die fließenden Übergänge zur Langzügel-Arbeit und die häufigen Handwechsel, sind so nicht möglich. Wechseln Sie also zur korrekten Verschnallung, so bald Ihr Ross begriffen hat, worum es geht.

Vielleicht läuft Ihr Schüler zunächst etwas klemmig, weil ihm die Longe um die Hinterhand unheimlich vorkommt, aber das gibt sich schnell. Wurde das Pferd behutsam auf die Berührung an der Hinterhand vorbereitet, wird es auch nicht nach der Longe ausschlagen oder wild bockend losschießen. Sollte das dennoch passieren, lassen Sie die äußere Longe so locker wie möglich, damit sie dem Pferd allenfalls lästig, aber nicht schmerzhaft ist.

Die Gewöhnung an die Longe um die Hinterhand geht relativ schnell. Heikler ist es mit dem Zügelkontakt im Maul. Ähnlich wie bei der Langzügel-Arbeit kann es sehr schwierig

■ **Eine wunderschöne Übung ist auch das S-förmige Durch-den-Zirkel-Wechseln:**
a) Der Ausbilder bewegt sich Richtung Hinterhand des Pferdes und lässt es zur Zirkelmitte abwenden
b) Der Ausbilder bewegt sich zum Hufschlag, verkürzt den Außenzügel, verlängert den Innenzügel und lenkt das Pferd auf den Zirkelmittelpunkt
c) Der Ausbilder bewegt sich tendenziell hinter das Pferd und stellt es um
d) Der Ausbilder geht zurück zum Zirkelmittelpunkt und lenkt das Pferd auf eine halbe Volte in die neue Richtung.
e) Der Handwechsel ist abgeschlossen.

werden, das richtige Maß an Anlehnung zu finden. Es passiert ziemlich schnell, dass das Pferd zu sehr »in die Zügel hineinläuft«, sich im Hals aufrollt und hoffnungslos verspannt. Das geschieht beispielsweise dann, wenn Ihr Vierbeiner zu weit nach außen drängt. Eine Tendenz, die sich oft mit mehr Kontakt am äußeren Zügel stoppen lässt; so verhindern Sie ein Überstellen nach innen und damit ein Ausbrechen über die äußere Schulter.

Vielleicht hilft es Ihnen auch, in der Anfangsphase viel mit äußerer Begrenzung zu longieren. Das muss nicht im Round Pen sein, Sie können auch den Zirkelmittelpunkt ab und zu verlassen, um Ihr Pferd zum Beispiel an der langen Seite der Reitbahn entlangtraben zu lassen.

Letztlich hilft nur üben, damit Ihre Zügelführung so fein wird, dass der Vierbeiner keinen Grund mehr hat, sich aufzurollen. Wie üblich ist dabei Nachgeben seliger denn Annehmen, was natürlich nicht heißt, dass Sie die Zügel überhaupt nicht mehr anfassen sollen. Nachgeben wirkt schließlich nur, wenn zuvor ein Kontakt bestand.

Zukunftsmusik

Wenn es soweit läuft, können Sie anfangen zu experimentieren. Indem Sie im richtigen Moment hinter das Pferd treten und es umstellen, können Sie Ihren Vierbeiner zum Beispiel Schlangenlinien durch die ganze Bahn laufen lassen, wobei Sie selbst auf der Längsmittellinie bleiben.

Lassen Sie's ruhig angehen. Üben Sie alle schwierigeren Lektionen im Schritt, bis Sie genau wissen, wann Sie sich wohin bewegen und wie Sie die Longen umgreifen müssen. Wenn's dann im Trab funktioniert und vielleicht irgendwann in ferner Zukunft sogar im Galopp, mit einem einfachen Wechsel dazwischen – dann können Sie sich an die Zeit erinnern, zu der Sie Ihrem Pferd beigebracht haben, artig geradeaus am losen Strick neben Ihnen herzugehen.

Ein paar Tipps zum Weiterlesen ...

■ Ursula Bruns / Linda Tellington-Jones,
So erzieht man sein Pferd,
10. Auflage Cham 1997 (Müller Rüschlikon)

■ Linda Tellington-Jones / Andrea Pabel,
Die Linda-Tellington-Jones-Reitschule,
Stuttgart 1996 (Kosmos)

■ Linda Tellington-Jones,
Trainingsplan TTEAM-Bodenarbeit,
Stuttgart 1998 (Kosmos)

■ Marlit Hoffmann, Was tun mit jungen Pferden,
5. Auflage Cham 1996 (Müller Rüschlikon)

■ John Lyons, Pferdetraining ohne Zwang,
Müchen 1999 (BLV)

■ Horst Becker, Von der Freiheitsdressur
zur Hohen Schule, Lüneburg 1997 (Cadmos)

■ Richard Hinrichs, Pferde schulen an der Hand,
Stuttgart 1999 (Kosmos)

■ Rolf Becher,
Erfolg mit Longe, Hilfszügel und Gebiss,
6. Auflage Cham 1994 (Müller Rüschlikon)

■ Wilfried Gehrmann, Doppellonge –
eine klassische Ausbildungsmethode,
Warendorf 1998 (FN-Verlag)

■ Philippe Karl,
Hohe Schule mit der Doppellonge,
3. Auflage München 2000 (BLV)

■ Eva Wiemers,
Zirzensische Lektionen mit Pferden,
Hildesheim 1998 (Olms)

Index

Abstreichen 37
Abwenden 42
Anbinden im Hänger 139
Anbinden 47, 93
Anführen 43
Angst 102
Anhalten am Halfter 42
Anhalten an der Longe 179
Anhalten auf Distanz 72
Anhalten aus dem Rückwärtsrichten 83
Anhalten aus dem Seitwärtsgehen 167
Anhalten aus dem Seitwärtstreten 88
Anhalten im Round Pen 58
Anhalten mit Gebiss 156
Anhalten ohne Führstrick-Signal 71
Anlehnung 158
Antraben 74
Auftrensen 154
Ausbinder 159
Ausrüstung 33
Autoreifen 114
Becher, Rolf 24
»Bergziege« 157
Berühren, Schrecktraining 116
Berührung 28
Berührung, im Round Pen 59
Biegung 73, 153
Bodenhindernisse 123
Bodenscheu 105
Brücke 109
»Delfin«-Position 69, 73
»Delfin«-Tipps 72
»Dingo«-Position 69
Doppellonge 186
Drängeln 77
Druck 38
Fächer 75
Feldenkrais 122
Feststarren 163

Flattervorhang 117
Führen auf Distanz 72
Führen 33, 64
Führen, hinter dem Menschen 74
Führen, Variationen 74
Führen, von beiden Seiten 78
Führkette 34, 35
Führstrick, s. Führkette
Fußfessel 113
Gebiss 154
Geraderichtung 152
Gerte 35
Gerte, Schlagen nach 46
Grill 127
Ground tying 96
Grunderziehung 28
Gymnastikball 134
Halfter 33
Halsbiegung 38, 156
Hänger 142
Herdenchef 17
Herdenverhalten 16
Hinterhandwendung 88
Hufegeben 30
Hunt, Ray 58
Individualsphäre 19
»Join up« 58
Kappzaum 175
Kauen 108, 155
Klassische Reitweise 9
Kleeblatt 75
Knie, Fredy sen. 20
»Komm-mit« 45, 97, 146
Konter-Schulterherein 171
Kopfsenken 31
Körperband 133
Körpergefühl 122
Körpersprache 16, 18
Labyrinth 133
Langzügel 182
Leckerbissen 20, 108, 148
Lob 20
Longieren 174
Losgehen 42
Losgelassenheit 181

Lyons, Johnny 60
Mikado 127
Nachahmen 23
Nachgeben 155
Nachtreiben 45
Panik-Knoten 94
Parelli, Pat 25
»Pfauenrad« 71
Plane 105
Reißer 95
Renvers 168
Roberts, Monty 50
Round Pen 50
Round Pen, Schrecktraining 102
Rückwärtsrichten
  um die Ecke 132
Rückwärtsrichten 80
Rückwärtsrichten, Übergänge 85
Schiefe, natürliche 152
Schreckstarre 147
Schrecktraining 102
Schubbern 19
Schulterherein 166
Seitengänge 152
Seitlich Übertreten 162
Seitwärtstreten
  um die Ecke 132
Seitwärtstreten 64
Seitwärtstreten 85
Sicherheitsleine 142
Slalom 75
Steigbügel 98
Stern 127
Stillstehen 89
Strafe 20
Straßenverkehr 118
Tellington-Jones, Linda 10, 122
Travers 170
TTEAM 10, 122
Verladen 138
Vorhandwendung 64
Vorschicken 139
Westernreitweise 9
Wippe 109
Zügel 155